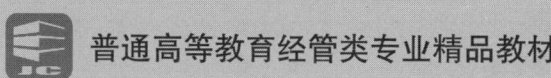

普通高等教育经管类专业精品教材

商业数据分析与 Stata 程序设计

廖长友 编著

中国轻工业出版社

图书在版编目（CIP）数据

商业数据分析与Stata程序设计 / 廖长友编著. --
北京：中国轻工业出版社，2025.9. -- (普通高等教育
经管类专业精品教材). -- ISBN 978-7-5184-5549-2
Ⅰ. F713.5
中国国家版本馆CIP数据核字第2025Y5J476号

责任编辑：张文佳　　责任终审：简延荣
文字编辑：姜瑞雪　　责任校对：吴大朋　　封面设计：锋尚设计
策划编辑：张文佳　　版式设计：砚祥志远　　责任监印：张　可

出版发行：中国轻工业出版社（北京鲁谷东街5号，邮编：100040）
印　　刷：三河市万龙印装有限公司
经　　销：各地新华书店
版　　次：2025年9月第1版第1次印刷
开　　本：787×1092　1/16　印张：20.25
字　　数：350千字
书　　号：ISBN 978-7-5184-5549-2　定价：59.80元
邮购电话：010-85119873
发行电话：010-85119832　010-85119912
网　　址：http://www.chlip.com.cn
Email：club@chlip.com.cn
版权所有　侵权必究
如发现图书残缺请与我社邮购联系调换
241717J1X101ZBW

前言

Stata 是一款可运行于个人计算机的通用统计软件。自 1985 年诞生以来，Stata 已经实现了多次更新升级。2023 年 4 月，Stata 公司发布了最新版本 Stata 18。目前，Stata 已成为一个功能完整的集成统计软件包，可提供数据分析所需的数据处理、可视化、统计分析和自动报告等功能。由于软件的开放性，Stata 不但能够实现几乎所有主流统计学中的方法，对于新出现的统计方法，Stata 也能够快速推出相应的解决方案。特别是在 2008 年第 8 版中推出了用于矩阵运算的 Mata 模块后，Stata 的数据运算功能进一步强化。因此，Stata 受到越来越多用户的认可，市场占有率逐步扩大，现在已经成为主流的统计应用软件之一。据美国经济协会（美国经济评论杂志的主办方）数据编辑 Vilhuber 的统计，2019 年在经济学领域顶级期刊发表的论文中，高达 73% 的研究者使用 Stata 进行数据分析（Vilhuber，2020）。

Stata 具有优异的交互功能。基于整理好的数据，在交互式环境下，当用户需要进行特定方法下的统计分析时，只需运行合适的 Stata（Mata）命令便可得到结果。例如，运行 reg（或 xtreg）命令实现回归分析；运行 anova 命令实现方差分析等。对于仅限于使用特定统计方法的用户而言，只需掌握交互方式下特定命令的使用方法。因此，Stata 具有易学易用的特点。这也是 Stata 深受用户特别是初学者欢迎的原因之一。

然而，在实际统计分析过程中，尤其是在经验实证研究过程中，数据分析变得越来越复杂，仅在交互式状态下运行特定命令已经不能满足数据分析的需求。首先，在数据分析中，用户经常需要重复执行具有特定功能的命令。例如，在基于时间序列回归方法估计某个资产的超额收益时，研究者可基于已经整理的数据，在交互式状态下运行 reg 命令，得到某个资产的超额收益的估计值。而金融市场上往往有数量众多的资产，因此需要基于每个资产的收益数据反复执行 reg 命令才能够获得每个资产的超额收益。显然，这在交互式状态下通过重复运行 reg 命令很难实现计算目的。其次，在数据分析中，用户需要在多个 Stata 命令的运行结果基础上汇总数据以便做进一步的综合分析，以实现研究目的。显然，仅仅通过在交互式状态下运行 Stata 命令很难达到数据综合分析的目的。最后，数据分析所依赖的数据往往来自多个数据源，用户需要将来自不同数据源的原始数据经过整理、拼接，并形成 Stata 命令所需要的数据格式，才能够正确运行 Stata（Mata）命令并完成统计分析。大多数的数据整理、拼接工作都很难在交互式状态下通过输入 Stata（Mata）命令来完成。由此可见，在数据分析中，仅在交互方式下通过运行 Stata 命令很难满足数据分析的需求。

通过编写 Stata 程序可以高效率地实现数据分析。首先，用户可以通过编写 Stata 程序实现命令的自动重复运行；其次，由于Stata程序记录了数据处理的整个过程，通过对程序的检查分析，能够发现数据处理过程中存在的问题；最后，用户只需重新运行程序，便能实现对数据重新处理而无须再次输入Stata命令。因此，编写Stata程序能够大大提高数据处理的灵活性和准确性，提高数据分析的效率。

本书阐述了如何设计Stata（Mata）程序以高效地完成数据分析。本书分为三个部分：第一部分介绍了构成Stata（Mata）程序的基本要素，包括Stata的命令、变量（数据集）、宏与标量等；第二部分介绍了数理统计的基本原理以及常见统计方法的Stata运用实例，包括区间估计与假设检验、方差分析、回归分析等内容，以及聚类分析、主成分分析和因子分析原理及Stata运用示例；第三部分详细介绍了程序控制语句、do程序设计、ado程序设计、Mata编程基础以及Mata和Stata之间数据交换的方法。

本书在写作过程中参考了大量有关Stata（Mata）的软件技术开发资料，如Stata 17的软件说明书及Stata公司技术开发人员的论文或著作。其中，Baum（2016）和Gould（2018）无疑是较重要的关于Stata和Mata编程的著作。Baum（2016）主要讲述Stata编程（部分内容也讨论了有关Mata编程的问题），而Gould是Stata公司的创始人，长期从事Stata软件开发。Gould（2018）是目前唯一的一本专门阐述Mata编程的专著。读者可以从这两本专著中获得有关Stata和Mata编程的详细资料。

本书得到了西华大学工商管理国家级一流本科专业建设项目的支持。在本书写作过程中，西华大学国际经济与管理研究院的张菲菲、谢雨婷、黄一参与了本书的资料收集和文字校对等编写工作；西华大学管理学院的研究生邱鑫艳、刘璨、陈耀、刘琴、叶芮江、程楠、陈虹瑾也参与了本书的资料收集和文字校对等编写工作。

本书适用于具有一定Stata软件应用基础并需要提高Stata（Mata）数据分析能力的高年级本科生、研究生及相关研究人员。

由于编者时间和水平限制，书中可能存在内容表述不妥当之处，敬请各位专家、同行和读者批评指正。

目录

第一篇　Stata 基础

第1章　Stata 概述 ·· 2
1.1　Stata 的发展历程与软件特点 ······················· 2
1.1.1　Stata 的发展历程 ······························ 2
1.1.2　Stata 的功能与应用领域 ···················· 3
1.1.3　Stata 的主要特点 ······························ 3
1.2　Stata 程序的类型及程序编辑器 ····················· 3
1.2.1　Stata 的三种使用方式 ························ 3
1.2.2　Stata 程序的类型 ······························ 4
1.2.3　Stata 的程序编辑器 ··························· 5
1.3　Stata 的命令与函数 ····································· 6
1.3.1　三个 Stata 命令 ································· 6
1.3.2　Stata 命令的基本语法 ························ 8
1.3.3　内置命令与函数 ································ 10
1.3.4　安装用户编写的命令与函数 ················ 10
1.3.5　管理已安装的命令与函数 ··················· 11
1.3.6　Stata 命令与函数的返回值 ·················· 12
1.4　Stata 的文件组织与帮助资源 ······················· 15
1.4.1　文件组织 ·· 15
1.4.2　帮助文档 ·· 16
1.4.3　其他帮助资源 ··································· 17

第2章　数据集与变量 ··· 19
2.1　数据集及其类型 ··· 19
2.1.1　数据集的来源 ··································· 19

	2.1.2	数据集的结构类型	19
	2.1.3	数据集的文件类型及其转换	21
	2.1.4	数据集的命名与标签	24
	2.1.5	检查数据集中可能存在的潜在问题	26
	2.1.6	数据集的标签、注释和签名使用经验	26
2.2	观测变量及其类型		27
	2.2.1	变量的命名	27
	2.2.2	数字型变量	28
	2.2.3	字符串变量	30
	2.2.4	变量列表的表达	31
	2.2.5	变量列表的顺序	31
	2.2.6	数字列表	32
	2.2.7	运算符与表达式	33
2.3	变量的标签、注释和格式化输出		34
	2.3.1	变量的标签	34
	2.3.2	变量的注释	36
	2.3.3	变量的取值标签	36
	2.3.4	变量的格式化输出	41
	2.3.5	日期数据的格式化输出与转换	42
2.4	变量类型的转换与变量的生成		46
	2.4.1	变量类型的转换	47
	2.4.2	generate 命令	52
	2.4.3	egen 命令	55
2.5	数据集的合并		56
	2.5.1	纵向合并	56
	2.5.2	横向合并	58
2.6	其他数据集管理命令		61
	2.6.1	fillin 命令	61
	2.6.2	cross	62
	2.6.3	stack	63
	2.6.4	joinby	63
	2.6.5	xpose	64

第3章 标量、宏与矩阵 ······ 65
　3.1 标量 ······ 65
　　3.1.1 标量的定义 ······ 65
　　3.1.2 标量的显示与删除 ······ 66
　　3.1.3 标量名与变量名 ······ 66
　3.2 宏的定义及其引用 ······ 67
　　3.2.1 局部宏的定义与引用 ······ 67
　　3.2.2 全局宏的定义与引用 ······ 71
　　3.2.3 临时宏及其运用 ······ 72
　　3.2.4 宏的显示与删除 ······ 75
　3.3 宏函数 ······ 75
　　3.3.1 用于控制宏内容输出格式的宏函数 ······ 75
　　3.3.2 与矩阵相关的宏函数 ······ 75
　　3.3.3 解释宏内容的宏函数 ······ 76
　　3.3.4 获取数据属性的宏函数 ······ 77
　　3.3.5 获取文件名与文件路径的函数 ······ 77
　3.4 Stata矩阵 ······ 78
　　3.4.1 Stata矩阵的形成 ······ 78
　　3.4.2 矩阵的基本操作 ······ 79
　　3.4.3 矩阵的函数 ······ 81
　　3.4.4 矩阵的下标索引 ······ 82
　3.5 Stata数据集与Stata矩阵的相互转换 ······ 83
　　3.5.1 Stata数据集转换为Stata矩阵 ······ 83
　　3.5.2 Stata矩阵转换为Stata数据集 ······ 84
　　3.5.3 获取Stata命令返回的矩阵 ······ 84

第二篇　数据分析的统计学基础

第4章 随机变量、样本与抽样分布 ······ 88
　4.1 总体与样本 ······ 88
　　4.1.1 总体与总体分布 ······ 88

4.1.2　样本与样本统计量 ………………………………………………… 89
　4.2　抽样分布 ……………………………………………………………………… 90
　　4.2.1　正态分布——样本均值的抽样分布 ………………………………… 91
　　4.2.2　χ^2分布 …………………………………………………………… 91
　　4.2.3　t分布 ……………………………………………………………… 91
　　4.2.4　F分布 ……………………………………………………………… 92
　　4.2.5　随机变量取值（区间）概率及分位数的计算 ………………………… 92
　　4.2.6　数据分析实例1——样本均值的抽样分布 ………………………… 94

第5章　参数估计与假设检验及其Stata实现 …………………………………… 98

　5.1　参数估计 ……………………………………………………………………… 98
　　5.1.1　点估计 ………………………………………………………………… 98
　　5.1.2　区间估计的原理 ……………………………………………………… 99
　　5.1.3　区间估计的Stata实现 ……………………………………………… 102
　5.2　假设检验 ……………………………………………………………………… 103
　　5.2.1　假设检验的基本原理 ………………………………………………… 103
　　5.2.2　p值法假设检验的步骤 …………………………………………… 103
　　5.2.3　总体均值的假设检验 ………………………………………………… 108
　　5.2.4　总体方差的假设检验 ………………………………………………… 110
　　5.2.5　总体分布的假设检验 ………………………………………………… 110

第6章　方差分析及其Stata实现 ………………………………………………… 112

　6.1　方差分析的基本原理 ………………………………………………………… 112
　　6.1.1　方差分析概述 ………………………………………………………… 112
　　6.1.2　方差分析的基本原理 ………………………………………………… 112
　6.2　数据分析实例2——方差分析的Stata实现 ………………………………… 117

第7章　相关分析与回归分析 ……………………………………………………… 119

　7.1　相关分析 ……………………………………………………………………… 119
　　7.1.1　Person积差相关系数 ………………………………………………… 119
　　7.1.2　秩相关系数 …………………………………………………………… 120
　7.2　回归分析 ……………………………………………………………………… 121
　　7.2.1　回归分析的基本原理 ………………………………………………… 121

7.2.2 数据分析实例3——回归估计及其结果 ·············· 126

7.3 回归估计结果的格式化输出 ·············· 129

7.3.1 estimates命令与回归估计结果的保存和输出 ·············· 129

7.3.2 运用estout命令实现格式化输出 ·············· 132

第8章 聚类分析 ·············· 137

8.1 类、聚类与距离 ·············· 137

8.1.1 聚类的基本含义 ·············· 137

8.1.2 距离与相似度的度量 ·············· 139

8.2 聚类方法 ·············· 141

8.2.1 层次聚类法 ·············· 141

8.2.2 划分聚类方法 ·············· 146

8.3 聚类的数目与聚类效果 ·············· 149

8.3.1 轮廓系数（Silhouette） ·············· 150

8.3.2 Calinski-Harabasz指数 ·············· 150

第9章 主成分分析 ·············· 152

9.1 主成分分析的基本思想 ·············· 152

9.1.1 概述 ·············· 152

9.1.2 主成分分析的基本思想 ·············· 152

9.2 总体的主成分 ·············· 153

9.2.1 主成分的定义 ·············· 153

9.2.2 主成分的计算 ·············· 154

9.2.3 主成分的贡献率 ·············· 154

9.2.4 计算总体的主成分 ·············· 154

9.3 样本主成分 ·············· 156

9.3.1 样本主成分计算的步骤 ·············· 156

9.3.2 样本主成分计算实例 ·············· 157

9.3.3 主成分个数的选择 ·············· 161

第10章 因子分析 ·············· 163

10.1 引言 ·············· 163

10.2 因子分析的基本原理 ·············· 164

10.2.1　正交模型 …… 164
10.2.2　因子载荷的统计意义 …… 165
10.2.3　因子载荷矩阵的行元素平方和 …… 166
10.2.4　因子载荷矩阵的列元素平方和 …… 166

10.3　参数估计与因子旋转 …… 167
10.3.1　主成分法 …… 168
10.3.2　主因子法 …… 169
10.3.3　极大似然估计法 …… 170
10.3.4　因子旋转 …… 170

10.4　因子分析实例 …… 171
10.4.1　估计因子载荷矩阵 …… 171
10.4.2　因子旋转 …… 173
10.4.3　计算因子得分 …… 175

第三篇　Stata（Mata）程序设计

第11章　条件控制、循环与前缀子句 …… 178

11.1　条件控制 …… 178
11.2　循环 …… 179
11.2.1　foreach 循环 …… 179
11.2.2　forvalue 循环 …… 182
11.3　while 循环 …… 183
11.4　Stata 命令的前缀子句 …… 184
11.4.1　前缀子句 by …… 184
11.4.2　前缀子句 statsby …… 185
11.4.3　前缀子句 rolling …… 186
11.4.4　前缀子句 xi …… 188
11.5　程序实例 …… 189
11.5.1　数据分析实例4：自动检测并生成变量的描述性统计表 …… 189
11.5.2　数据分析实例5：比较中位数大小 …… 190
11.5.3　数据分析实例6：生成新变量并设置变量标签 …… 192

第12章 do程序和ado程序设计 194

12.1 程序及其作用 194
12.1.1 程序及其作用 194
12.1.2 数据分析实例7——对变量做标准化处理 195

12.2 do程序及其执行 195
12.2.1 编辑、保存do程序 195
12.2.2 do程序的执行 198

12.3 do程序参数传递 200
12.3.1 传递单个参数的do程序 200
12.3.2 传递多个参数的do程序 202
12.3.3 参数规范化命令syntax 203

12.4 从do程序到ado程序 206
12.4.1 ado程序 206
12.4.2 syntax设定程序的其他参数选项 210

12.5 ado程序的类型、返回值与前缀 213
12.5.1 ado程序的类型 213
12.5.2 设定ado程序返回值 215
12.5.3 设定ado程序的前缀子句by 216

12.6 子程序及egen适用函数的设计 217
12.6.1 子程序 217
12.6.2 设计egen命令适用的函数 217

12.7 程序设计的常用命令 218
12.7.1 命令gettoken和tokenize 218
12.7.2 命令levelsof 220
12.7.3 命令numlist 221
12.7.4 命令pause 221

12.8 ado程序设计风格指南 222
12.8.1 程序书写的注意事项 222
12.8.2 充分发挥Stata的特色 224
12.8.3 有关数据集使用的建议 225
12.8.4 提高程序运行速度与效率的技巧 225

第 13 章 Mata 基础 **226**

13.1 为什么需要 Mata? 226
13.1.1 Mata 具有丰富的矩阵运算功能 226
13.1.2 Mata 程序可编译，运算速度快 226
13.1.3 Mata 可与 Stata 实现数据高效交换 226

13.2 Mata 程序（函数）的结构 226
13.2.1 函数名 227
13.2.2 函数参数及其数据类型 227
13.2.3 申明变量数据类型 227
13.2.4 函数主体 228
13.2.5 函数的返回值 228

13.3 Mata 的变量类型 228
13.3.1 数据元素类型 228
13.3.2 数据元素的组织类型 231
13.3.3 变量的数据类型 231

13.4 Mata 的表达式与运算符 232
13.4.1 表达式 232
13.4.2 运算符 234
13.4.3 向量和矩阵的下标访问 242
13.4.4 指针和地址操作符 248
13.4.5 各种运算符的优先级别 249

13.5 条件控制与循环 250
13.5.1 条件控制语句 250
13.5.2 循环 251

第 14 章 Mata 与 Stata 的数据交换 **255**

14.1 Mata 获取与修改 Stata 数据集 255
14.1.1 Mata 获取 Stata 数据集 255
14.1.2 Mata 修改 Stata 数据集 258

14.2 Mata 获取与修改 Stata 的宏、标量与矩阵 264
14.2.1 Mata 中引用 Stata 宏的内容 264
14.2.2 Mata 中修改 Stata 宏的内容 264

14.2.3 Mata 中引用与修改 Stata 的标量 ································ 265
14.2.4 Mata 中引用与修改 Stata 的矩阵 ································ 266
14.3 Mata 中获取与修改 Stata 数据集的变量标签与取值标签 ············ 268
14.3.1 Mata 中获取与修改 Stata 数据集的变量标签与取值标签 ······ 268
14.3.2 Mata 中获取与修改 Stata 数据集中变量的显示格式 ············ 269
14.4 显示与删除当前内存中的数据 ·· 270
14.4.1 Mata 清除 Stata 中的返回值 ·· 270
14.4.2 显示当前内存的 Mata 矩阵与函数 ································ 271
14.4.3 清除当前内存中 Mata 的数据 ······································ 272
14.5 数据分析实例 8——Stata 与 Mata 的数据交换 ······················ 272

第 15 章 Mata 程序设计 275

15.1 Mata 程序的结构 ··· 275
15.1.1 函数名 ··· 275
15.1.2 函数参数及其数据类型 ·· 275
15.1.3 申明变量数据类型 ·· 276
15.1.4 函数主体 ·· 276
15.1.5 函数的返回值 ·· 276
15.2 do 程序中定义并调用 Mata 函数 ··· 277
15.2.1 定义 Mata 函数 ·· 277
15.2.2 调用 Mata 函数 ·· 278
15.2.3 set matastrict on 的功能 ··· 279
15.2.4 do 程序中的 Mata 函数是公开的 ·································· 281
15.3 在 ado 程序中定义并调用 Mata 函数 ···································· 281
15.3.1 在 ado 程序中定义 Mata 函数 ····································· 281
15.3.2 在 ado 程序中调用 Mata 函数 ····································· 283
15.3.3 tokens() 函数 ··· 284
15.4 定义并添加 Mata 函数到 Mata 库中并引用 ··························· 284
15.4.1 定义 Mata 函数 ·· 284
15.4.2 将 Mata 函数添加到 Stata 库中 ··································· 286
15.4.3 Mata 库及其函数的显示 ·· 287
15.4.4 Mata 库的加载 ··· 288

15.5 线程代码与 Mata 函数 ·········· 289

15.5.1 什么是线程代码（threaded code）? ·········· 289
15.5.2 程序功能的分解及其函数实现 ·········· 289
15.5.3 Mata 函数调用 ·········· 293
15.5.4 ereturn 命令 ·········· 297

15.6 结构（struct）及其在程序设计中的应用 ·········· 298

15.6.1 结构及其定义 ·········· 298
15.6.2 程序设计中使用结构的优势 ·········· 300

15.7 类（class）及其在程序设计中的应用 ·········· 301

15.7.1 类的定义及其实例 ·········· 301
15.7.2 设置类实例成员变量的初值 ·········· 303
15.7.3 类的扩展（继承） ·········· 303
15.7.4 类的公共成员、保护性成员与私有成员 ·········· 304
15.7.5 类的保存与调用 ·········· 306

参考文献 ·········· 309

第一篇 Stata 基础

```
scalars:
              e(N) =  69
           e(df_m) =  4
           e(df_r) =  64
              e(F) =  15.67533780231027
             e(r2) =  .49487515808488
           e(rmse) =  2133.638590625879
            e(mss) =  285442486.2034542
            e(rss) =  291354472.6661112
           e(r2_a) =  .4633048554651851
             e(ll) = -624.2368508845724
           e(ll_0) = -647.7986144493904
           e(rank) =  5

macros:
         e(cmdline) : "regress price mpg rep78 displacement foreign"
           e(title) : "Linear regression"
       e(marginsok) : "XB default"
             e(vce) : "ols"
          e(depvar) : "price"
             e(cmd) : "regress"
      e(properties) : "b V"
         e(predict) : "regres_p"
           e(model) : "ols"
       e(estat_cmd) : "regress_estat"

matrices:
             e(b) :  1 x 5
             e(V) :  5 x 5

functions:
          e(sample)
```

第1章 Stata概述

1.1 Stata的发展历程与软件特点

1.1.1 Stata的发展历程

1985年，美国计算资源中心（Computing Resource Center, CRC）的William Gould和Sean Becketti开发了一款可运行于个人计算机的通用统计软件——Stata[1]。CRC主营大型计算机的计算服务。最初，Stata并不是CRC公司的主营产品。但是，随着个人计算机的发展，CRC的主营业务逐渐式微，而Stata软件逐渐成为公司的主要产品。1993年，CRC迁至得克萨斯州的College Station，并更名为Stata公司。2003年以来，Stata公司每两年发布一次新版本。2023年4月发布了Stata的最新版本Stata 18。

早期的Stata功能简单。第一版只有44个命令，主流统计学中的统计功能没有完全实现。随着Stata的逐渐发展和完善，Stata目前已经成为一个功能完整的集成软件包，具有数据处理、可视化、统计和自动报告等功能。由于Stata软件具有开放性，Stata软件不但能够实现几乎所有的主流统计学中的功能，对于新出现的统计方法，Stata软件也能够快速推出相应的解决方案。因此，Stata软件受到越来越多用户的认可，市场占有率逐步扩大，现在已经成为主流的统计应用软件之一。据美国经济协会的数据编辑Vilhuber统计（表1-1），2010—2019年在经济学领域顶级期刊发表的论文中，高达73%的论文使用Stata进行数据分析（Vilhuber，2020）[2]。

表1-1　期刊论文软件使用统计表

Software	Supplements	Percent
Stata	1862	73.0
Matlab	573	22.4
None	258	10.1
SAS	111	4.3
R	97	3.8
Fortan	64	2.5
Python	54	2.1

---

[1] 读作/ˈsteɪtə/，或者/stætə/
[2] 美国经济协会是American Economic Review等期刊的主办方，同一篇论文可能使用一种以上的软件。

1.1.2 Stata的功能与应用领域[①]

Stata统计软件提供数据科学和统计推断所需几乎所有的功能，包括数据基本处理、数据挖掘、统计分析、数据可视化等。Stata的数据分析功能包括但不限于：数据基本处理、基本统计、线性模型、时间序列分析、生存分析、结构方程建模、广义矩与非线性回归、非参数方法等。

Stata在很多领域均有运用。主要包括行为科学、生物统计学、数据科学、经济学、教育、流行病学、金融、商业和营销、机构研究、医学、政治学、公共卫生、公共政策、社会学等。

1.1.3 Stata的主要特点

（1）具有强大的数据处理与统计分析功能

Stata适用于多达14个行业的数据处理和统计分析，而且提供了数据处理与统计分析所需的几乎所有功能。

（2）易于使用

Stata可通过菜单操作、交互式操作以及编程操作等各种不同的方式进行数据分析。不同层次的用户可选择不同的方式较为容易地使用Stata完成数据分析。

Stata具有完善的用户支持。Stata公司提供了长达17000多页的帮助文档。这些帮助文档详细介绍了用户使用软件所需的帮助信息。Stata软件还可跨平台使用其他程序设计语言如python，大大扩展了软件的功能。

Stata能提供高质量的数据分析结果输出，这些输出可用于分析报告和研究论文。

（3）具有良好的扩展性和开放性

用户可以在Stata平台上自己开发并分享具有特定功能的程序。这大大扩展了其数据处理与统计分析功能，保证了软件具有良好的扩展性和开放性。

1.2 Stata程序的类型及程序编辑器

1.2.1 Stata的三种使用方式

Stata提供了三种进行数据分析的使用方式。这三种方式的使用难度不同。不同的人可以根据自己的需要选择不同的使用方式。

（1）通过Stata的菜单选项实现数据分析

Stata提供了丰富的菜单选项。用户可以通过选择需要的菜单选项，实现数据的输入、处理和分析等功能。用户通过Stata菜单实现的任何一个数据分析操作都对应于一

[①] 见Stata公司产品介绍：https://www.stata.com/features/。

个Stata命令。Stata会在菜单操作完成后将对应的命令显示在Stata的结果输出窗口。一般来讲，对于简单的数据处理过程，可通过Stata菜单操作来完成。然而，当数据处理过程变得复杂时，通过菜单操作来实现统计分析就会变得越来越困难。

（2）通过Stata的命令窗口实现数据分析

Stata提供了数量众多的具有特定功能的命令和函数。从理论上讲，通过在Stata提供的命令窗口内按顺序输入合适的命令或函数，用户便能实现数据分析的目的。然而，当数据分析步骤较多、过程较为复杂时，仅通过在命令窗口输入命令来操作数据，将会导致数据分析过程难以复制、跟踪和审计。试想一下，当我们在命令窗口输入了需要的所有命令后，如果发现其中的某个命令使用错误，我们只能返回错误发生点重新输入命令，重新处理数据。这显然是一种缺乏效率的数据分析方式。又比如，当研究者完成数据分析并向期刊投稿后，如果编辑提出某个数据的计算问题，可能需要用户重新计算并展示数据的计算过程。然而，由于事隔较长时间，用户自己也许无法回忆当初这个数据的计算过程。这会导致用户复现自己论文研究结果变得困难。因此，为了确保用户数据分析过程能够被复制、跟踪和审计，用户需要将使用的各种Stata命令组合起来，通过编写程序的方式完成数据分析。

（3）通过编写程序实现数据分析

所谓程序即是一整套命令的集合。用户可以按照Stata提供的编程框架，将一系列能够实现预定数据分析目的的命令有机整合在一起，并通过流程控制语句控制这些命令的执行顺序，便可以形成Stata程序。Stata程序记录了数据处理的过程。对于一个研究项目而言，如果用户通过编写程序实现数据分析，数据处理过程会被程序完整记录。在需要的时候，用户只需重新执行程序，便可复制该项目的所有数据处理过程。因此，通过编程完成数据分析，是一种高效率的数据分析工作方式。

1.2.2　Stata程序的类型

Stata程序有不同的类型。这些不同类型的程序各有特点和适用场合，用户可以根据需要选择编写不同的程序。

（1）do程序

do程序是Stata程序中最常见的一种程序。do程序是能够完成预定数据分析目的的一系列Stata命令的有机结合。在数据分析过程中，大多数人都通过编写do程序完成特定任务。do程序总是和特定的任务联系在一起。因此，一个do程序一般不用于其他任务。通过编写do程序完成特定的数据分析，能够确保每一个数据处理步骤都被准确记录在程序里，因此能够确保用户的数据分析过程具有可复制性；用户可以将do程序发给同事以及其他研究者查看和使用，大大方便用户之间的交流；当用户需要改变数据分析的方法或过程时，用户只需要修改程序代码，然后重新运行即可，大大提高了数据分析的灵活性和效率。

（2）ado 程序

ado 程序是需要反复执行的具有特定功能的数据分析程序。ado 程序与 do 程序的最重要的区别有三点：第一，ado 程序可以像普通 Stata 命令一样执行。一个 ado 程序本质上就是一个用户编写的具有特定功能的 Stata 命令。而 do 程序的执行必须要通过 do 命令调用实现；第二，ado 程序具有 program…end 框架，在形式上总是以 program 开始，以 end 结束。第三，ado 程序可以通过互联网发布，提供给其他人安装使用，从而构成 Stata 的扩展命令之一。编写程序总是为了实现特定数据处理目的，完成特定项目的数据分析任务。然而，在数据分析过程中，有些数据处理任务需要反复执行，而 Stata 内置命令和扩展命令中却没有相应的命令可以满足用户的此类工作需要。为此，用户可以编写 ado 程序实现这些需要经常完成的工作。例如，在数据描述性统计中，我们经常需要计算极差、99%分位数和1%分位数之差、95%分位数和5%分位数之差等等以查看数据分布的离散情况。但 Stata 没有专门的内置命令可以满足用户需求。因此，我们可以编写一个 ado 程序以实现此功能。在需要时，用户可以像使用普通 Stata 命令一样执行该 ado 程序。用户可以通过网上发布自己的 ado 程序供其他用户安装使用，形成 Stata 的扩展命令。目前，Stata 公司自己开发的命令即内置命令仅有417个，而用户开发的扩展命令已经多达3000多个。这些扩展命令大大扩展了用户的选择范围，丰富了 Stata 的数据分析功能。

（3）Mata 程序

从 Stata 第8版开始，Stata 公司推出了 Mata。Mata 最初作为专门用于矩阵运算的一种工具类软件。然而，随着 Mata 不断改进和完善，Mata 事实上已经成为了一种跨平台轻便灵活的编译程序设计语言（Gould，2018）。

在数据处理过程中，当需要进行复杂的运算，尤其是与矩阵有关的运算时，用户可以编写 Mata 程序达到目的。Mata 程序可以独立存在并被执行，也可以被 do 程序或 ado 程序调用。此外，Mata 程序也可以在被编译后加进 Stata 的功能库（library）中，可以像使用 Stata 命令一样调用 Mata 程序。

与 do 程序和 ado 程序相比，Mata 程序最显著的特点是可编译执行。do 程序和 ado 程序都是解释执行的程序。这类程序在执行时，采取的是逐一解释每一条语句——即将该条语句翻译成机器可识别的代码——再执行一条语句的方式进行。而 Mata 程序则可通过编译，一次性将全部代码翻译成机器可识别的代码，然后再执行。编译执行代码的速度远远超过解释执行代码的速度。因此，Mata 程序的执行速度是 do 程序和 ado 程序的10～40倍（Gould，2018）。

因此，在数据处理过程中，对于较为复杂，且运算量较大的任务，用户可以考虑编写 Mata 程序实现。这会大大提高效率节约计算时间。

1.2.3 Stata 的程序编辑器

无论是 do 程序、ado 程序，还是 Mata 程序，这些程序文件都是文本文件。因此，用户需要选择一个文本编辑器来编辑、调试并运行程序。由于一般的字处理软件如微软的word软件，具有复杂的文本编辑功能，可以在所编辑的文本上赋予诸如字体、字型、表格、引用、批注等众多的特征。这些特征对于Stata而言是不可识别的，因此很容易导致运行错误。即使在word中以.txt的文件类型保存程序文件，也会经常导致一些意外错误的发生。因此，Stata公司建议用户不选用如微软的word软件等字处理软件作为程序编辑器。

Stata自带有一个文本编辑器用于编辑程序。用户点击在Stata主窗口上的"新do-file编辑器"图标，则可打开Stata的程序编辑器输入程序代码。当程序编写完毕并保存后，可点击程序编辑器上方"执行(do)"图标执行程序。程序执行完毕之后，回到Stata的结果输出窗口可查看程序执行结果。

用户可以在Stata的程序编辑器中根据自己的偏好设定程序书写的基本风格。具体的方法是在程序编辑器中选择菜单条edit/preference，然后根据自己的偏好设定程序书写的风格。

在Stata中，用户也可以使用其他文本编辑器书写程序文件。

1.3 Stata的命令与函数

Stata提供了用于数据分析的大量命令与函数。这些命令与函数中的小部分是Stata公司编写的并与Stata软件一起发售，即内置命令与函数；另外的命令和函数是由用户自己编写的。其他用户可以通过Stata命令安装使用，即扩展命令与函数。

1.3.1 三个Stata命令

我们先来认识三个常用的Stata命令：sysuse、describe和summarize。

（1）sysuse

大多数Stata命令都用于对数据进行操作。因此，用户在使用这些命令前必须先打开需要处理的数据集。sysuse用于打开Stata软件内置的数据集。这些数据集是在解释Stata命令功能时需要用到的示例数据集。sysuse成功打开数据集后会出现关于这个数据集的简要描述语句（如1978 Automobile Data）。sysuse命令后可以添加一个选项clear，指定sysuse在将数据集导入到当前内存中之前先清空内存中的所有数据。

. sysuse auto.dta,clear

(1978 Automobile Data)

当然，用户也可以使用use命令打开本地数据集：

. use gdp.dta,clear

注意，在使用use命令打开用户自己的本地数据集时，必须设定数据集所在的目录为当前工作目录才能够正确打开。具体设定方法见本章第4节介绍。

此外，Stata还提供了打开指定网址上的数据集的命令webuse。例如，如果需要打开Stata公司网页上提供的数据集auto.dta[①]，则可以运行命令：

.webuse http://www.stata-press.com/data/r16/auto.dta,clear

（2）describe

命令describe用于对数据集包含的变量名及其数据类型、观测值个数等做描述性说明。例如，在打开数据集auto.dta之后，运行describe命令：

. describe

```
Contains data from https://www.stata-press.com/data/r16/auto.dta
  obs:            74                          1978 Automobile Data
 vars:            12                          13 Apr 2018 17:45
                                              (_dta has notes)

              storage   display    value
variable name   type    format     label      variable label

make           str18    %-18s                 Make and Model
price          int      %8.0gc                Price
mpg            int      %8.0g                 Mileage (mpg)
rep78          int      %8.0g                 Repair Record 1978
headroom       float    %6.1f                 Headroom (in.)
trunk          int      %8.0g                 Trunk space (cu. ft.)
weight         int      %8.0gc                Weight (lbs.)
length         int      %8.0g                 Length (in.)
turn           int      %8.0g                 Turn Circle (ft.)
displacement   int      %8.0g                 Displacement (cu. in.)
gear_ratio     float    %6.2f                 Gear Ratio
foreign        byte     %8.0g      origin     Car type

Sorted by: foreign
```

从显示的结果看，auto.dta有12个变量、74个观测值，并且显示了每个变量的名称、数据类型以及变量标签等信息。

如果在describe后面跟上选项simple，则只给出数据集的变量名列表：

. describe, simple

make mpg headroom weight turn gear_ratio price
rep78 trunk length displacement foreign

（3）summarize

summarize用于对数据集中的数值型变量做描述性统计。summarize命令添加选项detail后，能够对变量做详细的描述性统计；如果没有选项detail，则仅给出少数关键描述性统计指标。例如：

---

① 这些数据集是Stata公司为了阐述各种命令的功能而准备的，这些数据集的具体地址可在https://www.stata-press.com/data/r16/r.html上查看。

```
. summarize

    Variable |        Obs        Mean    Std. Dev.       Min        Max
-------------+--------------------------------------------------------
        make |          0
       price |         74    6165.257    2949.496       3291      15906
         mpg |         74    21.2973    5.785503         12         41
       rep78 |         69    3.405797    .9899323          1          5
    headroom |         74    2.993243    .8459948        1.5          5
-------------+--------------------------------------------------------
       trunk |         74    13.75676    4.277404          5         23
      weight |         74    3019.459    777.1936       1760       4840
      length |         74    187.9324    22.26634        142        233
        turn |         74    39.64865    4.399354         31         51
displacement |         74    197.2973    91.83722         79        425
-------------+--------------------------------------------------------
  gear_ratio |         74    3.014865    .4562871       2.19       3.89
     foreign |         74    .2972973    .4601885          0          1

. summarize price, detail

                          Price
-------------------------------------------------------------
      Percentiles      Smallest
 1%         3291           3291
 5%         3748           3299
10%         3895           3667       Obs                  74
25%         4195           3748       Sum of Wgt.          74

50%        5006.5                     Mean            6165.257
                        Largest       Std. Dev.       2949.496
75%         6342          13466
90%        11385          13594       Variance        8699526
95%        13466          14500       Skewness        1.653434
99%        15906          15906       Kurtosis        4.819188
```

1.3.2 Stata命令的基本语法

Stata命令具有统一的使用格式，其基本语法如下：

[*by* varlist:] command [varlist] [=exp] [if exp] [in range] [weight] [using filename] [,options]

在表达命令的语法格式时，[]表示该部分是可选项，即在运行该命令时，可以有也可以没有这一项内容。其中：

command：即命令本身，一般是一个英文动词。执行一个命令即完成一个或一系列数据分析操作。如执行命令summarize price, detail，即可完成对变量price的描述性统计。为了方便输入，大多数的命令，尤其是常用的命令，Stata允许使用缩写形式①。使用命令的缩写形式可以节约命令的输入时间。如命令summarize的缩写形式是su。即在Stata命令窗口或程序中，su与summarize可等同使用。在Stata的帮助文档中，在介绍一个Stata命令时，往往将命令的缩写形式以下划线标注。如命令<u>reg</u>ress，表明regress命令可缩写为reg。

[varlist]：Stata命令后一般会跟随需要处理的变量名或由变量名构成的列表。如：

. summarize price mpg

summarize是命令，而price mpg是变量名列表。整个语句的功能是对变量price和mpg做描述性统计。

[=exp]：有些命令，如生成新变量的命令generate往往可以跟上表达式。如：

. generate lnmpg = log(mpg)

该命令生成一个新变量，这个新变量的值是变量mpg的对数，其中就使用了表达式log(mpg)。Stata的表达式是由各种运算符、函数以及数字或字符串组成，具体见第二章。

[if exp and in range]：指定命令作用的记录范围。如：

summarize price mpg if foreign==1

表明命令summarize只对满足条件foreign==1的记录做简要描述性统计。

[weight]：这是部分命令可以使用的选项。

[using filename]：当命令需要从指定的文件中读取数据时，则需要使用using选项。如import命令。具体见第2章。

[by varlist]：Stata命令的前缀。部分Stata命令可以使用前缀选项，用于按组对变量做统计。具体见第11章。例如：

by foreign: summarize price

-> foreign = Domestic

Variable	Obs	Mean	Std. Dev.	Min	Max
price	52	6072.423	3097.104	3291	15906

-> foreign = Foreign

Variable	Obs	Mean	Std. Dev.	Min	Max
price	22	6384.682	2621.915	3748	12990

根据变量foreign的取值，可以将auto.dta的记录分为两组，即foreign取值1的为一组，以及foreign取值0的为一组。当summarize添加了前缀子句by后，便可分别对两组

---

① Stata有详细的缩写规则。请参考[U] 11 Language syntax。

不同的记录做描述性统计。

[,options]：功能可选项。功能可选项与命令之间用","隔开。一个Stata命令往往具有多种不同的功能。功能可选项可用于选择命令的功能。如：

. summarize price mpg, detail

其中detail是功能可选项。如果使用该可选项，表示对变量做详细的描述性统计；而没有使用可选项detail，则只对变量做简要描述性统计。

. summarize price mpg

Variable	Obs	Mean	Std. Dev.	Min	Max
price	74	6165.257	2949.496	3291	15906
mpg	74	21.2973	5.785503	12	41

1.3.3 内置命令与函数

Stata 16提供的内置命令共有417个。这些内置命令内置于Stata软件中，无需安装即可使用。如sysuse、summarize、describe等。

Stata提供的内置函数分为数学函数、统计函数、矩阵函数、字符串函数、日期与时间函数、三角函数以及用于编程的一系列函数。Stata的编程语言Mata也提供了丰富的函数。

1.3.4 安装用户编写的命令与函数

截至2025年6月，用户编写的扩展命令（ado程序）数量高达3455个。这些扩展命令大大丰富了Stata的数据分析功能。

用户编写的扩展命令必须经安装后方可使用。Stata提供两种安装用户编写的扩展命令的方法。

（1）使用ssc命令

使用Stata提供的内置命令ssc，用户能够从美国波士顿学院的统计软件组件库（The Statistical Software Components (SSC) Archive）中下载并安装用户编写的Stata命令。如Roy Wada编写的命令outreg2可以实现对回归估计结果的更直观展示。outreg2被收录进位于波士顿学院的统计软件组件库中，因此可以用ssc安装：

. ssc install outreg2
checking outreg2 consistency and verifying not already installed...
installing into C:\Users\chang\ado\plus\...
installation complete.

用户可以通过ssc命令查找以特定字母开头的命令是否存在于波士顿学院的统计软件组件库中。如查找字母g开头的命令：

```
. ssc describe g

http://fmwww.bc.edu/repec/bocode/g/
(no title)

PACKAGES you could -net describe-:
    g538schemes      module to provide graphics schemes for http://fivethirtyeight.com
    gam              module for generalised additive models
    gamet            module to perform game-theoretic calculations
    gammafit         module to fit a two-parameter gamma distribution
    gammasym         module to compute the value of the symmetrical gamma function
    gausshermite     module to estimate integrals using Gauss Hermite quadratures
    gb2fit           module to fit Generalized Beta of the Second Kind distribution by maximum likelihood
    gb2lfit          module to fit Generalized Beta of the Second Kind distribution by maximum likelihood (log parameter
                     metric)
    gb2reg           module to perform Regression with a GB2 Error Term
    gbgfit           module to fit a Generalized Beta (Type 2) distribution to grouped data via ML
--more--
```

此外，运用ssc命令，还可以查看该组件库中用户编写的最近更新的命令：

. ssc new

也可以查看最受欢迎的用户编写的命令：

. ssc hot

关于ssc的详情可见[R] ssc。

如果一个命令没有被收录进波士顿学院的统计软件组件库（SSC）中，则不能使用ssc命令安装该组件，只能使用net命令安装。

（2）使用net命令安装

部分用户编写的命令并没有被收录进波士顿学院的统计软件组件库（SSC）。对于这些扩展命令需要使用net命令安装。如Daniel Bela开发的扩展命令statacmds就没有保存在SSC中。statacmds命令可以获取Stata的内置命令名单以及用户编写的扩展命令名单。该命令必须先经net命令安装才能够使用：

statacmds --get list of all commands known to Stata, including (Stata/Mata/egen) functions and built-ins

. net install statacmds

checking statacmds consistency and verifying not already installed...

installing into C:\Program Files\Stata16\ado\plus\...

installation complete.

安装成功后可以运行statacmds命令：

. statacmds, saving(commands.txt, nocategory)

statacmds将Stata的所有命令、函数名的清单均保存在文件commands.txt中，可用view命令查看文件内容：

. view commands.txt

1.3.5 管理已安装的命令与函数

用户可以通过ado命令查看自己的Stata系统中已经安装的Stata命令：

```
. ado
```
用户也可以通过该命令查看需要更新用户编写的命令：
```
. ado update
```
用户也可以卸载已经安装的某个扩展命令：
```
. ado uninstall statacmds
```
关于命令ado的详情可见ado([R] net)。

1.3.6　Stata命令与函数的返回值

只有少数Stata命令运行后没有返回值[①]，大多数命令在运行后都会给出返回值。这些返回值可以很容易地被用于进一步的计算。这些有返回值的Stata命令根据功能不同可以分为三大类，即普通命令、估计命令以及文本释义命令。普通命令的运行结果保存在名称为r(*)的变量中，估计命令的运行结果保存在名称为e(*)的变量中，而文本释义命令的结果保存在名为s(*)的变量中。这三类命令运行后保存的结果清单需要使用不同的命令查看。文本释义命令在Stata中很少见。这里主要介绍普通命令和估计命令运行结果的查看方法。

（1）查看普通命令的结果清单

普通命令运行后的结果清单可以使用return list查看。例如：
```
. sysuse auto.dta
. su price,detail
. return list

scalars:
                  r(N) =  74
              r(sum_w) =  74
               r(mean) =  6165.256756756757
                r(Var) =  8699525.97426879
                 r(sd) =  2949.495884768919
           r(skewness) =  1.653433511704859
           r(kurtosis) =  4.819187528464004
                r(sum) =  456229
                r(min) =  3291
                r(max) =  15906
                r(p1) =  3291
                r(p5) =  3748
               r(p10) =  3895
               r(p25) =  4195
               r(p50) =  5006.5
               r(p75) =  6342
               r(p90) =  11385
               r(p95) =  13466
               r(p99) =  15906
```

---

① 这类命令的结果一般直接保存在Stata数据集中，如generate和replace等。

在运行 su price,detail 后,变量 price 的描述性统计结果分别保存在名称为 r(*) 的变量中。在此之后,用户可以根据变量名获得这些结果,以做进一步处理。例如,我们要计算变量 price 的极差,则可以执行:

. scalar range = r(max) -r(min)
. disp range
12615

(2) 查看估计命令的结果清单

Stata 有多个估计命令,如回归估计命令 reg。在使用 reg 做回归分析之后,可以使用 ereturn list 命令获得回归估计的结果,以备进一步处理:

. reg price mpg rep78 displacement foreign

Source	SS	df	MS		Number of obs	=	69
					F(4, 64)	=	15.68
Model	285442486	4	71360621.6		Prob > F	=	0.0000
Residual	291354473	64	4552413.64		R-squared	=	0.4949
					Adj R-squared	=	0.4633
Total	576796959	68	8482308.22		Root MSE	=	2133.6

price	Coef.	Std. Err.	t	P>|t|	[95% Conf. Interval]	
mpg	-52.04796	67.35419	-0.77	0.443	-186.6034	82.5075
rep78	267.4183	331.5714	0.81	0.423	-394.9716	929.8082
displacement	25.98009	4.831961	5.38	0.000	16.32714	35.63305
foreign	3184.327	828.4535	3.84	0.000	1529.301	4839.353
_cons	230.1631	2324.503	0.10	0.921	-4413.565	4873.891

. ereturn list

```
scalars:
                  e(N) =  69
               e(df_m) =  4
               e(df_r) =  64
                  e(F) =  15.67533780231027
                 e(r2) =  .49487515808488
               e(rmse) =  2133.638590625879
                e(mss) =  285442486.2034542
                e(rss) =  291354472.6661112
               e(r2_a) =  .4633048554651851
                 e(ll) =  -624.2368508845724
               e(ll_0) =  -647.7986144493904
               e(rank) =  5

macros:
            e(cmdline) : "regress price mpg rep78 displacement foreign"
              e(title) : "Linear regression"
          e(marginsok) : "XB default"
                e(vce) : "ols"
             e(depvar) : "price"
                e(cmd) : "regress"
         e(properties) : "b V"
            e(predict) : "regres_p"
              e(model) : "ols"
          e(estat_cmd) : "regress_estat"

matrices:
                e(b) :  1 x 5
                e(V) :  5 x 5

functions:
             e(sample)
```

reg 是一个回归估计命令。运行该命令后，估计结果保存在名称为 e(*) 的标量、宏、矩阵以及函数中。用户可以在程序中对这些数据做进一步计算，以实现数据处理的目的。例如，可以显示回归估计的调整后的 r^2：

. disp e(r2_a)

.46330486

也可以通过显示矩阵 e(b) 的内容，来显示回归系数的估计值：

. matrix list e(b)

```
e(b)[1,5]
            mpg       rep78  displacement     foreign       _cons
y1   -52.047956    267.4183     25.980093   3184.3267   230.16306
```

值得注意的是，对于部分估计命令，Stata 还将部分结果保存在名称为 r(*) 的变量中，可以通过 return list 命令显示保存结果的变量名：

. return list

scalars:

         r(level) =   95

matrices:

         r(table) : 9 x 5

这些保存估计结果的标量和矩阵同样可以被后续的 Stata 命令进一步使用。例如：

matrix list r(table)

```
r(table)[9,5]
               mpg        rep78  displacement      foreign        _cons
    b   -52.047956     267.4183     25.980093    3184.3267    230.16306
   se    67.354187    331.57136      4.831961    828.45347    2324.5028
    t   -.77275011    .80651808     5.3767184    3.8437001    .09901604
pvalue   .44251484    .42293113     1.140e-06     .00028127    .92143502
   ll   -186.60341   -394.97164    16.327142    1529.3006   -4413.5651
   ul    82.507502    929.80824    35.633045    4839.3527    4873.8912
   df           64           64           64           64           64
 crit    1.9977297    1.9977297    1.9977297    1.9977297    1.9977297
eform            0            0            0            0            0
```

上述矩阵内容详细保存了回归估计后各个变量的系数估计值、标准差、t 值、p 值等数据。这些数据可用于进一步分析，或者可以制成合适的表格以展示回归估计的结果。

（3）返回系统参数的函数

Stata 提供了数量众多的可以返回系统参数和各种设置的函数。通过调用这类函数，用户可以实现对系统信息的查看和引用。如：

. disp c(current_date)　　//显示系统日期

23 Oct 2024

c(current_time)　　//显示当前时间

```
09:25:35
. disp c(processors)    //显示计算机系统的处理器个数
1
. disp c(pwd)    //显示当前工作目录
C:\Program Files\Stata16
```
具体可见help [P] creturn

1.4 Stata的文件组织与帮助资源

1.4.1 文件组织

用户可以通过sysdir命令显示Stata软件系统最重要的六个目录：

```
. sysdir
     STATA:  C:\Program Files\Stata16\
      BASE:  C:\Program Files\Stata16\ado\base\
      SITE:  C:\Program Files\Stata16\ado\site\
      PLUS:  C:\Users\chang\ado\plus\
  PERSONAL:  C:\Users\chang\ado\personal\
  OLDPLACE:  c:\ado\
```

其中，STATA目录保存Stata的系统启动文件以及许可证文件等；BASE目录保存各个Stata内置命令的ado程序及其相关文件。这些ado程序是Stata的核心程序，一旦损坏将会导致Stata命令无法正常运行。因此，用户不能随意篡改这些程序文件。SITE是一个由系统管理员管理的各用户共享的目录，一般保存一个组织或团体共享的ado程序。PLUS目录保存用户自己下载安装的第三方用户编写的ado程序（Stata扩展命令）。例如，用户运用net命令或ssc命令安装的ado程序均保存在PLUS目录中。PERSONAL用于保存用户自己编写的Stata（Mata）程序。

当用户在Stata命令窗口输入一个命令时，Stata会依次在Stata的上述系统目录中搜寻该命令对应的ado程序并执行。adopath命令提供了Stata搜索ado程序的目录顺序：

```
. adopath
  [1]   (BASE)       "C:\Program Files\Stata16\ado\base/"
  [2]   (SITE)       "C:\Program Files\Stata16\ado\site/"
  [3]                "."
  [4]   (PERSONAL)   "C:\Users\chang\ado\personal/"
  [5]   (PLUS)       "C:\Users\chang\ado\plus/"
  [6]   (OLDPLACE)   "c:\ado/"
```

例如，当用户在命令窗口输入describe命令后，Stata会首先在BASE目录中检索该命令，一旦检索到该命令的 ado 程序则立即执行。如果在 BASE 中没有检索到该命令，则继续检索 SITE 目录下的 ado 程序，依次类推。

注意，第三个目录"."是指用户设定的当前工作目录。可用 cd 命令设定当前工作目录：

. cd C:\Users\chang\do

Stata 搜索 ado 程序时的目录顺序对于程序的执行至关重要。例如，用户通过 ssc 命令安装了一个名为 norm 的外部命令后，这个命令的 ado 程序会被保存在目录 PLUS 中。如果用户又编写了一个同样名为 norm 的 ado 程序保存在目录 PERSONAL 中，则当用户在 Stata 的命令窗口输入命令 norm 时，由于 Stata 会先检索到 PERSONAL 目录，从而执行用户自己编写的 norm 程序，通过 ssc 命令安装的 norm 命令则不会被执行。

建议读者在使用本书时，建立一个保存 Stata 数据集的目录和一个保存 do 程序的目录。本书中，数据集文件的工作目录是 C:\Users\chang\data。而程序文件工作目录是 C:\Users\chang\do。在本书中，在存取一个数据集（程序）之前，总是默认已经设定当前工作目录。强烈建议读者在存取数据集（程序）之前检查自己是否正确设定了工作目录。当读取数据集或执行程序出现"file *.*（文件名）not found"时，读者首先应该检查自己是否正确设定了当前工作目录。

Stata 提供了多个用于目录和文件操作的命令。这些命令对于在 Stata 中快速复制、移动文件以及切换目录非常有帮助：

cd — 更改当前工作目录
mkdir — 创建一个新的目录
rmdir — 移动目录
type — 打开文本文件并查看文件内容
copy — 复制文件
erase — 删除文件
shell — 切换到操作系统的命令提示符状态

关于这些命令的详情可见 adopath（[P] sysdir）。

1.4.2 帮助文档

（1）help 命令

Stata 提供了非常丰富的帮助文件。截止到 Stata 第 18 版，Stata 公司出版了多达 32 卷总数达 17000 多页的帮助文档。这些帮助文档既可以在用户的电脑上查询，也可以在线查询。用户可以通过 Stata 的 help 命令获得 Stata 的每一个命令及函数的使用方法甚至详细的示例。例如：

. help summarize：可以获得关于描述性统计命令 summarize 用法的详细介绍以及使用示例。其他命令或函数的使用说明均可通过 help 命令获得。

. help guide：可以获得有关 Stata 基本语法、表达式、字符串等基本概念的帮助列表。通过这个列表可以获得某一方面的详细介绍。

. help function：可以获得有关Stata函数的分类列表。通过这个列表可以进一步获得关于某个具体Stata函数的详细介绍。

. help Mata function：可以获得有关Mata函数的分类列表。通过这个列表可以进一步获得关于某个具体Mata函数的详细介绍。

（2）Stata帮助文档的内容

Stata 18的软件说明书共分为若干个模块：

[U]User's Guide（用户指南）

[R]Base Reference Manual（基本参考手册）

[D]Data Management Reference Manual（数据管理参考手册）

[G]Graphics Reference Manual（绘图参考手册）

[M]Mata Matrix Programming（Mata矩阵编程手册）

[P]programming reference manual（编程参考手册）

[TABLES]Customizable Tables and Collected Results Reference Manual New（定制表格与结果收集参考手册）

[RPT]Reporting Reference Manual（报表参考手册）

[FN]Functions Reference Manual（函数参考手册）

用户在需要进入帮助时，只需进入软件说明书的这些模块即可找到相应的帮助文档。本书在阐述Stata命令时，按照Stata软件说明书的惯例，通常会以[D]、[P]、[R]、[U]等指明该命令在软件说明书中的所属板块，以方便读者进一步检索该命令更详细的信息。如describe（[R] describe），表示命令describe的详尽说明文档在Base Reference Manual（基本参考手册）中，读者可在该板块的说明书中找到更详细的帮助文档。

1.4.3　其他帮助资源

在编程过程中，用户总会遇到各种各样的问题。为了解决这些问题，很多时候用户需要从各种渠道获取帮助。在Stata编程过程中，常用的帮助资源主要有以下三个方面。

（1）Statalist

从2014年开始，Statalist从简单的讨论帖子转变为一个论坛。Stata使用者遇到的任何与Stata有关的问题均可在这个论坛中提出来。一个好的问题往往会得到论坛参与者的详细回复。Stata的开发人员也会经常在论坛中回答用户提出的问题。为了更好地参与论坛中的讨论，Statalist向参与者提出了诸如如何提出问题、如何拟定提问的标题等多方面的建议。当然，用户在提出问题前，最好在论坛里检索已经提出的问题。毕竟，一个用户遇到的问题也许他人早已经遇到并已经在论坛里提出来并得到了解决。目前，Statalist有三个板块：General、Mata和Sandbox。其中，General板块讨论Stata软件有关的问题。这个板块的讨论话题已有82000多个，365000多个帖子。普通用户遇到的问题很大可能已经出现在这些已经被讨论过的话题中。而Mata板块讨论有关Mata的使用问题，Sandbox主要是讨论在专业领域如医学统计、生物统计等领域遇到的问题。

（2）Stata Journal

Stata Journal是一份季度出版物，包含有关统计、数据分析、教学方法和有效使用Stata语言的文章。

Stata Journal从2001年开始出版，目前已经出版有22卷，每卷有4期（2001年只有两期）。Stata Journal发表同行评议论文、简短的注释和评论、定期专栏、书评以及其他研究人员感兴趣的材料。这些材料应用于各种学科的统计分析。在Stata Journal发表的文章中，有相当部分是Stata公司的开发人员撰写的介绍Stata或Mata有关的技术论文。例如，Stata公司的创始人之一William Gould在Stata Journal就发表了大量的论文。这些论文为用户提供了使用Stata和Mata的深入而详细的资料。又如，作为Stata Journal的编辑，同时也是英国杜伦大学教授的Nicholas J. Cox，以Speaking Stata为题，在Stata Journal撰写了大量的介绍Stata以及Mata使用或编程方面的论文。这些论文为用户提供了有关使用Stata或Mata的第一手的具有深度的资料。

最新的Stata Journal需要订阅才能阅读其中的文章。但是，过往的Stata Journal上的文章却是可以免费阅读。因此，当用户在使用Stata中遇到问题时，用户可以到Stata Journal上检索相关话题的论文，往往会有意想不到的收获。

（3）其他相关专著

除了Stata公司出版的软件说明书外，还有一些有关Stata和Mata编程的非常有价值的图书。在这些图书中，Baum（2016）和Gould（2018）是最重要的详细讲解Stata和Mata编程的著作。Baum（2016）主要讲述Stata编程，该书部分内容也讨论了有关Mata编程的问题；而Gould（2018）是唯一的一本专门阐述Mata编程的专著。Baum是波士顿学院教授，具有多年的Stata软件开发经验；而Gould是Stata公司的创始人，长期从事Stata软件开发。读者可以从这两本专著获得有关Stata和Mata编程的详细资料。

此外，还有部分学者出版了关于运用Stata做特定领域统计分析的著作。Long 和 Freese（2014）专门阐述基于Stata的分类变量回归，而Cleves、Gould 和 Marchenko（2016）论述基于Stata的生存分析；Gould、Pitblado 和 Poi（2010）阐述了基于Stata的极大似然估计方法；Mitchell（2022）详细介绍了Stata的绘图功能。

第2章 数据集与变量

2.1 数据集及其类型

Stata具有丰富的函数和命令。用户使用这些命令可以进行各种数据分析工作。根据数据分析的目的,用户需要向Stata系统输入数据,选择合适的命令、函数或编写程序,对数据进行计算和分析,从而得到统计报告或图表等输出。可见,收集并整理数据,向Stata提供准确的数据,是统计分析的基础。在数据分析领域,有这样一种说法:"输入的是垃圾,输出的也是垃圾"(Garbage in, Garbage out)。用户输入数据的质量决定了通过Stata命令所得到的统计报告等输出的质量。因此,数据分析者必须重视数据的收集和整理工作,确保数据集的准确性。

2.1.1 数据集的来源

数据来源一般来讲主要有以下几个方面。

(1)统计调查

根据研究目的,用户可以组织统计调查以获得数据,以作进一步研究使用。统计调查可以保证数据质量的可控性,但一般需要花费较多的时间、费用等成本。

(2)政府机构

提供数据的政府机构最重要的无疑是一个国家的统计局、中央银行以及财政、劳动等部门。如国内的国家统计局、中国人民银行以及银保监会等政府机构。美国的美联储及其各分支机构、劳工部等。

(3)研究机构

部分研究机构在长期的研究过程中收集、整理了大量的数据。这些数据经过反复使用、验证后已经获得了研究者的认可,成为研究者的重要数据来源。国内如国务院发展研究中心等。国外如美国国家经济研究局(NBER)等。

(4)专业数据提供商

目前,市场上存在多家较有影响的数据提供商。这些数据提供商提供可供用户使用的专业数据库。国内的数据提供商如万得信息公司(Wind数据库)、深圳希施玛公司(CSMAR数据库)以及北京聚源锐思公司(Resset数据库)等;国外的数据提供商如宾夕法尼亚大学沃顿商学院维护的沃顿数据库(WRDS)。

2.1.2 数据集的结构类型

统计分析的重要工作之一是从样本数据推断总体参数。例如,在一个地区随机抽取1000个从业者（个体单位），调查每个从业者小时工资收入、性别、职业、学历以及从业时间等样本数据，然后采用合适的统计推断方法，我们可以推断该地区所有从业者（总体）的平均小时工资、性别比例等基本情况；采用回归等方法，我们也可以进一步推断该地区所有从业者的学历与小时工资之间的关系，也可以推断所有从业者的小时工资的性别差距等等。

构成总体的每个个体单位一般都有多种研究者关注的属性或特征。对于每个个体单位的每种属性，研究者需要用变量去记录其具体取值，如小时工资、性别、种族等。对个体单位属性的观测方式不同，便形成不同的数据集。

（1）截面数据集

在给定时点对不同个体单位（个人、家庭、企业以及城市等）采集的样本便构成截面数据集。例如，在一个给定时点，可以调查当前二手车市场上每一辆车的价格、行驶里程、品牌型号以及排量等数据，获得关于一个二手车的截面数据集。前面介绍的Stata公司提供的auto.dta数据集即是截面数据集。

（2）时间序列数据集

时间序列数据集是对同一个对象的一个或几个属性在不同时间点上进行观测，所得到的观测值按时间先后顺序构成的数据集。如对一个国家的GDP、投资、消费以及净出口等变量按季度顺序排列形成的观测值列表即是时间序列数据集。时间序列数据必须确定数据频率。Stata提供了丰富的专门用于处理时间序列数据的命令。

（3）独立混合横截面数据集

在不同时点（经常是不同年份）从一个较大总体里随机抽取若干单位，并调查这些样本单位某种属性形成的数据集。例如，在2001—2020年间，每年从G20国家（20国集团）中随机抽取10个国家，观测每个国家在每年的GDP、投资、消费和净出口数据。这样形成的数据集即是独立混合横截面数据集。混合横截面数据集在每个观测时点上的观测对象都不完全相同。比如，在上例中，在2001年观测的10个国家和2002年观测的10个国家可能并不完全相同。

（4）面板数据集

在不同的时点分别对若干固定的个体单位进行观测所得数据集即是面板数据集。面板数据集兼有横截面和时间序列两个维度。例如，对G20国家观测2001-2020年间每年的GDP、投资、消费和净出口数据形成的数据集即是面板数据集。面板数据在每个观测时点上的观测对象都是固定的、相同的。如在2001年观测的对象是G20所属的20个国家，在2021年观测的也是相同的这20个国家。

数据集的内容通常采用二维表呈现出来。个体单位的属性通常称为变量。对个体单位每次观测形成一行数据，个体单位的每种属性（变量）的不同观测值形成一列数据。如：

. webuse auto.dta,clear

. list make price mpg rep78 headroom displacement foreign in 1/5

	make	price	mpg	rep78	headroom	displa~t	foreign
1.	AMC Concord	4,099	22	3	2.5	121	Domestic
2.	AMC Pacer	4,749	17	3	3.0	258	Domestic
3.	AMC Spirit	3,799	22	.	3.0	121	Domestic
4.	Buick Century	4,816	20	3	4.5	196	Domestic
5.	Buick Electra	7,827	15	4	4.0	350	Domestic

在auto.dta中，每一条记录（一行）是对一辆汽车各种属性的观测结果，而每一列是对所有汽车某种属性（变量）的观测结果。如第1行是对一辆型号为AMC Concord的汽车所有属性（变量），如make、price、mpg、rep78等的观测结果；而第2列是对所有汽车的属性price的观测结果。

2.1.3 数据集的文件类型及其转换

Stata数据集是以dta为扩展名的数据文件。研究者通过调查或从其他渠道获得的数据集的文件类型有可能不是Stata的数据类型，如文本文件、Excel文件或SAS数据集、SPSS数据集等。例如，伍德里奇（2017）中提供了多个用于示例的数据集。这些数据集以Excel文件（扩展名为.xls或.xlsx）和文本文件（扩展名为.csv、raw、.txt或.asc）形式存储。当研究者需要在Stata系统中使用这些数据集时，必须将这些数据集转换为以dta为扩展名的数据文件。针对不同类型的数据集，Stata提供多种转换方式。

（1）读取文本文件数据集

以文本文件存在的数据集是最常见的数据集。文本文件的类型多种多样，主要以文本文件的扩展名来区分，如.txt、.raw、.csv以及.asc等。在编辑文本文件数据集时，一般不要通过MS word等字处理软件进行操作，而应该通过文本文件编辑器来进行操作。

文本文件有自由格式和固定格式两种。两种文件的读取方法有明显区别。

①自由格式文本文件。

自由格式文本文件每一行包括若干变量值，这些变量值以空格或其他特殊字符分隔开。例如：假设一个文本文件auto1.raw中包含了每辆汽车的品牌型号（make）、价格（price）、行驶里程（mpg）、以及维修次数（rep78）的观测结果[①]：

. type auto1.raw
"AMC Concord" 4099 22 3
"AMC Pacer" 4749 17 3
"AMC Spirit" 3799 22 .
"Buick Century" 4816 20 3
"Buick Electra" 7827 15 4

---

① 文本文件auto1.raw是作者根据Stata提供的数据集auto.dta部分转换形成。

```
"Buick LeSabre" 5788 18 3
"Buick Opel" 4453 26 .
"Buick Regal" 5189 20 3
"Buick Riviera" 10372 16 3
"Buick Skylark" 4082 19 3
```

在这个文本文件中，每一条记录（一行）的各变量取值必须按照相同的变量顺序排列，且各个观测值之间以空格分隔，这样才能够保证Stata正确读取。infile（[D] infile(free format)）命令可以读取自由格式文本文件。

```
.clear
.infile str18 make price mpg  rep78   using auto1.raw
.list in 1/5
```

	make	price	mpg	rep78
1.	AMC Concord	4099	22	3
2.	AMC Pacer	4749	17	3
3.	AMC Spirit	3799	22	.
4.	Buick Century	4816	20	3
5.	Buick Electra	7827	15	4

infile命令将当前目录中的auto1.raw文件中的记录依次读入make price mpg rep78四个变量中。当运用infile读取文本文件时，需注意如下几点：

第一，每条记录的值必须按照变量的顺序依次排列，如果某个变量的取值缺失，必须以"."注明。否则读取时变量取值错乱，导致读取错误。

第二，读取字符型变量的数据时，必须在该字符型变量前指明数据类型str#。#是该字符串的长度，应该根据该字符型变量取值的最长字符数确定，以确保能够正确读取。

第三，当记录中字符串变量的取值中间有空格时，该字符串必须以引号标注，否则该字符串会被视作两个变量的值而被错误读取。因此建议文本文件数据集中的字符串均用引号标注。

②固定格式文本文件。

当文本文件中观测记录的各数据项是以tab键或逗号分隔开时，则该文本文件是固定格式文本文件。固定格式文本文件则必须用import delimited（[D] import delimited）命令读取。如文本文件auto2.csv[①]：

```
. type "auto2.csv"
AMC Concord      4099      22      3
AMC Pacer        4749      17      3
```

---

① 文本文件auto2.csv是作者根据Stata提供的数据集auto.dta部分转换形成。

```
AMC Spirit          3799    22
Buick Century       4816    20    3
Buick Electra       7827    15    4
Buick LeSabre       5788    18    3
Buick Opel          4453    26
Buick Regal         5189    20    3
Buick Riviera      10372    16    3
Buick Skylark       4082    19    3
```

在这个文本文件中，每一行的各观测值之间以 tab 键形成的空格分隔。这是一种以固定格式存在的文本文件数据集，不能再以 infile 命令读入数据，需以 import delimited 命令读入数据。

```
. clear
. import delimited make price mpg rep78 using auto2.csv
```

注意，由于 auto2.csv 中观测值是以固定的符号（如 tab 键生成的空格）分割开来，因此，其中的字符串数据可以不用引号标注。Stata 根据固定的分隔符依次读入数据。

（2）读取 Excel 文件数据集

当数据集是以 Excel 文件类型时，则可以用 import excel（[D] import excel）命令读取数据：

```
. import excel "auto4.xls", sheet("Sheet1") firstrow clear
```

import excel 读取 auto4.xls 中 Sheet1 表里的数据，并将第一行的数据作为变量名。clear 选项表示在读取数据到 Stata 之前清空系统内存里的所有数据。

infile 和 import 命令的主要区别不仅在于前者能够读取自由格式的文本文件，后者只能读取固定格式的文件[①]。更重要的是，infile 可以使用数据筛选条件 if exp 和 in range，根据需要只读取所需要的记录。如在 infile 后跟上条件 in 1/1000，则只读取前 1000 条记录。import 命令后面可以跟上 rowrange() 选项，同样可以实现有筛选地读取数据记录。

（3）读取其他类型数据集

除了文本文件数据集和 Excel 数据集外，用户还有可能用到其他软件生成的数据集，如 SAS 数据集、SPSS 数据集等。Stata 也提供了相应的命令将这些数据集转换为 Stata 数据集（如果数据集中观测值的数量较少，直接使用 Stata 的菜单操作转换数据集可能更为方便）。

在转换数据集过程中，一个规模较小但是功能强大的第三方软件不能不提。这就是 Stata/Transfer。这个软件可以实现多种常见数据集类型的相互转换。关于 Stata/Transfer 软件适用的数据集等详情，可见该软件的开发商所发布相关介绍[②]。

---

① infile 命令也可以配合数据字典读取固定格式的文本文件。具体可见 [D] infile (fixed format)。

② https://stattransfer.com/overview/benefits/

2.1.4 数据集的命名与标签

（1）数据集的命名

数据集的命名是一件很重要的事情。一个简单、易记的数据集名字，会给数据分析过程带来诸如容易查找、节约输入时间等很多方便。然而，给数据集取一个易记忆、易识别的名字并不是一件简单的事情。在给数据集取名时，首先必须遵循Stata有关规定，如数据集名字的长度不能超过32个字符，只能包含字母、数字和下划线三种字符以及首字符不能是数字等；

其次，在数据集中确定一个中心变量，或者确定该数据集适用的研究主题的关键字之后，用户可以考虑用中心变量名或研究主题的关键字作为该数据集的名字。如一个有关工人工资的数据集，其中包含多个与工资（wage）相关的变量，而且数据集适用的研究主题的关键字是工资（wage），则可将数据集命名为wage.dta。

此外，在数据处理过程中，往往会对原始数据做多次计算、修改或转换才能获得用于分析的数据集。因此，建议在对数据集修改过程中多次保存该数据集，并分别以wage1.dta、wage2.dta，…命名。这样做的好处是，一旦发现在数据处理过程中出现错误，则可以返回至某个步骤形成的数据集，重新开始数据处理，而无须从最初的原始数据出发重新处理数据，从而节约时间。当然，这样做的坏处是会形成很多数据集，占用很大的存储空间。但考虑到现在的存储设备的成本越来越低，在数据处理过程中随时保存数据集的做法不但是值得的，也是可行的。

Stata也提供了对数据文件做压缩处理的命令compress（[D] compress）。compress可根据变量的实际取值与变量的数据类型进行判断，从而确定该变量的更为合理的数据存储格式，以节约存储空间。例如，当一个变量的实际取值均为整数（integer），而该变量的数据类型却被设为浮点型（float）。显然浮点型数据占用的存储空间远高于整数数据。compress命令会将该变量的数据类型转为int数据类型，从而节约存储空间。因此，当数据集较为庞大时，对数据集运行compress后再存储文件可以节约部分空间。

（2）数据集的标签、注释和签名

为了更好的识别和使用数据，建议给数据集添加标签、注释和签名等信息。这些信息建立后被内置于数据集。当打开一个添加了标签、注释和签名的数据集，使用者可以立即明确该数据集的生成过程、使用该数据集的程序以及修改日期等信息。因此，给数据集添加合适的标签、注释和签名，对于正确使用数据集具有十分重要的意义。

①添加数据集的标签。

label命令可以为数据集添加标签。

. webuse auto

（1978 Automobile Data）

. label data "这是Stata公司发布的二手车市场价格数据"

. save "auto1.dta"

当我们下一次成功打开这个数据集时，数据集的标签就会自动显示出来：

. use auto1.dta, clear

（"这是Stata公司发布的二手车市场价格数据"）

②添加数据集的注释。

数据集的标签最多不超过80个字符。当需要给数据集做更详细的说明，则可以通过给数据集添加注释实现。例如：

. use auto1.dta, clear

. notes: auto1.dta是运用webuse命令获得的数据集auto.dta并重新命名保存的数据集

用户可以多次使用notes命令，从而给数据集添加多条注释。各条注释用序号依次区别。通过数据集的注释，我们可以给数据集添加有关数据集的名字、数据集来源、数据集的创建人、使用该数据集的do程序或ado程序，以及创建的日期等信息。在对数据集每做一次改动后，修改者应该添加注释简要说明改动的内容以及目的。当其他用户使用在这个数据集时，通过查看数据集的标签，便能够对数据集的形成过程有准确的认识。

. notes: auto1.dta的生成时间是2024-08-13

可以使用选项_dta显示数据集的所有注释：

. notes _dta

_dta:

 1. auto1.dta是运用webuse命令获得的数据集auto.dta并重新命名保存的数据集

 2. auto1.dta的生成时间是2024-08-13

当然，我们也可删除某条我们不需要的某条注释：

. notes drop _dta in 2

上面的命令删除数据集中的第2条注释。

③数据集的签名。

数据集的签名是Stata根据数据集自身特点自动生成的一串数字和符号。通过标签和注释能够对数据集做出较为详细的说明。但是，如果使用者对数据集做了修改，比如删除了部分记录，或者修改了变量值，却没有及时在注释中做出说明，时间一长，使用者自己也忘记了曾经做过修改。特别是当一个数据集在多个使用者中分享使用时，为了确保各个使用者使用的是同一个数据集，设置数据集的签名就尤为重要。只要数据集的签名是一样的，则使用的数据集很大可能是同一数据集（数据集签名相同，而数据集不同的可能性非常小）。

设置数据集的签名：

. datasignature set

74:12(114297):1802378295:2699863376

显示数据集的签名：

. datasignature

签名由5个描述数据集的数字构成。第一个数字是观测记录数，第二个数字是变量数。第三、四、五个数字是基于数据集的变量名以及变量的取值生成。显然，如果一个数据集的记录被删除了，根据该数据集生成的签名必然发生变化。我们当然可以通过签名，判断一个数据集在上一次生成签名后是否发生修改。

datasignature还提供了confirm选项，使用该选项，数据集的使用者可以清楚得知数据集上次改动的具体时间：

. datasignature confirm
   (data unchanged since 15jul2024 10:14)

值得注意的是，datasignature confirm无法侦测到数据集的每一个改动。例如，当数据集的标签被改动，则数据集的签名是不会发生改变的。

2.1.5　检查数据集中可能存在的潜在问题

运用codebook命令可以检查数据集中的变量名、变量取值、变量的标签等是否存在潜在问题以及注意事项。

. webuse auto.dta,clear
. codebook,problem

```
          Potential problems in dataset   https://www.stata-press.com/data/r16/auto.dta

                  potential problem    variables
         ─────────────────────────────────────────
         str# vars that may be compressed   make
         string vars with embedded blanks   make
```

显然，auto.dta中变量make存在两个需要注意的问题：

第一，字符串变量make的数据类型设置的字符串长度过长。

数据集中变量make的取值最多只达到17个字符，而设定的make最长可取值字符串长度为18个字符。这可以通过重新设定变量make的数据类型为str17，减少变量make可存储的字符串长度，以节约存储空间：

. recast str17 make

第二，make的取值字符串中包含有空格。

字符串中包含有空格有时候会导致数据读取或处理过程中出现问题。这可以通过为make取值的字符串增加引号解决。

用户可以根据数据集中问题的重要程度决定解决办法，完善数据集。

2.1.6　数据集的标签、注释和签名使用经验

当获得一个数据集之后，一般不应该立即着手对数据集进行处理和分析，而应该在对数据集有了初步认识后再进行数据分析。正确的工作流程是：

①打开数据集（use）；
②查看数据集的标签（note _dta）；
③查看数据集的签名（datasignature）；
④查看数据集的变量名等详细信息（describe）；
⑤检查数据集中是否存在某些潜在问题（codebook,problem）。

通过上述步骤，确定该数据集是我们需要分析的数据集，然后才开始进一步的数据处理过程。

2.2 观测变量及其类型

2.2.1 变量的命名

（1）基本规则

数据集中包含若干变量。一个变量描述样本单位的一个属性或特征。数据整理、计算和分析工作都是围绕变量展开的。因此，变量是Stata进行数据分析的基本对象。为了方便数据的整理和分析，必须给变量合理命名。首先，必须遵从Stata设定的命名规则：

①变量名长度最多可达32个字符。

②字符可由A~Z，a~z，0~9以及下划线"_"组成。上述字符之外的其他字符不可出现在变量名中。

③变量名不能以数字开头，因此5wage作为变量名是不合规则的，而wage5是被允许的。

④变量名严格区分大小写。因此，wage5和Wage5是两个不同的变量。

⑤用户自定义的变量名不能与Stata系统的保留字重复。

Stata系统的共有22个保留字，具体如下：

_all	float	_N	_skip	_b	if	_pi	str#
byte	in	pred	strL	_coef	int	_rc	using
_cons	long	_se	with	double	_n		

（2）注意事项

除了遵循上述规则给变量取名外，为了方便操作，减少数据分析过程中的错误，用户应该尽可能采用助记符命名体系给变量命名。这种命名体系要求选择简短、清楚且有意义的名称作为变量名[①]。这样的变量名有助于记忆。用户根据变量名就能够识别变量含义，能够方便数据分析。

---

① 变量命名有三种体系：顺序命名体系、源命名体系和助记符命名体系。见隆恩（2019）第139-140页。

①使用简短的名字。

Stata允许变量名的长度可达32个字符。但是，使用过长的变量名，不但导致记忆、输入等方面的不便，更重要的是，在输出变量有关的结果时，Stata不会显示完整的变量名。这给阅读分析结果带来困难。例如：

webuse auto.dta,clear

list in 1/5,noobs

make	price	mpg	rep78	headroom	trunk	weight	length	turn	displa~t	gear_r~o	foreign
AMC Concord	4,099	22	3	2.5	11	2,930	186	40	121	3.58	Domestic
AMC Pacer	4,749	17	3	3.0	11	3,350	173	40	258	2.53	Domestic
AMC Spirit	3,799	22	.	3.0	12	2,640	168	35	121	3.08	Domestic
Buick Century	4,816	20	3	4.5	16	3,250	196	40	196	2.93	Domestic
Buick Electra	7,827	15	4	4.0	20	4,080	222	43	350	2.41	Domestic

在auto.dta中，由于变量displacement和gear_ratio名字长度较长，在list命令的结果中，这两个变量名没有完整显示。因此，在可能的情况下应该尽可能选择较短的变量名。建议在命名变量名时，变量名的长度不应该超过12个字符。

②使用清楚、无歧义的缩略词。

为了避免使用过长的变量名，使用缩略词作为变量名便是一种可行的值得鼓励的办法（Cox，2005）。但是，缩略词应该尽可能表达变量的含义。当有多个相近的变量时，变量的缩写应该能够区分不同变量。

③使用能够表征变量取值内容的名字。

例如，firmID可以作为企业代码的变量名，而female、gender或者sex可以作为性别这个变量的名称等。通过这些变量名本身的含义，便可获知有关这个变量取值内容的基本信息。

④不要用大小写来区分变量。

Stata严格区分大小写。因此，Edu、edu和EDU是不同变量。尽管如此，用户不应该通过大小写的不同来区分不同变量的名字。例如，尽管研究者可以设计不同的测量一个人受教育水平高低的方法，如以一个人受教育的时间来测量受教育水平，或者以一个人的最高学历测量受教育水平，还可以用一个人是否就读重点大学来测量受教育的水平。用户应该给这三种测度受教育水平的变量取不同的名字，如edu1、edu2、edu3或其他名字。用户不应该仅仅通过变量名的大小写来区分变量，如分别取名Edu、edu和EDU。

2.2.2 数字型变量

在Stata中，变量有不同的数据类型。Stata中变量的数据类型与其他软件或语言的数据类型有很大的区别。数字型变量和字符串变量是Stata中最重要的两种数据类型。

数字型变量具体包括字节型（byte）、整型（int）、长型（long）、浮点型（float）和双精度型（double）5种类型。字节型、整型、长型三类数字型数据只能保存整数。

值得注意的是，不同类型的数字型数据能够保存的数据的大小范围是不同的。如字节型变量的值最大为100，最小为-127。此外，Stata保存不同类型的数据需要的存储空间也存在很大差异。保存一个字节型数据只需要一个字节，而保存一个长型数据需要4个字节的空间，保留一个双精度的数据需要8个字节的空间。各种数字类型数据的取值范围及存储空间等具体细节如表2-1所示。

表2-1　　　　　　　　　　数字类型数据的取值范围及存储空间

type	Minimum	Maximum	bytes
byte	−127	100	1
int	−32,767	32,740	2
long	−2,147,483,647	2,147,483,620	4
float	−1.70141E+38	1.70141173319*10^38	4
double	−8.9885E+307	8.9884656743*10^307	8

用户应该根据变量的性质选取恰当的数据类型存储数据。例如，对于female这个二元虚拟变量，由于其取值仅为0和1，以字节型变量存储是恰当的。在female是字节型数据类型的情况下，变量的一个观测值只占用1个字节。该变量的数据类型也可以设定为长型数据，但这会导致female这个变量占用的存储空间扩大为原来的4倍。

无论什么数字，Stata均以二进制形式存储。正如1/11这个分数没有准确的十进制表达结果一样（1/11转换成十进制是.09090909…，这是一个循环小数），有的十进制数也不能精确转换成二进制数，导致Stata保存数值型数据时会出现偏差。如0.1在Stata中被保存为0.10000000149011612。

. display %21x 1/10[①]

+1.999999999999aX-004

因此，当对浮点数或双精度数字做精确比较时，必须考虑到Stata保存数据可能产生的偏差。当比较一个浮点数变量x的值是否等于某一个特定数时，就有可能得不到预料的结果。

. sysuse auto.dta

. gen float x = 0.1

. disp x==0.1

0

上述命令在auto.dta中生成一个新的浮点数变量x，并将x的值设定为0.1。

---

① %21x 的功能是显示计算机存储的浮点数，详情见https://blog.stata.com/2011/02/02/how-to-read-the-percent-21x-format/。

当 x 的值与 0.1 做比较时，由于 x 是浮点数，x 的取值 0.1 在以二进制保存时并不精确等于 0.1，而是 0.10000000149011612。而另一方面，在做数学计算时，为了提高运算精度，Stata 总是会将表达式 $x==0.1$ 中右边的数字 0.1 强制转换为双精度数，即 0.100000000000000014...，因此，表达式 $x==0.1$ 的结果为假。

有两个办法可以解决这个问题。第一个办法是强制将表达式 $x==0.1$ 中右边的数字 0.1 转换为与变量 x 的数据类型一致的浮点数：

. disp x==float(0.1)

1

float(0.1) 当把 0.1 强制转换为浮点数参加运算，这样左右两侧的数据类型一致，因此所得结果为真。

第二个办法是是将变量 x 的数据类型转换为双精度数（double）：

. recast double x

. disp x==0.1

  1

关于 Stata 的数据处理的精度问题，请参见 Gould（2011a，2011b，2011c）。

2.2.3 字符串变量

Stata 的字符串数据处理方法在设计上比较灵活。用户可以设置固定宽度的字符串类型，也可以设置可变宽度的字符串类型。

首先，用户根据需要自行确定可以存储不同长度的字符型变量。如用户可以确定把字符串变量 city 确定为 str10 这个字符串类型，用于保存长度最多不超过 10 个字符的字符串。但如果把 city 用于保存长度超过 10 个字符的字符串，则不能正确保存字符串。

. input str10 city

  1. Beijing

  2. Tokyo

  3. Washington D. C.

  4. end

. list

    city

1. Beijing

2. Tokyo

3. Washington

可见，尽管在输入时输入了字符串 "Washington D. C."，但这个字符串超出了 10 个字符。由于 city 这个变量被设置成了 str10 类型，因此，"Washington D. C." 这个字符串只被保留了前 10 个字符存入变量 city 中。

Stata 允许用户最多可以定义长度为 2045 个字符的字符串变量，即 str2045。

其次，用户可以设置可变长度的字符串类型 strL。当字符串变量被设置成 strL 类型时，可以保存高达 2000000000 个字符的字符串。

2.2.4 变量列表的表达

一个数据集的多个变量的集合形成变量列表。当需要对多个变量做相同的处理时便需要变量列表。许多 Stata 命令都可以接受变量列表。Stata 提供了多种方式表达变量列表。最简单的方式是将多个变量名逐一罗列形成集合构成变量列表：

. webuse auto

. list make mpg headroom weight turn

也可使用通配符构成变量列表：

. list m*

此处的 m* 代表所有以字母 m 开头的变量。* 是通配符，可代表 1 个或多个字符。因此上述命令与下述命令等价：

. list make mpg

又比如：

. list h*om

此处 h*om 表示所有以 h 开头，以 om 结尾，h 和 om 中间可有多个字符的变量。

. list h?om

此处 h?om 表示所有以 h 开头，以 om 结尾，h 和 om 之间只有一个字符的变量。? 也是通配符，但仅代表 1 个字符。此处，h 和 om 中间只能有 1 个字符的变量。

还可以使用连字符 "-" 构成变量列表：

. list make - turn

上述命令显示数据集中从变量 make 到变量 turn 的所有变量的取值。

2.2.5 变量列表的顺序

数据集中的变量顺序可以改变：

. order foreign make price mpg rep78

上面的 order 命令重新设定变量在数据集中的顺序为 foreign make price mpg rep78，并将这些变量置于数据集最前面的位置。也可以利用选项 alpha 设定数据集中的指定变量按照字母顺序排列：

. order make mpg headroom weight turn, alpha

上面的命令将 make mpg headroom weight turn 按照字母顺序排列，并将这些变量排列在数据集的最前面。

. d

```
Contains data from C:\Program Files\Stata16\ado\base/a/auto.dta
  obs:            74                          1978 Automobile Data
 vars:            12                          13 Apr 2018 17:45
                                              (_dta has notes)

              storage   display    value
variable name   type    format     label      variable label
headroom        float    %6.1f                Headroom (in.)
make            str17    %-17s                Make and Model
mpg             int      %8.0g                Mileage (mpg)
turn            int      %8.0g                Turn Circle (ft.)
weight          int      %8.0gc               Weight (lbs.)
price           int      %8.0gc               Price
rep78           int      %8.0g                Repair Record 1978
trunk           int      %8.0g                Trunk space (cu. ft.)
length          int      %8.0g                Length (in.)
displacement    int      %8.0g                Displacement (cu. in.)
gear_ratio      float    %6.2f                Gear Ratio
foreign         byte     %8.0g     origin     Car type
```

更多关于 order 命令的使用方法，见 order([D] order)。

2.2.6 数字列表

有些 Stata 命令可以接受由多个数字组成的数字列表。Stata 提供了生成数字列表的多种灵活的方式。数字列表既可以通过逐一罗列数字形成，也可以按照一定的规则高效地形成数字列表。下面是数字列表的示例：

2	仅一个数字
1 2 3	三个数字
3 2 1	逆序排列的三个数字
.5 1 1.5	三个有序数字
1 3 -2.17 5.12	四个无序数字
1/3	表示三个数字的列表：1, 2, 3
3/1	表示三个逆序排列的数字：3,2,1
5/8	表示四个数字：5, 6, 7, 8
-8/-5	表示四个数字：-8, -7, -6, -5
-5/-8	表示四个数字：-5, -6, -7, -8
-1/2	表示四个数字：-1, 0, 1, 2
1 2 to 4	表示四个数字：1, 2, 3, 4
4 3 to 1	表示四个数字：4, 3, 2, 1
10 15 to 30	表示五个数字：10, 15, 20, 25, 30

1 2:4	与 1 2 to 4 相同
4 3:1	与 4 3 to 1 相同
10 15:30	与 10 15 to 30 相同

1(1)3	表示三个数字：1, 2, 3
1(2)9	表示五个数字：1, 3, 5, 7, 9
1(2)10	表示五个数字：1, 3, 5, 7, 9
9(-2)1	表示五个数字：9, 7, 5, 3, and 1
-1(.5)2.5	表示数字：-1, -.5, 0, .5, 1, 1.5, 2, 2.5

1[1]3	与 1(1)3 相同
1[2]9	与 1(2)9 相同
1[2]10	与 1(2)10 相同
9[-2]1	与 9(-2)1 相同
-1[.5]2.5	与 -1(.5)2.5 相同

1 2 3/5 8(2)12	表示八个数字：1, 2, 3, 4, 5, 8, 10, 12
1,2,3/5,8(2)12	表示同上的八个数字
1 2 3/5 8 10 to 12	表示同上的八个数字
1,2,3/5,8,10 to 12	表示同上的八个数字
1 2 3/5 8 10:12	表示同上的八个数字

熟练掌握数字列表的罗列规则，对于程序设计，尤其是在涉及循环语句的程序设计中非常有帮助。

无论是数字列表还是字符串列表，在Stata的数据分析过程中，尤其是在程序设计中具有非常重要的作用。

2.2.7 运算符与表达式

Stata运算符与表达式如表2-2所示。

（1）运算符

①算数运算符。

算数运算符包括"+"（加）、"-"（减）、"*"（乘）、"/"（除）、"^"（乘方）、"-"（负号）和"+"（字符串连接符）共7个。

②关系运算符。

关系运算符也有7个："＞"（大于）、"＜"（小于）、"＞="（大于等于）、"＜="（小于等于）、"=="（等于）、"!="（不等于）、"~="（不等于）。值得注意的是，"=="的功能是判断两个表达式是否相等。如：

. display 2 == 3

0

注意，运算符"!="和"~="的功能相同。

③逻辑运算符。

逻辑运算符有四个："&"（与）、"|"（或）、"！"（非）、"~"（非）。

表2-2　　　　　　　　　　　　　　Stata运算符

算术运算符		逻辑运算符		关系运算符	
+	addition	&	and	>	greater than
-	subtraction	|	or	<	less than
*	multiplication	!	not	>=	> or equal
/	division	~	not	<=	< or equal
^	power			==	equal
-	negation			!=	not equal
+	string concatenation			~=	not equal

（2）表达式

数字、字符串、变量以及各种运算符按照一定规则组合在一起便形成表达式。为了正确操作、管理数据，通常需要让计算机执行一系列表达式。正确的书写符合Stata要求的表达式是确保得到正确结果的前提。例如，当需要基于变量x生成变量z，即z是x的函数：

$$z = \sqrt[3]{x^3 - x^2 + x^{1/2}}$$

在Stata中的表达式是：

generate z = (x^3-x^2+sqrt(x))^(1/3)

运算符、变量、数字以及运算符结合起来，可以形成非常复杂的条件表达式。这些条件表达式通过计算机的执行，实现对数据的判断、运算与分析，达成数据分析的目的。

.list if make=="AMC Concord"　　//显示型号为"AMC Concord"的记录

.list if rep78<3　　　//显示维修次数小于3次的记录

.display (100+2/3)/5　　　　//计算表达式的值

2.3 变量的标签、注释和格式化输出

2.3.1 变量的标签

当创建一个新变量时，用户应该同时为这个变量添加标签。很多时候，用户给变

量的命名都较为简短。根据变量名不太容易准确理解变量的含义以及保存的内容和用途等。通过给变量添加标签，可以对这个变量保存的内容以及可能的用途做更多的说明。为变量添加标签，既可以让用户自己在数据处理过程中正确记忆、识别变量，也可以方便用户之间数据共享。添加标签的命令是：

. label var city "各国的首都"

上面这个命令为变量city添加标签"各国的首都"，对变量的含义做出进一步的说明。

如果要修改标签，只需重新使用label var命令即可：

. label var city "世界主要国家的首都"

如果要取消变量的标签，只需执行：

. label var city

用户可以用codebook或describe两个命令显示变量的标签：

. codebook, compact

Variable	Obs	Unique	Mean	Min	Max	Label
make	74	74	.	.	.	Make and Model
price	74	74	6165.257	3291	15906	Price
mpg	74	21	21.2973	12	41	Mileage (mpg)
rep78	69	5	3.405797	1	5	Repair Record 1978
headroom	74	8	2.993243	1.5	5	Headroom (in.)
trunk	74	18	13.75676	5	23	Trunk space (cu. ft.)
weight	74	64	3019.459	1760	4840	Weight (lbs.)
length	74	47	187.9324	142	233	Length (in.)
turn	74	18	39.64865	31	51	Turn Circle (ft.)
displacement	74	31	197.2973	79	425	Displacement (cu. in.)
gear_ratio	74	36	3.014865	2.19	3.89	Gear Ratio
foreign	74	2	.2972973	0	1	Car type

命令codebook的compact选项表示以紧凑格式显示数据集的变量信息，其中包括变量的标签。如果没有compact选项，则显示数据集中每个变量的详细信息。也可以使用describe命令显示变量的标签：

. describe

variable name	storage type	display format	value label	variable label
make	str18	%-18s		Make and Model
price	int	%8.0gc		Price
mpg	int	%8.0g		Mileage (mpg)
rep78	int	%8.0g		Repair Record 1978
headroom	float	%6.1f		Headroom (in.)
trunk	int	%8.0g		Trunk space (cu. ft.)
weight	int	%8.0gc		Weight (lbs.)
length	int	%8.0g		Length (in.)
turn	int	%8.0g		Turn Circle (ft.)
displacement	int	%8.0g		Displacement (cu. in.)
gear_ratio	float	%6.2f		Gear Ratio
foreign	byte	%8.0g	origin	Car type

Sorted by: foreign

变量的标签内容最多可达80个字符。但是，很多能够显示标签内容的命令都只能显示有限长度的标签内容。这导致当标签内容过多时标签内容无法完整显示。因此，在设置标签时，还是应该尽可能使用内容简短（不超过30个字符）的标签。（隆恩，2019）。

2.3.2 变量的注释

标签只能对变量做出简短说明。有时候，对于一些关键的且处理过程较为复杂的变量，需要详细说明这个变量的创建者、变量的含义、变量的计算方法以及变量的用途等详细信息。因此，只使用变量标签便不能够满足要求。而给变量添加注释则能很好的解决这个问题。变量的注释能够容纳的字符数可达67784个字符（Stata版本不同，能够允许的注释长度有别）。给变量添加注释的命令是：

note [varname]:text

例如：可以给auto.dta中的变量make添加一条注释：

. note make: make是汽车的品牌型号

可以显示变量make的注释：

. note make

make:
  1. make是汽车的品牌型号

也可以给一个变量添加多条注释：

. note make: make的值由品牌和型号组成，中间有空格

. note make

make:
  1. 汽车的品牌型号
  2. make的值由品牌和型号组成，中间有空格

显然，有了这些注释，用户可以方便地对变量的创建、修改等具体过程做出详细说明。这对该数据集的任何使用者都能够清晰理解这个变量的含义以及其他相关信息。

用户可以删掉一个变量的指定注释。如需要删掉make变量的第2个注释，则可执行：

. note drop make in 2 / 2

2.3.3 变量的取值标签

对于分类变量，其取值往往是整数数字，并且不同的取值代表不同的类别。如二元变量gender，其取值分别为0或1。当gender取0时，代表女性，取1代表男性。分类变量country，取值1代表中国，取值2代表日本，……。如果不给分类变量的取值设置取值标签，则有可能对理解有关分类变量的输出结果带来困难。例如，在auto.dta中，当需要统计样本中有国内品牌和国外品牌汽车的比例时，如果foreign没有取值标签和变

量名标签，使用tab命令后得到的结果是①：

. webuse auto,clear

. tab foreign

foreign	Freq.	Percent	Cum.
0	52	70.27	70.27
1	22	29.73	100.00
Total	74	100.00	

当查看上述结果时，如果忘记了在定义变量foreign取值的含义，即foreign取值为0时代表的是国内品牌还是国外品牌，则对上面的输出结果无法准确理解。但是，如果在定义变量foreign时，同时定义并添加了变量的取值标签：

. label define origin 0 domestic 1 foreign

. label value foreign origin

上述第一条命令是定义一个名为origin的取值标签，第二条命令是将取值标签origin分配给变量foreign。经过这样处理，再用tab命令查看foreign的频数统计结果，则有：

. tab foreign

foreign	Freq.	Percent	Cum.
domestic	52	70.27	70.27
foreign	22	29.73	100.00
Total	74	100.00	

显然，上表中变量foreign的取值0已被定义的符号"domestic"替代，1已被定义的符号"foreign"替代。这样的输出结果更易于理解。

还可以给变量foreign添加标签，让显示更为直观：

. label var foreign "Car type"

. tab foreign

Car type	Freq.	Percent	Cum.
Domestic	52	70.27	70.27
Foreign	22	29.73	100.00
Total	74	100.00	

下面将详细介绍变量取值标签的定义与分配。

---

① 数据集auto.dta中变量foreign原本有取值标签和变量名标签。此处为了解释取值标签的用途，我们通过命令label drop origin以及label value foreign .去掉了foreign的取值标签；用命令label var foreign去掉了foreign的变量标签。

（1）定义并分配取值标签

第一步：定义标签。定义标签实现把标签和变量的取值联系起来。定义后的标签可以分配给多个变量使用。

. label define origin 0 0Domestic 1 1Foreign

. label define countrycode 1 1中国 2 2日本 3 3韩国

. label define sex 1 1女性 0 0男性

我们定义了三个取值标签。取值标签origin将变量的取值0定义为"0Domestic"，将变量的取值1定义为"1Foreign"。countrycode将变量的取值1定义为"1中国"，取值2定义为"2日本"，取值3定义为"3韩国"。取值标签sex将变量的取值1定义为"1女性"，取值0定义为"0男性"。

注意，在定义取值标签时，在取值标签前分别增加了变量的取值如0和1等。这样做的目的是确保在输出有关分类变量的结果时，不但能够显示每类变量的取值标签，同时也能够显示该分类变量在该类别的变量取值。例如：

. tab foreign

Car type	Freq.	Percent	Cum.
0Domestic	52	70.27	70.27
1Foreign	22	29.73	100.00
Total	74	100.00	

在上表中，我们不但清楚显示变量Foreign中Domestic和Foreign两个类别的统计结果，而且也清楚显示Domestic和Foreign两个类别在变量foreign中对应的取值分别为0和1。

第二步：分配取值标签。分配取值标签是将已经定义好的取值标签分配给一个或多个变量，用label value实现：

. label value foreign origin

. label value country countrycode

. label value gender female sex

由于gender和female都是性别指示变量，因此，我们可以把变量取值标签sex分配给这两个变量。

将变量取值标签的定义和分配分成两个步骤来完成，有利于保持多个变量取值标签的一致性，也方便修改多个变量的取值标签。当然，也可以用同一个命令实现标签的定义和分配：

. label define gender 1 1女性 0 0男性

. label define country 1 1中国 2 2日本 3 3韩国

（2）创建取值标签的原则

给分类变量创建合理的取值标签，能够更清晰地展示输出结果。在创建标签时，需要注意以下几点。

①取值标签的内容要简短。

过长的标签会导致部分Stata命令在输出结果时，变量的取值标签内容会被截断，导致显示不完整，或者导致显示的输出结果格式不整齐。这不利于使用者理解输出结果。

②取值标签中一般应该包含对应的变量分类的具体取值。

这样做的目的就是便于理解每一个标签对应于分类变量的哪一个取值。因此，如下定义取值标签不是最好的选择：

. label drop origin
. label define origin 0 Domestic 1 Foreign
. tab   foreign

Car type	Freq.	Percent	Cum.
Domestic	52	70.27	70.27
Foreign	22	29.73	100.00
Total	74	100.00	

上述第一个命令是删除已经定义的取值标签origin。第二个和第三个命令重新定义了取值标签。虽然输出结果能够清楚显示两种类型的汽车在样本中的频数分布，但是，仅从这个输出结果中，我们并不清楚变量foreign的取值定义：当foreign取值1时对应的是Domestic还是Foreign？因此，更好的定义取值标签的方法是：

. label define origin 0 0Domestic 1 1Foreign

③取值标签中避免空格等特殊字符。

如果确实需要在取值标签中包含空格、"."":""=""%""@""{""}"等特殊字符，则必须将取值标签用引号标注，否则会出现语法错误。例如：

. label drop origin
. label define origin 0 0 Domestic 1 1 Foreign
invalid syntax
r(198);

可以修改成如下命令：

. label define origin 0 "0 Domestic" 1 "1 Foreign"

（3）取值标签的显示、使用与删除

可以利用describe命名显示数据集中各变量已经分配到的取值标签（当然也可以显示变量的标签）。利用codebook,problem命令可以搜索出数据集中的各种问题，包括和取值标签相关的问题。

①取值标签的显示。

命令label dir能够显示所有已经定义的取值标签：

```
. label dir
origin
```

命令labelbook可以显示所有的取值标签,以及这些标签被分配给了哪些变量。

```
. labelbook
```

value label origin	
values	labels
range: [0,1]	string length: [7,8]
N: 2	unique at full length: yes
gaps: no	unique at length 12: yes
missing .*: 0	null string: no
	leading/trailing blanks: no
	numeric -> numeric: no
definition	
0 Domestic	
1 Foreign	
variables: foreign	

②取值标签的使用。

对于具有取值标签的变量,用户可以在表达式或命令中直接使用取值标签获得变量的取值。例如,在对所有国外品牌汽车的记录做如下回归时:

```
. reg price mpg rep78 weight if foreign == 1
```

变量foreign具有取值标签。由于通过list命令显示变量的内容时,一般都是显示变量的取值标签,而该取值标签对应的值却并未显示。因此,对变量foreign取值1对应的是foreign还是Domestic可能并不清楚。而我们的目的是对所有取值标签为foreign的记录做回归,则可以使用取值标签获得变量值,从而达到相同的结果:

```
. reg price mpg rep78 weight if foreign == "Foreign" : origin
```

关于在表达式或命令中直接使用取值标签获得变量的取值的详细情况,具体可参见Higbee(2004)。

③取值标签的删除。

这包括两方面的含义。第一,删除变量已经被分配的取值标签:

```
. label value foreign .
```

上面的命令将分配给foreign这个变量的取值标签(origin)去除掉,变量foreign自此没取值标签。但是,已经定义的取值标签origin仍然存在。

第二,删除一个已经定义的取值标签:

label drop origin

当一个已经定义的取值标签被删除后,所有被分配这个取值标签的变量将不再有取值标签。

2.3.4 变量的格式化输出

Stata 提供了功能强大的控制变量输出格式的命令 format。这个命令可以根据需要控制变量内容的输出格式，基本语法格式如下：

format varlist %fmt

其中，varlist 是需要控制输出格式的变量名列表，%fmt 是输出格式控制符。

（1）数字型变量的格式化输出

对于数字型变量，format 命令可以控制输出数字的小数位数以及左右对齐方式。常用的格式控制有 %-w.df、%w.dfc 和 %w.de 三种形式。

format 的格式控制符书写在符号 "%" 之后。在输出格式控制符中，符号 "." 前的控制符用于设定输出数字所占字符宽度以及对齐方式，如 w 设定了数字显示时占据的字符长度（包括小数点），"-"（"+"）设定数据输出时在指定宽度内左（居中）对齐，如果 w 前没有符号 "-" 或 "+"，则默认输出时右对齐。

在输出格式控制符中，符号 "." 后的控制符用于设定数字型数据的输出格式。d 设定了数字输出时显示的小数点位数，f 设定了数字以固定格式输出，c 则设定数字输出时以逗号作为数字的数位分隔符，e 设定以科学计数法显示数字。例如，数据集 auto.dta 中，各个变量均已设置了显示输出的格式：

```
. webuse auto
. d

Contains data from https://www.stata-press.com/data/r16/auto.dta
  obs:            74                          1978 Automobile Data
 vars:            12                          13 Apr 2018 17:45
                                              (_dta has notes)

              storage   display    value
variable name   type    format     label      variable label

make           str18    %-18s                 Make and Model
price          int      %8.0gc                Price
mpg            int      %8.0g                 Mileage (mpg)
rep78          int      %8.0g                 Repair Record 1978
headroom       float    %6.1f                 Headroom (in.)
trunk          int      %8.0g                 Trunk space (cu. ft.)
weight         int      %8.0gc                Weight (lbs.)
length         int      %8.0g                 Length (in.)
turn           int      %8.0g                 Turn Circle (ft.)
displacement   int      %8.0g                 Displacement (cu. in.)
gear_ratio     float    %6.2f                 Gear Ratio
foreign        byte     %8.0g      origin     Car type

Sorted by: foreign

. l make price mpg headroom weight turn gear_ratio in 1/5
```

	make	price	mpg	headroom	weight	turn	gear_r~o
1.	AMC Concord	4,099	22	2.5	2,930	40	3.58
2.	AMC Pacer	4,749	17	3.0	3,350	40	2.53
3.	AMC Spirit	3,799	22	3.0	2,640	35	3.08
4.	Buick Century	4,816	20	4.5	3,250	40	2.93
5.	Buick Electra	7,827	15	4.0	4,080	43	2.41

其中，make的格式控制符是%-18s，即输出字符串共占18个字符长度的位置，且靠左对齐（格式控制符中"-"指定靠左对齐）；price的显示输出格式控制符是%8.0gc，即输出数字占8个字符宽度，不保留小数位数，以逗号对数字分节且靠右对齐；mpg的显示格式控制符是%8.0g，即输出数字占8个字符宽度，不保留小数且靠右对齐；headroom的格式控制符是%6.1f，即输出数字占6个字符宽度，保留1位小数且靠右对齐。

可以利用format命令重新设置变量的输出格式。如需要make输出时靠右对齐，price以科学计数法输出，headroom输出时保留两位小数点，则：

. format make %18s price %10.4e headroom %6.2f

. l make price mpg headroom weight turn gear_ratio in 1/5

	make	price	mpg	headroom	weight	turn	gear_r~o
1.	AMC Concord	4.099e+03	22	2.50	2,930	40	3.58
2.	AMC Pacer	4.749e+03	17	3.00	3,350	40	2.53
3.	AMC Spirit	3.799e+03	22	3.00	2,640	35	3.08
4.	Buick Century	4.816e+03	20	4.50	3,250	40	2.93
5.	Buick Electra	7.827e+03	15	4.00	4,080	43	2.41

（2）字符型变量的格式化输出

可用格式控制符%ws控制字符串的格式输出。其中，s表示输出的是字符串，w设定字符串输出所占空间宽度（以字符个数计）。默认字符串输出格式是靠右对齐。也可在w前添加符号"-"设定靠左对齐，或添加符号"#"设定靠右对齐，或添加符号"~"设定居中对齐。

format make %~25s

（输出结果略）

2.3.5 日期数据的格式化输出与转换

Stata没有单独的日期型数据类型。所有日期型数据都是以数字形式保存。Stata日期都是以从1960年1月1日零点开始至目前为止的时间长度确定（秒数、分钟数、小时数、天数、周数、季度数或年数）。可见，Stata的日期是以数字表达。这种以数字表达日期的形式即是Stata内部数字日期格式（Stata internal form，SIF）。如2024年11月

18日距离1960年1月1日有23698天、3374周、778个月、259个季度、64年。因此，在Stata中，天数23698这个数字即可表示2024年11月18日这个日期。季度数259代表2024年第4季度，年度数64代表2024年，以此类推。

Stata提供了三大类有关日期的转换方法。首先，人对Stata内部数字日期，即以数字代表的日期很难识别。如果不经过转换，我们很难知道内部数字日期23698所代表的具体日期。因此，Stata提供了将内部数字日期转换成为人可以阅读的日期格式（human readable forms，HRFs）的各种函数。这种转换比较简单，我们只需改变日期的输出显示格式即可；其次，为了让Stata能够处理用户输入的日期数据，Stata也提供了将人可识别的日期转为Stata内部数字日期格式的一系列函数；最后，内部数字日期也需要做各种转换，如将内部数字日期的天数转换为内部数字日期的月数等。Stata也提供了实现这种转换的一系列函数。

（1）内部数字日期格式（SIF）转换为人可阅读的日期格式（HRFs）

我们只需通过改变日期的输出显示格式，即可将内部数字日期格式（SIF）转换为人可阅读的日期格式（HRFs）。根据计算时间长度的单位不同，日期可以分为不同的频率类型，即时钟日期（tc和tC）、天（td）、周（tw）、月（tm）、半年（th）和年（ty）共七种日期频率类型。对于不同频率类型的内部数字日期，可以使用不同的显示格式将内部数字日期输出为人可阅读的日期格式。具体的显示格式如表2-3所示。

表2-3　　　　　　　　　内部数字日期的显示格式

SIF 类型	SIF 转换为 HRF 的显示格式
datetime/c	%tc
datetime/C	%tC
date	%td
weekly date	%tw
monthly date	%tm
quarterly date	%tq
half-yearly date	%th
yearly date	%ty

```
. display %td 23698
18nov2024
. disp %tq 259
2024q4
. disp %tw 3375
2024w48
```

（2）人可阅读的日期格式（HRFs)转换为内部数字日期格式（SIF）

人可以阅读的日期一般都是由数字、字母以及其他符号构成的字符串。因此，Stata提供了一系列的函数，将用户提供的日期字符串转换成为计算机能够识别的内部数字日期格式（SIF），具体函数如表2-4所示。

表2-4　　　　　　　　　日期字符串转换为内部数字日期

SIF 类型	日期字符串的转换函数
datetime/c	clock(HRFstr, mask [, topyear])
datetime/C	Clock(HRFstr, mask [, topyear])
date	date(HRFstr, mask [, topyear])
weekly date	weekly(HRFstr, mask [, topyear])
monthly date	monthly(HRFstr, mask [, topyear])
quarterly date	quarterly(HRFstr, mask [, topyear])
half-yearly date	halfyearly(HRFstr, mask [, topyear])
yearly date	yearly(HRFstr, mask [, topyear])

上述函数均需要输入两个的参数：HRFstr和mask。HRFstr是日期字符串。Stata允许多种形式表达的日期字符串，如"2024.07.18 14:32:12""2024 Jul 18 14:32:12""7-18-2024 14.32.12""18/7/2024"等。

mask是日期字符串的格式说明符。由于在不同的日期表达方式下，年、月、日、小时、分钟等日期要素出现的先后顺序不同，因此，必须通过mask指定日期中各个日期要素的顺序。各种日期要素的编码符号及其含义如表2-5所示。

表2-5　　　　　　　　　日期字符串的格式说明符

日期编码符号	含义
M	月
D	日
Y	四位数年份
19Y	两位数年份，指19xx
20Y	两位数年份，指20xx
h	小时
m	分钟
s	秒
#	忽略一个日期元素

例如：
.disp %tc clock("2024.11.18 14:32:12", "YMDhms")
18nov2024 14:32:12
. disp date("2024-11-18","YMD")
23698
. disp date("24-11-18","20YMD")   //2024年11月18日
23698
. disp date("24-11-18","19YMD")   //1924年11月18日
-12827
.disp %tm monthly("2024-11","YM")
 2024m11

注意，当年份用两位数表达时，如"24-11-18"，由于Stata并不能确定是指"1924-11-18"还是"2024-11-18"，因此，需要使用"20Y"或"19Y"说明两位数年份所属的世纪。此外，1924年在1960年以前，因此，其对应的内部日期数字为负数。

（3）不同日期频率类型的内部数字日期格式（SIF）转换

内部数字日期格式（SIF）有时钟日期（tc和tC）、天（td）、周（tw）、月（tm）、半年（th）和年（ty）共七种日期频率类型。利用Stata提供的函数，可以对内部日期在不同日期频率类型之间转换。如2024年11月18日的内部数字日期以天数计是23698。我们可以将这个以天数表达的日期转换成为以周数、月数、季度数等计算的内部日期：

. disp %6.0f wofd(23698)
  3374

说明：2024年11月18日距离1960年1月1日有3374周，取整数（不足一周的天数舍去）。

. disp %tw 3374
2024w47

说明：将内部数字日期3374显示为人可阅读的日期，是2024年第47周。

. disp %6.0f dofw(3374)
 23698

说明：将以周数计的内部数字日期3374转换为以天计的内部日期数字为23698，即第3374周距离1960年1月1日有23698天。值得注意的是，Stata的对于内部数字日期中的周度数据的处理较为特别，详情可参见Cox（2010）。

. disp %6.0f mofd(23698)
  778

说明：2024年11月18日距离1960年1月1日有778个月。不足一个月的天数舍去。

. disp %tm 778
2024m11

说明：将内部数字日期778显示为人可阅读的日期，即2024年第11月。

. disp %6.0f qofd(23698)

   259

说明：2024年11月18日距离1960年1月1日有259个季度。不足一个季度的天数舍去。

. disp %tq 259

2024q4

说明：将内部数字日期259显示为人可阅读的日期，结果是2024年第4季度。

表2-6是各种不同频率内部数字日期（SIF）转换为天数和秒数的函数列表；表2-7是以天计内部日期转换为其他不同频率内部日期的函数。

表2-6　　　　　不同频率内部日期转换为以天计的内部日期

转换前的内部日期	转换后的内部日期		
	datetime/c	datetime/C	date
datetime/c		tC=Cofc(tc)	td=dofc(tc)
datetime/C	tc=cofC(tC)		td=dofC(tC)
date	tc=cofd(td)	tC=Cofd(td)	
weekly			td=dofw(tw)
monthly			td=dofm(tm)
quarterly			td=dofq(tq)
half-yearly			td=dofh(th)
yearly			td=dofy(ty)

表2-7　　　　　以天计内部日期转换为不同频率内部日期

内部日期	转换后的日期				
date	tw=wofd(td)	tm=mofd(td)	tq=qofd(td)	th=hofd(td)	ty=yofd(td)

2.4　变量类型的转换与变量的生成

数据集中的观测变量及其取值提供了统计分析的数据来源。在数据分析过程中，往往将观测变量转换为我们需要的中间变量。通过对这些中间变量的分析，才能够获得最终的数据结果。比如，在回归分析时，我们需要生成一个中间变量，该变量的值等于另一个变量的平方；或者我们需要生成一个变量，该变量的值等于另一个变量取对数的结果。Stata的generate和egen能够完成生成新变量的任务。

2.4.1 变量类型的转换

（1）字符型变量转换成数字型变量

有时候需要将字符型变量转换为数字型变量。例如，当使用命令 import 将外部数据集转换为 Stata 数据集时，原本是数字型的变量可能被转换成字符型变量。为了能够参与数学运算，必须将这些字符串变量转换成数值型变量。Stata 提供了三种办法可以将数字型变量转换为字符型变量。

① destring。

命令 destring 将字符串变量（其取值是由数字构成的字符串）转换为数字型变量。例如：

. webuse destring1, clear
. describe
. list
. destring, replace

（输出结果略）

最后一个命令的功能是将数据集中的所有字符串变量（其取值是由数字构成的字符串）全部转换为数值型变量。选项 replace 表示用转换后形成的数值型变量替代原有对应的变量。也可以在转换时指定新生成的数字型变量的变量名：

. webuse destring1, clear
. destring total income, generate(total2 income2)

选项 generate() 中是转换后形成的新变量名，这些新变量名必须与 destring 后的待转换的变量名一一对应。

详情可见 destring（[D] destring）。

② 函数 real()。

函数 real() 可以将由数字组成的字符串转换成数字。例如：

. disp real("5.2")+1

6.2

但是，如果需要转换的字符串中有非数字的字符，则转换后得到缺失值。例如：

. disp real("hello") == .

1

在数据集 destring1.dta 中，使用 real 函数和 gen 命令同样可以将字符串变量转换为数值型变量：

. gen total3 = real(total)
. gen income3 = real(income)

③ 命令 encode。

命令 encode 将字符串变量的每个取值（字符串）赋予一个数字编码，并保存在新的变量中。encode 将字符串变量的每个取值（字符串）赋予一个数字编码的过程，本质上是生成变量取值标签过程的相反过程。其语法格式为：

encode varname [if] [in], generate(newvar) [label(name) noextend]

其中，varname是需要对取值进行编码转换的字符串变量，newvar转换后形成的新变量，选项label(name)是对编码转换过程中所形成的取值标签命名。

```
. use hbp2,clear
. list in 1/5
```

	id	city	year	age_grp	race	hbp	sex
1.	8008238923	1	1993	15-19	Black	No	female
2.	8007143470	1	1992	30-34	.	No	
3.	8000468015	1	1988	25-29	Black	No	male
4.	8006167153	1	1991	25-29	Black	No	male
5.	8006142590	1	1991	20-24	Black	No	female

其中，sex是字符串变量，其取值是"female"或"male"。

```
. encode sex, generate(gender) label(sexlbl)
```

该命令对字符串变量sex的取值进行编码。字符串"female"的编码为数字1，字符串"male"的数字编码为2（如果sex可取值多个字符串，则数字编码依次递增），并生成新的数值型变量gender，其取值分别是各字符串对应的数字编码。显然，在对sex进行编码的过程中，生成了字符串和数字的对应关系。这个对应关系形成了变量gender的取值标签，此处命名为sexlbl。

```
. list in 1/5,nolabel noobs
```

id	city	year	age_grp	race	hbp	sex	gender
8008238923	1	1993	2	2	0	female	1
8007143470	1	1992	5	.	0		.
8000468015	1	1988	4	2	0	male	2
8006167153	1	1991	4	2	0	male	2
8006142590	1	1991	3	2	0	female	1

```
. codebook gender

              type:  numeric (long)
             label:  sexlbl

             range:  [1,2]                    units:  1
     unique values:  2                      missing .:  2/1,130

        tabulation:  Freq.   Numeric   Label
                      433       1      female
                      695       2      male
                        2       .
```

可见，在生成变量gender过程中生成了取值标签sexlbl。

值得注意的是，由于gender具有取值标签sexlbl，在使用list命令时，如果没有nolabel选项：

. list in 1/5

	id	city	year	age_grp	race	hbp	sex	gender
1.	8008238923	1	1993	15-19	Black	No	female	female
2.	8007143470	1	1992	30-34	.	No		.
3.	8000468015	1	1988	25-29	Black	No	male	male
4.	8006167153	1	1991	25-29	Black	No	male	male
5.	8006142590	1	1991	20-24	Black	No	female	female

变量sex和变量gender的取值内容似乎完全相同，其实不然。首先，sex是字符串变量，其取值是字符串"female"或"male"；而gender是数值型变量，其取值为1或2。由于变量gender被赋予了取值标签，因此，显示的是每个取值对应的标签，即"female"或"male"。

（2）数字型变量转换成字符型变量

有时候需要将数字型变量转换为字符型变量。例如，当使用命令import将外部数据集转换为Stata数据集时，原本是字符型的变量，如邮政编码、公司代码等可能被转换成数字型变量。这些变量以字符串变量存在更为合理，因此需要将其转换为数字型变量。Stata同样提供了将数字型变量转换为字符型变量的三种方法。

① tostring。

tostring的基本语法格式为：

tostring varlist, {generate(newvarlist)|replace} [tostring_options]

例如：

. webuse tostring, clear

. describe

. list

. tostring year day, replace

最后一个命令是将数据集中的数值型变量year和day转换为字符型变量。使用选项replace，则转换后形成的变量替换原有对应的变量。当然，也可以在转换时指定新生成的数字型变量的名称：

. tostring year day, generate(year2 day2)

选项generate()设定转换后形成的新变量名。这些新变量名必须与tostring之后待转换的变量名一一对应。转换后形成的变量year2和day2是数值型变量。

如果需要将数字按照一定的格式转换成字符串，则可使用选项format：

. tostring year, generate(year2) format(%7.2f)

year2 generated as str7

上述命令先将year这个变量转换成带两位小数的数字,再转换成字符串:

. list in 1/5, noobs

id	month	day	year	year2
123456789	jan	10	2001	2001.00
123456710	mar	20	2001	2001.00
123456711	may	30	2001	2001.00
123456712	jun	9	2001	2001.00
123456713	oct	17	2001	2001.00

注意,year2是字符串变量。

使用tostring的format选项能够将数字按照一定的格式转换成字符串。这个功能在特定情况下非常有用。例如,外部数据集中包含取值是由数字构成的字符串变量,当使用import命令转换为Stata数据集时,这些字符串变量会被转换为数字型变量。如果原来数据集中字符串变量的取值包含由数字0开始的数字组成的字符串,转换后得到的数值型变量,由数字0开始的数字组成的字符串被转换为数字后,前面的0自然会被省略。此时,在使用tostring命令时,如果不使用format选项,转换后形成的字符串就会与原本数据集中变量取值存在差异,导致错误。例如,数据集firmsale.txt:

FirmID	price	quantity
000626	1000	18000
008635	1500	36000
032068	1800	25000
000260	2500	60000

在数据集firmsale.txt中,变量FirmID(公司代码)的取值是由6个数字构成的字符串。当使用import命令将该数据集转换成Stata数据集后:

. import delimited "firmsale.txt", varnames(1) clear

. describe

(输出结果略)

. list, noobs

FirmID	price	quantity
626	1000	18000
8635	1500	36000
32068	1800	25000
260	2500	60000

可见,FirmID被转换成数字型变量,其各个取值前面的0被去掉。为了将FirmID

转换成与原数据集一致的变量，可以使用带format选项的tostring命令：

. tostring FirmID, format(%06.0f) generate(FirmID2)

FirmID	FirmID2	price	quantity
626	000626	1000	18000
8635	008635	1500	36000
32068	032068	1800	25000
260	000260	2500	60000

转换后新生成的变量FirmID2是字符串变量，且其每个取值前的0均被补齐。

当然，在上面的例子中，也可以使用不带format()选项的tostring命令。将FirmID转换成字符串变量后，再使用replace命令和字符串函数substr()也可以达到相同的目的：

. tostring FirmID, generate(Firmid3)

. replace FirmID3 = substr("000000" + FirmID3, -6, .)

此处的"substr("000000" + FirmID3, -6, .)"的功能取字符串右边6个字符形成子串。

② strofreal(n,s)。

strofreal(n,s)是一个字符串处理函数，可以将一个数字按照规定的格式转换为字符串。参数n为需要转换的数字，s是数字显示格式。例如：

. disp strofreal(4,"%3.2f")+"F"

4.00F

. disp strofreal(123456789,"%11.0g")

123456789

. disp strofreal(0,"%td")

"01jan1960"

. disp strofreal(225,"%tq")

"2016q2"

可见，与tostring函数相同，strofreal(n,s)能够将数字按照需要的数字格式转换成对应的字符串。

③ decode。

decode命令能够将encoede命令生成的编码去掉，直接以编码对应的字符串作为新变量的取值。

例如，在hbp3.dta中，变量female是二元数字型变量。该变量取值1表示女性，取值0表示男性。

. use hbp3,clear

. list in 1/5

	id	city	year	age_grp	race	hbp	female
1.	8008238923	1	1993	15-19	Black	No	Female
2.	8007143470	1	1992	30-34	.	No	.
3.	8000468015	1	1988	25-29	Black	No	Male
4.	8006167153	1	1991	25-29	Black	No	Male
5.	8006142590	1	1991	20-24	Black	No	Female

注意，female（包括race和hbp）均是二元数字型变量。由于使用了取值标签，因此上表中显示的是female取值的值标签，而不是female的取值。如果在list命令后有nolabel选项，则带有取值标签的变量显示的是每个变量的具体取值：

. list in 1/5, nolabel

	id	city	year	age_grp	race	hbp	female
1.	8008238923	1	1993	2	2	0	1
2.	8007143470	1	1992	5	.	0	.
3.	8000468015	1	1988	4	2	0	0
4.	8006167153	1	1991	4	2	0	0
5.	8006142590	1	1991	3	2	0	1

运用decode变量，可以将数字型变量female转换成字符串变量sex，sex的取值是字符串"female"或"male"：

. decode female, generate(sex)

. list in 1/5,nolabel

	id	city	year	age_grp	race	hbp	female	sex
1.	8008238923	1	1993	2	2	0	1	Female
2.	8007143470	1	1992	5	.	0	.	
3.	8000468015	1	1988	4	2	0	0	Male
4.	8006167153	1	1991	4	2	0	0	Male
5.	8006142590	1	1991	3	2	0	1	Female

此时，sex为字符串变量，取值分别是字符串"female"或"male"。

可见，命令decode与命令tostring和函数strofreal(n,s)的功能是不同的。tostring和函数strofreal(n,s)是直接将取值内容为数字的字符串变量转换成字符串变量，转换后变量的取值是数字。这些数字与转换之前的字符串变量取值的数字是完全相同的。decode是用变量的取值标签作为新生成的字符串变量的取值（取值标签是字符串）。

2.4.2 generate命令

命令generate是数据分析过程中经常使用的生成新变量的命令之一。generate的基本语法格式是：

generate [type] newvar[:lblname] =exp [if] [in] [, before(varname) | after(varname)]

如：

. use auto.dta

. generate float lnmpg = log(mpg)

上述命令对变量mpg的每一个观测值取对数，保存在新生成的变量lnmpg中，并设定lnmpg的数据类型为float。

上面的操作也可以通过generate命令和replace命令配合使用，达到相同的目的：

. drop lnmpg

. gen float lnmpg = .

. replace lnmpg = log(mpg)

由此可以看出generate命令和replace命令的区别。generate生成新的变量，同时给新变量赋值；而replace命令则仅仅修改现有变量的取值，而不会生成新的变量。

在统计分析过程中，尤其是在方差分析和回归分析中，往往需要生成二元虚拟变量（dummy variable）。可以采用不同的方法生成二元虚拟变量。

（1）利用if条件表达式生成二元虚拟变量

. gen byte make_Audi = 0

. replace make_Audi = 1 if make == "Audi 5000" | make == "Audi Fox"

. sort make

. list make mpg rep78 make_Audi in 1/5

	make	mpg	rep78	make_A~i
1.	AMC Concord	22	3	0
2.	AMC Pacer	17	3	0
3.	AMC Spirit	22	.	0
4.	Audi 5000	17	5	1
5.	Audi Fox	23	3	1

也可结合replace命令生成二元虚拟变量：

.generate low_rep78 = 0

.replace low_rep78 = 1 if (rep78<=3 & rep78>=1)

（2）利用条件表达式的返回值生成二元虚拟变量

不用if条件子句，巧妙运用条件表达式的返回值赋予生成的变量，也可达到生成二元虚拟变量的目的：

. drop make_Audi

. generate make_Audi = (make == "Audi 5000" | make == "Audi Fox")

上述生成low_rep78的操作可以简化为：

. generate low_rep78 = (rep78<=3 & rep78>=1)

（3）利用函数inlist()、range()和cond()生成二元虚拟变量

不用if语句和条件表达式，利用函数inlist()和range()也可生成的二元虚拟变量。

①利用函数inlist()生成二元虚拟变量。

函数inlist($z,a,b,c,\cdots$)的功能是，如果变量z等于a，b，c，…中的任意值时，函数inlist()的返回值为1，否则返回值为0。例：

. drop make_Audi

. generate byte make_Audi = inlist(make, "Audi 5000","Audi Fox")

上述命令生成字节型变量make_Audi。当记录的make变量取值"Audi 5000"和"Audi Fox"之一时，make_Audi取值为1，否则make_Audi取值为0。

. generate byte low_rep78 = inlist(rep78,1,2,3)

. list make mpg rep78 make_Audi low_rep78 in 1/5

	make	mpg	rep78	make_A~i	low_r~78
1.	AMC Concord	22	3	0	1
2.	AMC Pacer	17	3	0	1
3.	AMC Spirit	22	.	0	0
4.	Audi 5000	17	5	1	0
5.	Audi Fox	23	3	1	1

上述命令生成low_rep78，当变量rep78（汽车修理次数）取值1、2和3中的任意一个时，low_rep78取值1，否则取值0。

②利用函数inrange()生成二元虚拟变量。

函数inrange(z,a,b)的功能是，当变量z的值在[a,b]之间取值时，函数inrange(z,a,b)的返回值为1，否则返回值为0。

当需要根据数字型变量的取值范围生成另一个虚拟变量时，可以使用inrange()。例如，生成虚拟变量low_rep78，当变量rep78小于等于3次时，low_rep78取值为1，否则取值为0，则可执行如下命令：

. drop low_rep78

. generate low_rep78 = inrange(rep78, 1 ,3)

③利用函数cond()生成二元虚拟变量。

cond($x,a,b[,c]$)的功能是：当表达式x的值为真时返回a，当表达式x的值为假时返回b，当表达式x的值缺失时返回c。运用函数cond()，可以达到生成二元变量的同样目的：

. drop low_rep78

. generate low_rep78 = cond(rep78<=3, 1 ,0)

可见，在生成新变量时，往往有多种方法都能够达到同样的目的。至于具体选择哪一种方法，每个人可以根据自己的习惯和偏好决定。

关于虚拟变量的生成方法，还可参见 Cox 和 Schechter（2019）。

2.4.3 egen 命令

egen 是 generate 的扩展。当执行 generate 命令无法直接得到所需要的计算结果时，可以考虑使用 egen 命令，其语法格式如下：

egen [type] newvar = fcn(arguments) [if] [in] [, options]

其中，fcn() 是 egen 的专用函数。可选项 type 用于定义生成变量的数据类型。

例如，假设在 auto.dta 数据集中，现在需要实现对变量 price 按汽车维修次数分组做标准化处理。首先需要按照汽车维修次数对所有汽车进行分组，然后对每组汽车的价格 price 进行标准化处理（每辆汽车价格与该组汽车平均价格的离差除以这辆汽车的标准差）[①]。这需要使用 egen 命令：

```
. bysort rep78 : egen avprice = mean(price)
. bysort rep78 : egen sd_price = sd(price)
. generate std_price = ( price -avprice ) / sd_price
. list make mpg rep78 price avprice sd_price std_price in 1/5
```

	make	mpg	rep78	price	avprice	sd_price	std_price
1.	Pont. Firebird	18	1	4,934	4564.5	522.5519	.7071068
2.	Olds Starfire	24	1	4,195	4564.5	522.5519	-.7071068
3.	Cad. Eldorado	14	2	14,500	5967.625	3579.357	2.383773
4.	Dodge Diplomat	18	2	4,010	5967.625	3579.357	-.5469209
5.	Plym. Volare	18	2	4,060	5967.625	3579.357	-.5329519

如上述 egen 命令中的 mean(price)，用于计算变量 price 的（组内）算数平均值。在使用 egen 命令添加了前缀 bysort rep78，Stata 按照变量 rep78 的取值将观测记录分组，即 rep78 取值 1 的记录归为一组，rep78 取值 2 的记录归为一组，以此类推。此处 mean(price) 只计算各组 price 的均值（不是所有组的 price 均值），并将每组记录的 price 的均值保存在变量 avprice 中。

当然，使用 mdev() 函数可以简化操作。mdev() 计算变量的离差（变量值与均值之差）。则上述操作可以简化为：

```
.bysort rep78:egen dev_price = mdev(price)
.generate std_price2 =  dev_price / sd_price
.list make mpg rep78 price avprice dev_price sd_price std_price2 in 1/5
```

[①] 变量标准化方法有多种，如 z-score 标准化、0-1 标准化、稳健标准化、L_p 归一化、小数定标标准化以及 Logistic 标准化等。此处采用 z-score 标准化方法。

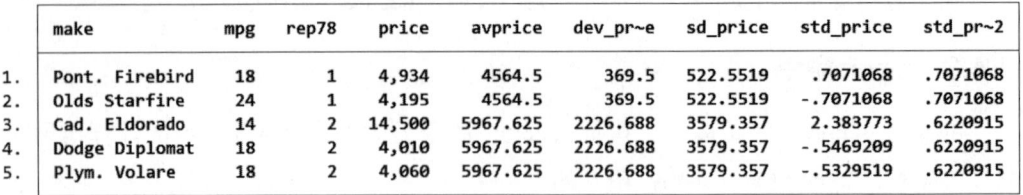

注意，egen函数提供了对变量进行标准化的函数std()。但是，std()不能与by前缀一起使用。因此，此处需要实现按rep78实现分组后再对变量price做标准化处理，而不能直接使用函数std()。

egen的函数mdev()能够直接计算该组变量与均值的离差，并保存在变量dev_price中。因此不需要使用gen命令继续计算变量price与其均值的离差。

大部分的Stata命令都是针对变量，即数据集的列展开计算的。而egen命令部分函数（以"row"开始命名的函数）可以实现数据集的行运算，这些函数对于一些特殊的数据集的统计分析十分有用。具体可参见egen（[D] egen）。

egen有丰富的专用函数，Stata 16共有41个egen专用函数。这些函数大大扩展了Stata对处理变量的能力。值得注意的是，并不是所有egen的函数都可以使用前缀by或bysort。因此，在运用egen命令时，必须确定相应函数是否能够使用by或bysort前缀。详见egen（[D] egen）。

2.5 数据集的合并

对研究对象的调查可能由多个调查者完成，从而形成多个数据集。因此，在正式分析前往往需要将各个数据集合并；或者，我们所需要的数据可能分布在数据提供商提供的多个数据集中，当下载相关的各个数据集后，也需要对分散在各个数据集中的数据进行合并。因此，合并数据集是数据清理的重要工作之一。

在合并数据集前，必须将所有需要合并的数据集转换成Stata数据集。根据需要不同，数据集的合并有横向合并和纵向合并两种情形。

2.5.1 纵向合并

一般情况下，当各个数据集具有相同的变量名，仅有数据记录个数不同时，我们需要进行纵向合并。纵向合并的Stata命名是：

append using filename [filename ...] [, options]

当需要合并的两个数据集的变量不同，append命令合并数据集后，新数据集包含两个数据集的全部变量，且新数据集中会有部分变量出现缺失值。这一点在纵向合并数据集时尤其需要注意。

以下操作将数据集auto.dta分拆成两个变量名不相同的数据集。

```
. webuse auto.dta, clear
. keep if foreign == 0
. keep make price rep78 headroom
. save domestic.dta
```
domestic.dta 保存国内品牌汽车的 52 条记录，只有 make price mpg rep78 headroom 四个变量。

```
. webuse auto, clear
. keep if foreign == 1
. keep make price rep78 length
. save auto1.dta
```
auto1.dta 保存国外品牌汽车的 22 条记录，只有 make price mpg rep78 length 四个变量。

尽管 auto1.dta 和 domestic.dta 的变量并不完全相同，我们可以利用 append 命令将国内品牌汽车的 52 条记录合并到 auto1.dta 中，得到数据集 auto1.dta。但是，新数据集中存在缺失值。

```
. append using domestic.dta, keep(make price rep78 length headroom)
. list
```

	make	price	rep78	length	headroom
1.	Audi 5000	9,690	5	189	.
2.	Audi Fox	6,295	3	174	.
3.	BMW 320i	9,735	4	177	.
4.	Datsun 200	6,229	4	170	.
	....				
71.	Pont. Grand Prix	5,222	3	.	2.0
72.	Pont. Le Mans	4,723	3	.	3.5
73.	Pont. Phoenix	4,424	.	.	3.5
74.	Pont. Sunbird	4,172	2	.	2.0

注意，合并前 headroom 变量和 length 变量都仅仅出现在一个数据集中。因此，合并后的数据集中，headroom 变量和 length 变量都存在缺失值。

关于数据集的纵向合并需要注意以下几点：

①如果 append 命令中不包括选项 keep()，即没有指定合并后数据集要包含的变量名称，则合并后形成的数据集包含合并前两个数据集的所有变量。

②如果合并前各数据集包含的变量不相同，也能够利用 append 命令进行数据集的纵向合并，但会存在大量的缺失值。这样的纵向合并似乎没有太大意义。

③在 append 命令中，可以一次合并多个数据集，只需在 append 中的 using 后面逐一添加被合并的数据集名称即可。

2.5.2 横向合并

当分别由不同的调查者对相同样本单位的不同属性做观察，便可得到观测对象相同但变量名不同的数据集。为了将对被观察对象的所有相关变量做全面统计分析，需要使用merge命令将数据集进行横向合并。merge命令能够将指定主数据集（master dataset，即当前内存中的数据集）和被合并数据集（using dataset）进行横向合并。

执行merge命令时必须指定主数据集和被合并数据集共同具有的一个或多个相同关键变量（key variable）[①]。横向合并命令merge共有5个具体使用场景。

（1）按照关键变量匹配记录实现1对1合并

按照关键变量匹配记录实现1对1合并的merge命令的语法格式是：

merge 1:1 varlist using filename [, options]

例如：主数据集（autosize.dta）包含对6台汽车的品牌型号（make）、车重（weight）和车长三个变量（length）的观测结果。

. webuse autosize,clear

. list

	make	weight	length
1.	Toyota Celica	2,410	174
2.	BMW 320i	2,650	177
3.	Cad. Seville	4,290	204
4.	Pont. Grand Prix	3,210	201
5.	Datsun 210	2,020	165
6.	Plym. Arrow	3,260	170

被合并数据集（autoexpense.dta）包含对这6台汽车中的5台汽车的品牌型号（make）、价格（price）和行驶里程（mpg）三个变量的观测结果。

. webuse autoexpense,clear

. list

	make	price	mpg
1.	Toyota Celica	5,899	18
2.	BMW 320i	9,735	25
3.	Cad. Seville	15,906	21
4.	Pont. Grand Prix	5,222	19
5.	Datsun 210	4,589	35

显然这两个数据集分别包含相同的6台汽车不同属性的观测记录。现在需要将两个数据集横向合并在一个数据集中，以方便对这些汽车进行完整数据分析。

在主数据集和被合并的数据集中，变量make唯一识别每条记录，是关键变量。因

[①] 在将主数据集和被合并数据集按照记录序号匹配合并时，可以将关键变量视为数据集自动生成的记录序号（_n）。

此，可以根据 make 将被合并的数据集一对一的合并到主数据集中。

. webuse autosize, clear
. merge 1:1 make using https://www.stata-press.com/data/r16/autoexpense

Result	# of obs.	
not matched	1	
from master	1	(_merge==1)
from using	0	(_merge==2)
matched	5	(_merge==3)

执行 merge 命令后，系统会给出合并报告。由上述报告可知，本次成功合并 5 条记录，主数据集中有一条记录没有被合并。仔细观察数据发现，主数据集中第六条记录是关于型号 Plym. Arrow 的记录，而 Plym. Arrow 这个型号在被合并数据集中并没有对应价格（price）和 行驶里程（mpg）记录。因此，在合并后的数据集中，Plym. Arrow 这个型号的记录中，价格（price）和行驶里程（mpg）两个变量出现缺失值。

合并后的数据集内容如下：

. list

	make	weight	length	price	mpg	_merge
1.	BMW 320i	2,650	177	9,735	25	matched (3)
2.	Cad. Seville	4,290	204	15,906	21	matched (3)
3.	Datsun 210	2,020	165	4,589	35	matched (3)
4.	Plym. Arrow	3,260	170	.	.	master only (1)
5.	Pont. Grand Prix	3,210	201	5,222	19	matched (3)
6.	Toyota Celica	2,410	174	5,899	18	matched (3)

关于 merge 的 1∶1 匹配合并需要注意以下两点。

第一，主数据集和被合并数据集的关键变量取值必须唯一，否则在合并时会报错。因此，在合并之前，利用 duplicate 命令检查数据集中关键变量是否存在重复取值是确保合并成功的关键。

. webuse autosize, clear
. duplicates report make

copies	observations	surplus
1	6	0

第二，合并后的数据集中生成了一个新的分类变量：_merge。_merge 取值 3，表明该条记录是一对一成功匹配合并形成；_merge 取值 1，表明主

数据集中的该条记录在被合并数据集中没有匹配记录；_merge取值2，表明被合并数据集中的该条记录在主数据集中没有匹配记录。因此，合并后根据变量_merge筛选样本是有必要的：

    keep if _merge==3

上述命令得到成功合并后的数据集。

（2）按照关键变量实现一对多的横向合并

按照关键变量实现多对一的横向合并的语法格式是：

merge 1:m varlist using filename [, options]

设有两个数据集，主数据集中是每个地区销售员名单，包含地区（region）和销售员姓名（name）两个变量；

    . webuse sforce,clear

    . list

```
region         name

N Cntrl        Krantz
N Cntrl        Phipps
N Cntrl        Willis
NE             Ecklund
NE             Franks

South          Anderson
South          Dubnoff
South          Lee
South          McNeil
West           Charles

West           Cobb
West           Grant
```

被合并数据集是每个地区的销售总金额，包含地区（region）、地区销售总金额（sales）和地区销售总成本（cost）。

    . webuse dollars, clear

    . list

```
region      sales       cost

N Cntrl     419,472     227,677
NE          360,523     138,097
South       532,399     330,499
West        310,565     165,348
```

现在需要将各地区的销售总金额和总成本数据合并到主数据集中。

    . webuse sforce,clear

    . merge m:1 region using https://www.stata-press.com/data/r16/dollars

```
Result                              # of obs.

not matched                             0
matched                                12     (_merge==3)
```

合并报告表明，两个数据集成功实现一对多的合并，共有12条记录。

. list

region	name	sales	cost	_merge
N Cntrl	Krantz	419,472	227,677	matched (3)
N Cntrl	Phipps	419,472	227,677	matched (3)
N Cntrl	Willis	419,472	227,677	matched (3)
NE	Ecklund	360,523	138,097	matched (3)
NE	Franks	360,523	138,097	matched (3)
South	Anderson	532,399	330,499	matched (3)
South	Dubnoff	532,399	330,499	matched (3)
South	Lee	532,399	330,499	matched (3)
South	McNeil	532,399	330,499	matched (3)
West	Charles	310,565	165,348	matched (3)
West	Cobb	310,565	165,348	matched (3)
West	Grant	310,565	165,348	matched (3)

一对多的合并可以通过多对一的合并实现。使用者可以根据自己的实际需要选择合并方法。

（3）按记录号匹配合并以及多对多合并

在一般情况下，除非两个数据集的记录严格按照固有的观测顺序对样本中的个体单位记录观测结果，否则不建议采取按记录号匹配合并的方法实现数据集的横向合并。采取多对多的方法对数据集做横向合并可能会得到意想不到的结果，因此应该尽可能避免。

2.6 其他数据集管理命令

2.6.1 fillin命令

当处理非平衡面板数据集时，为了方便，有时候需要把非平衡面板数据集转换成平衡面板数据集。如非平衡面板数据集：

use "jtrain1_unbalance.dta", replace

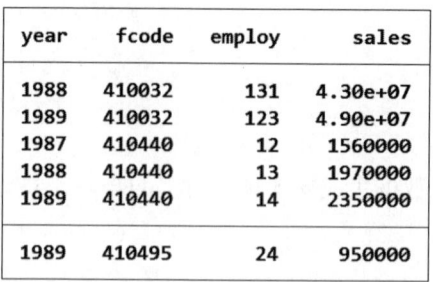

这个数据集包含各个工厂在各年的员工数和销售额的数据。其中，fcode 是工厂的编号代码、year 是观测年份。由于种种原因，有的工厂并非在所有观测年份都有观测记录。如代码为 410032 的工厂在 1987 年没有观测记录，而代码为 410495 的工厂在 1987 和 1988 年都没有观测记录。因此，这是非平衡面板数据集。通过 fillin 命令，可以很方便的转换为平衡面板数据集：

. fillin year fcode

year	fcode	employ	sales	_fillin
1987	410032	.	.	1
1987	410440	12	1560000	0
1987	410495	.	.	1
1988	410032	131	4.30e+07	0
1988	410440	13	1970000	0
1988	410495	.	.	1
1989	410032	123	4.90e+07	0
1989	410440	14	2350000	0
1989	410495	24	950000	0

通过 fillin 命令，为这两个工厂在没有观测的年份添加缺失值，从而将非平衡面板数据集转换成平衡面板数据集。

2.6.2 cross

这个命令使用的频率较低。该命令将主数据集的每一条记录（共 N 条）分别和被合并数据集的每条记录（共 M 条）逐一连接，形成新的记录。因此，最后形成的数据集共 N*M 条记录。可以通过如下例子体会该命令的功能：

. input agecat
20
30
40
end
. save agecat

```
. drop _all
. input str10 sex
female
male
end
. cross using agecat.dta
. list
```

agecat	sex
20	female
30	female
40	female
20	male
30	male
40	male

2.6.3 stack

这个命令同样较少使用。该命令直接将一个数据集的观测记录按次序叠加排列形成另外一个数据集。可以通过如下例子体会改命令的功能：

```
. webuse stackxmpl,clear
. list
```

a	b	c	d
1	2	3	4
5	6	7	8

```
. stack a b c d, into(e f) clear
. list
```

_stack	e	f
1	1	2
1	5	6
2	3	4
2	7	8

2.6.4 joinby

这个命令能够实现两个数据集的多对多合并，与merge m:m的功能类似。因此，建议在需要的时候，尽可能使用 merge m:m 命令。可以通过如下例子体会 joinby 命令的功能：

. webuse child

. list

family~d	child_id	x1	x2
1025	3	11	320
1025	1	12	300
1025	4	10	275
1026	2	13	280
1027	5	15	210

. webuse parent

. list, sep(0)

family~d	parent~d	x1	x3
1030	10	39	600
1025	11	20	643
1025	12	27	721
1026	13	30	760
1026	14	26	668
1030	15	32	684

. sort family_id

. joinby family_id using https://www.stata-press.com/data/r16/child

family~d	parent~d	x1	x3	child_id	x2
1025	11	20	643	4	275
1025	11	20	643	3	320
1025	11	20	643	1	300
1025	12	27	721	1	300
1025	12	27	721	4	275
1025	12	27	721	3	320
1026	13	30	760	2	280
1026	14	26	668	2	280

2.6.5 xpose

这个命令能够实现数据集的行列转换。该命令同样较少使用。详情见 [D] xpose。

第3章 标量、宏与矩阵

3.1 标量

3.1.1 标量的定义

Stata的标量可以通过命令scalar定义。例如：

. scalar a = 2

. display a + 2

4

标量的内容只能是一个字符串或一个数字。这与宏能够保存的内容具有明显区别。宏的内容可以是一个字符串或数字，也可以是多个数字或字符串。

值得注意的是，定义标量必须出现"="。等号右边是表达式。Stata先计算表达式的值，再将结果保存在标量中。一次只能定义一个标量，一个标量只能保存一个数据（一个字符串或一个数字）。如下定义标量将会出错：

. scalar a, s = 2, 3

因为这样试图 次定义两个标量。Stata不允许变量的多重赋值。

也可以定义字符串标量：

. scalar s = "hello"

. display s

hello

注意，字符串必须使用引号，表明字符串的开始和结束。如果没有引号，则Stata将视"="右边的符号为另一个标量名或观测变量名。如果没有这个标量名或观测变量名，则报错。

. scalar s = hello

hello not found

r(111);

同样，我们不能将两个字符串赋值给一个标量：

. scalar s = "hello" "Sir"

invalid 'Sir'

r(198);

但我们可以将几个字符串组成的表达式赋值给一个标量：

. scalar s = "hello" + "," + "Sir"

. disp s

hello,Sir

可见，Stata总是先计算"="右边的表达式的值，再将结果赋值给标量。

3.1.2 标量的显示与删除

命令scalar list和scalar dir可以显示当前内存中的所有标量的名称及其内容。例：

. scalar list

   s = hello,Sir
   a =   2

命令scalar drop可以删除指定的标量：

scalar drop 2

命令scalar drop _all可以删除所有的标量：

3.1.3 标量名与变量名

如果一个标量与数据集中的一个变量同名，Stata始终认为这是一个变量名。特别需要引起重视的是，由于Stata允许简写变量名，很容易导致简写后的变量名与标量名重复，从而引起意想不到的错误（Kolev，2006）。例如：

. sysuse auto.dta

(1978 Automobile Data)

. scalar p = 0.7

. display p

4099

显然，显示的结果是4099，而非所定义的标量的值0.7。出现这种情况的原因在于数据集auto.dta中有变量price。根据Stata的名称简写规则，变量price可以简写为p，恰好与标量p重名。当一个标量名与一个变量名同名时，Stata始终认为这是一个变量名。因此，display p的结果是数据集auto.dta中变量price的第一个观测值4099。

Kolev(2006)认为，可以有如下解决办法。

（1）为标量取一个完全不同的名字

可以在观察现有数据集的变量命名基本情况后，为标量取一个完全不同的名字；或者，给标量的名字前面加上前缀也是一个解决办法，如sc_p。

（2）使用函数scalar()

在用到标量时，始终使用函数scalar()，明确标识标量。例如：

. display scalar(p)

（3）使用临时名字

使用临时宏可以为标量取一个唯一的名字。关于临时宏，请见本章3.2的内容。例如：

```
. tempname p
. scalar 'p' = 0.7
. disp  'p'
.7
```

3.2 宏的定义及其引用

宏是一串字符或数字的简单缩写，或者说宏是被赋予了特定名字的一串数字或字符。定义宏即是将宏的名字与一串字符或数字建立联系，这一串字符或数字即是宏的内容。通过引用宏，用户可以随时使用宏的内容———一串数字或字符。

宏可以保存Stata命令的运行结果，与循环语句结合可以加快从创建变量到运行模型的过程。宏用于程序设计，帮助实现工作流程的自动化并加快常规工作的进度（隆恩，2019）。对于试图使用Stata编程进行数据处理的人而言，正确理解和运用宏是最重要的技能之一。Gould（2008）认为，没有宏，Stata就退化成一种脚本语言，而不能成为一种程序设计语言。

对于C等程序设计语言，用户可通过简单的赋值符号定义变量并给变量赋值，如通过$x=10$定义变量x。此后，用户可以随时使用这个变量的值。一旦定义了一个变量并赋值，则这个变量只能保存一个值。这个值可能是一个数字也可能是字符串。此外，在这些语言中，这个变量只能保存一种数据类型的值。如通过$x=10$定义变量x，则x这个变量只能取10（当然也可以修改变量的值）。除非重新赋值，x不能保存字符串等内容。

然而，在Stata中，数据集中的一个观测变量对应数据集中的一列。一个变量包含样本内多个个体单位在该观测变量的取值。因此，一个观测变量可以取多个具体的值。Stata的宏可以包含多个元素，这与观测变量可包含多个取值的特点一致。而且，Stata的宏包含的元素既可以是数字、字符，也可以是数字和字符的混合体，形成一种组合数据类型。宏的这些特点大大增强了数据处理的灵活性，在程序设计中发挥着重要作用。

Stata的宏包含局部宏和全局宏两种类型。这两种宏的定义与引用方法基本一致。下面以局部宏为例阐述宏的定义与引用。

3.2.1 局部宏的定义与引用

（1）局部宏的定义

考虑基于数据集auto.dta的数据分析。在分析过程中，可能多次使用到某个特定的变量名列表：price mpg rep78 weight displacement foreign。例如，当需要对这些变量逐一做描述性统计分析，也可能需要对这些变量做回归分析。在做回归分析时，还有可能采用不同的异方差稳健估计方法估计系数的稳健标准误。这些数据处理操作需要重复使用这个特定的变量名列表。因此，我们会在命令中重复输入上述变量名列表：

. summarize price mpg rep78 weight displacement foreign,detail

. reg price mpg rep78 weight displacement foreign

. reg price mpg rep78 weight displacement foreign, vce(robust)

. reg price mpg rep78 weight displacement foreign, vce(hc2)

. reg price mpg rep78 weight displacement foreign, vce(hc3)

. ……

显然，在键盘上逐一输入上述变量名列表是一件麻烦的事情。有的用户可能通过复制的方法减少输入的工作量。然而，当变量较多时复制可能出现遗漏或错误。

用户可以定义局部宏，将多个变量名组成的字符串赋给一个特定的宏，通过引用宏轻松解决这个问题：

. local model1 "mpg rep78 weight displacement foreign"

其中，local是定义局部宏的命令，该命令在宏名和字符串之间建立联系。model1是宏名，引号内的字符串是宏的内容。当引用宏时，宏名将会被宏的内容替换。

. summarize price `model1', detail

. reg price `model1'

. reg price `model1', vce(robust)

. reg price `model1', vce(hc2)

. reg price `model1', vce(hc3)

Stata在执行上述命令中，当遇到引用宏的符号和宏名——`model1'时，首先在宏名的位置直接替换成宏名对应的内容，再执行命令，从而实现与前述命令相同的功能。

使用者必须通过引号`引用宏。值得注意的是，引用宏的时候，左侧引号是较为特殊的字符，位于键盘最左侧的ESC键的下方；右侧引号是单引号，紧邻键盘Enter键的左侧。任何不正确的引号都会导致错误而无法正确引用宏。

在引用宏之前必须定义宏，才能通过引用宏得到正确的结果。尤其需要注意的是，当引用一个没有定义的宏时，Stata并不会报错，而是在引用宏的位置直接替换以空字符串""。例如：由于输入错误，将model1输入成了model，当引用宏model1时：

. summarize price `model', detail

Stata并不会报错。但在替换宏的内容时，发现并没有定义名为model的宏，因此，在引用宏的位置直接替换以空字符串""。因此实际执行的命令是：

. summarize price, detail

显然，所得到的结果并非我们需要的结果。

在定义宏时，如果宏的内容是字符串，宏的内容可以不用添加引号。例如：

local model1 mpg rep78 weight displacement

尽管如此，使用引号可以明确标识一个字符串的开始和结束。因此，为了方便阅读，减少错误，建议在定义内容为字符串的宏时都加上引号。

（2）宏的重新定义与修改

比如，宏model1的内容现在需要增加一个变量，则可以通过重新定义更改宏的内容：

. local model1 "mpg rep78 weight displacement foreign"

. reg price `model1'

上述回归命令等价于：

. reg price mpg rep78 weight displacement foreign

（3）宏的嵌套定义

在定义宏时，宏的内容中可以引用宏。如上述在宏model1中增加一个变量的操作可以通过如下方式实现，过程更简洁：

. local model1 "mpg rep78 weight displacement"

. local model1 "`model1' foreign"

. reg price `model1'

注意：上述第二个命令中，`model1'和foreign之间必须有空格，以保证增加的变量与前面的宏之间能够分隔开来。上述第三个命令也等价于：

. reg price mpg rep78 weight displacement foreign

我们可以通过连续定义和引用相同的宏，实现宏的内容的扩张，例：

. local model1 "`model1' length"

. reg price `model1'

上述回归命令等价于：

. reg price mpg rep78 weight displacement foreign length

因此，可以连续引用并定义宏，可以读取大量的内容——如一本书的内容——存放在一个宏里[①]。这就避免了字符串标量只能保存字数有限的字符的问题。

（4）数字可以作为宏名

宏名的命名规则与数据集、变量的命名规则有很大不同。一个重要的区别是数字可以作为宏名。例如：

. local 1 = 3+2

. disp "`1'"

5

. local 01 北京

. disp "`01'"

北京

值得注意的是，数字可以作为宏名在Stata程序设计中有特别的用途。

---

① Stata 16/SE的宏可以保存长达4 227 143字节的内容。

（5）宏与复合引号

当宏的内容是字符串且含有引号时，引用宏必须使用复合引号。复合引号以 `" 开始，以 "' 结束。例如：

. local hesays 他说："Stata 编程能够有效提高数据处理能力"

. disp `"`hesays'"'

他说："Stata 编程能够有效提高数据处理能力"

在定义或引用这种包含引号的宏时，如果使用单引号或双引号，都会报错：

. disp "`hesays'"

他说："Stata 编程能够有效提高数据处理能力"" invalid name

r(198);

（6）当宏的内容是数字时，可通过"++"实现数字的增减

当宏的内容是数字时，让数字加一或减一的简洁表达方法是：

. local i = 1

. local ++i

. di `i'

2

当两个加号（++）出现在宏名的左侧时，表示执行 local i = i+1。同样，当两个减号（--）出现在宏名的左侧时，表示执行 local i = i-1。如：

. local i = 1

. local --i

. di `i'

0

也可以在引用宏的同时在宏名的前后添加++（--），实现宏的值的增加或减少1。

. local i = 1

. di `++i'

2

. di `--i'

1

注意：当++（--）出现在宏名的左侧时，则先让宏的值加1（或减1），再使用宏的值；而当++（--）出现在宏的右侧时，则先使用宏的值，再让宏的值加1（或减1）。注意对比下面语句的执行结果与上面语句的执行结果。

. local i = 1

. di `i++'

1

. di `i--'

2

（7）使用等号定义宏

定义宏时，可以在宏名和字符串之间加上等号"="。此时，Stata先对"="右侧的字符串做出必要运算后，再将运算结果与宏名建立联系。

. local year substr("2024-07-19",1,4)

. disp `"`year'"'

substr(`2024-07-19',1,4)

在上面定义宏时，将substr("2024-07-19",1,4)视作字符串，作为宏的内容。其中的取子串的函数没有执行。

. local year = substr("2024-07-19",1,4)

. disp "`year'"

2024

在上面定义宏时，由于使用了等号，Stata先计算出等号右边表达式的值，再将计算结果与宏名建立联系。函数substr("2024-07-19",1,4)执行结果是字符串"2024"，随即作为year这个宏的内容。

如果宏的内容是数字时，则可以更清楚地发现"="在定义宏时的作用。

. local i 1 + 1

. disp "`i'"

1 + 1

在上面定义宏时，没有使用等号，Stata将1 + 1这三个字符作为宏i的内容。因此，引用宏后输出的内容仍是1 + 1这三个字符。

. local i = 1 + 1

. disp "`i'"

2

上面定义宏时使用了等号，Stata先计算等号右边表达式的值，表达式1+1的计算结果为2，2便作为宏i的内容。

. local i = "1" + "1"

. disp "`i'"

11

上面定义宏时也使用了等号，Stata先计算等号右边表达式"1"+"1"的值，表达式"1"+"1"是连接两个字符串，结果为字符串"11"。"11"便作为宏i的内容。

3.2.2 全局宏的定义与引用

Stata可以定义两种不同的宏：局部宏和全局宏。这两种宏的定义方法不同。局部宏的定义和引用在上文已经作详细介绍。全局宏通过global命令定义：

. global i 1

同样，在定义全局宏时也可以使用等号。等号的功能与定义局部宏时使用等号的功能完全相同。

```
. global i = 1 + 1
```

Stata首先计算表达式1 + 1的结果,为2。然后在宏名i和2之间建立联系,定义名为i的宏。

使用单一的"$"即可实现全局宏的引用:例

```
. disp "$i"
2
```

局部宏和全局宏存在根本区别。局部宏只能在其定义的程序(.do程序和.ado程序)内存在。一旦程序结束,局部宏就消失不见,无法继续引用。全局宏一经定义,不但在其定义的程序内存在;即使定义全局宏的程序结束,全局宏也不会消失。只要Stata没有终止或退出,就可以继续引用[①]。当Stata结束退出,局部宏和全局宏消失,不能继续引用。

如果不同的程序定义了相同名字的全局宏,由于全局宏在定义后始终存在,则后面定义的相同名字的全局宏改变了前面定义的同名全局宏的内容。这会导致预料之外的结果。因此,建议谨慎使用全局宏,非必要少使用或不适用全局宏。

3.2.3 临时宏及其运用

在程序设计中,常会用到临时宏。在Stata中的临时宏有三个:

tempvar:用于定义临时宏,Stata自动为临时宏赋值,可以引用该临时宏作为临时使用的变量名。

tempname:用于定义临时宏,Stata自动为临时宏赋值,可以引用该临时宏作为临时使用的标量名或矩阵名。

tempfile:用于定义临时宏,Stata自动为临时宏赋值,可以引用该临时宏作为临时使用的文件名。

临时宏用于程序设计。临时宏在程序中多用于保存中间结果。临时宏在程序运行结束后便消失,不能继续被引用。

(1)交互式状态下使用临时宏

在交互式状态下也可定义和引用临时宏,尽管这样做没有实际意义。为了解释临时宏的作用,我们在交互式状态下使用临时宏。例如,在auto.dta数据集中,现在需要实现对变量price按组做标准化处理。首先需要按照汽车维修次数对所有汽车进行分组,然后对每组汽车的价格price进行标准化处理(每辆汽车价格与该组汽车平均价格的离差除以该组汽车的标准差),可以使用egen命令实现[②]:

```
. webuse auto.dta
. bysort rep78 : egen avprice = mean(price)
. bysort rep78 : egen sd_price = sd(price)
```

[①] 当然,在交互模式下使用局部宏和全局宏,只要Stata没有退出运行,局部宏和全局宏都始终存在。

[②] 见第2章2.4。

. generate std_price = (price -avprice) / sd_price

在上面的处理过程中，为了得到最终的结果变量std_price，在数据集中生成了两个中间变量avprice和sd_price。当操作完成后，这两个变量就保存在数据集auto.dta中。显然，avprice和sd_price并不是需要的最终结果。这些中间变量保存在数据集中无疑增大了数据集的规模。

在上述操作中，可以将avprice和sd_price定义为临时宏，用于保存中间结果。数据分析完成后，可以一次性删除所有临时变量：

. webuse auto.dta
. tempvar avprice sd_price

上面的tempvar命令在定义临时宏时，宏avprice和sd_price中的内容是Stata临时分配的变量名。可以通过disp命令查看：

. disp "`avprice'"
__000003
. disp "`sd_price'"
__000005

在随后的数据分析中，可以引用临时宏：

. bysort rep78 : egen `avprice' = mean(price)
. bysort rep78 : egen `sd_price' = sd(price)
. generate std_price = (price -`avprice') / `sd_price'

由此生成了的临时变量"__000003"和"__000005"以及最终的结果变量std_price。

. d

```
Contains data from C:\Program Files\Stata16\ado\base\a\auto.dta
  obs:            74                          1978 Automobile Data
 vars:            15                          13 Apr 2018 17:45
                                              (_dta has notes)
-------------------------------------------------------------------------
              storage   display    value
variable name   type    format     label      variable label
-------------------------------------------------------------------------
make          str18     %-18s                 Make and Model
price         int       %8.0gc                Price
mpg           int       %8.0g                 Mileage (mpg)
rep78         int       %8.0g                 Repair Record 1978
headroom      float     %6.1f                 Headroom (in.)
trunk         int       %8.0g                 Trunk space (cu. ft.)
weight        int       %8.0gc                Weight (lbs.)
length        int       %8.0g                 Length (in.)
turn          int       %8.0g                 Turn Circle (ft.)
displacement  int       %8.0g                 Displacement (cu. in.)
gear_ratio    float     %6.2f                 Gear Ratio
foreign       byte      %8.0g      origin     Car type
__000003      float     %9.0g
__000004      float     %9.0g
std_price     float     %9.0g
```

可见，除了最终需要的std_price变量外，数据集中还有两个名为__000003和__000004的两个变量。

可以通过drop命令一次性删除所有的临时变量：

. drop _00*

（2）程序中使用临时宏

在程序中使用临时宏才能够真正发挥临时宏的作用，也是Stata设计临时宏的目的所在。前面在交互式状态下使用了临时变量。在这种情况下，数据集中最后会出现__000003和__000004两个变量。然而，如果将上述命令形成程序std_price.do并运行：

```
*!========程序std_price.do=========
tempvar avprice sd_price
bysort rep78 : egen `avprice' = mean(price)
bysort rep78 : egen `sd_price' = sd(price)
generate std_price = ( price -`avprice' ) /  `sd_price'
```

```
. webuse auto.dta
. do std_price.do
. d

Contains data from C:\Program Files\Stata16\ado\base/a/auto.dta
  obs:             74                          1978 Automobile Data
 vars:             13                          13 Apr 2018 17:45
                                               (_dta has notes)
-----------------------------------------------------------------
              storage   display    value
variable name type      format     label      variable label
-----------------------------------------------------------------
make          str18     %-18s                 Make and Model
price         int       %8.0gc                Price
mpg           int       %8.0g                 Mileage (mpg)
rep78         int       %8.0g                 Repair Record 1978
headroom      float     %6.1f                 Headroom (in.)
trunk         int       %8.0g                 Trunk space (cu. ft.)
weight        int       %8.0gc                Weight (lbs.)
length        int       %8.0g                 Length (in.)
turn          int       %8.0g                 Turn Circle (ft.)
displacement  int       %8.0g                 Displacement (cu. in.)
gear_ratio    float     %6.2f                 Gear Ratio
foreign       byte      %8.0g      origin     Car type
std_price     float     %9.0g
-----------------------------------------------------------------
```

可见，运行程序std_price.do后，则数据集中不会增加临时变量，而只增加所需要的变量std_price。这是因为，临时宏在程序运行结束后自动消失，引用临时宏定义的变量也将不复存在。

3.2.4 宏的显示与删除

显示当前内存中所有宏的名字及其内容的命令：

```
macro dir
macro list
```

删除某一个不需要的宏。例如删除名字为i的宏

```
macro drop i
```

宏在程序设计中具有重要作用，能够大大提高程序的灵活性，提升程序效率，尤其是当宏与循环语句使用时可以发挥强大的功能。具体情况可参见Cox（2020）。

3.3 宏函数

在程序设计中，由于宏的大量使用，常常需要对宏做各种处理。因此，Stata提供了大量的用于对宏做各种运算的函数。熟练掌握这些宏函数的运用，将会大大提高程序设计的效率。这些宏函数共有13类，每类宏函数对宏做不同的处理和运算。限于篇幅，本节主要介绍5类宏函数。

3.3.1 用于控制宏内容输出格式的宏函数

这类宏函数只有一个，即display宏函数，用于控制输出宏的内容的格式。注意，display宏函数不是Stata命令display。Stata命令display用于显示标量或宏的内容。如：

```
. local x = sqrt(2)
. display `x'
1.4142136
```

这是在没有控制宏内容输出格式的情况下得到的输出结果。注意，上述第二行的display是Stata命令，不是宏函数。如果我们需要控制宏的内容只保留4位小数，则可以使用display这个宏函数：

```
. local y : display %9.4f `x'
. disp `y'
1.4142
```

上面第一个语句是设定宏x的显示格式，然后将设定好格式的x内容赋给宏y。

3.3.2 与矩阵相关的宏函数

Stata共有20个用于矩阵的宏函数。这类函数可以将矩阵的信息保存在宏中。例如，当执行回归命令：

```
reg price mpg rep78 weight displacement foreign
```

可以得到一系列返回值，其中就包括方差-协方差矩阵e(V)：

```
        mat list e(V)

symmetric e(V)[6,6]
                         mpg         rep78        weight   displacement        foreign          _cons
         mpg       5783.1652
       rep78      -6276.4958      107952.99
      weight       39.212141       -54.3766      1.0655054
displacement     -17.451801       168.61332     -6.0901441      57.146259
     foreign       15810.947     -138951.66      239.68475      488.06759      710526.09
       _cons      -221995.2       -60264.67     -2747.3674      6799.2752     -902987.19       12253278
```

可以通过宏函数获取矩阵信息,并将这些信息保存在宏中,以备后续处理。如可以利用宏函数rownames(或rowvarlist)获取矩阵的各行的行名列表,并保存在宏中:

. local rowvar: rownames e(V)

. disp "`rowvar'"

mpg rep78 weight displacement foreign _cons

也可以使用宏函数colsof获取矩阵的列的数量,并保存在宏中:

. local colsnum: colsof e(V)

. disp `colsnum'

6

还可以使用宏函数rownumb获得某个变量名在矩阵的行名列表中的位置,并保存宏中:

. local rownmnum: rownumb e(V) "weight"

. disp "`rownmnum'"

3

变量名"weight"在矩阵行名列表中居于第3个位置。

其余的与矩阵相关的宏函数可通过help macro查看。

3.3.3 解释宏内容的宏函数

宏可以保存所需要的几乎所有信息。可以使用宏函数从宏的内容中抽取所需要的信息。这是一类重要的宏函数。如可以利用宏函数word count统计保存在宏的内容中的单词个数:

. local x: word count `rowvar'

. disp `x'

6

宏rowvar的内容通过前面的定义保存的内容为字符串:"mpg rep78 weight displacement foreign _cons",共6个单词。word count计算出"rowvar"中的单词数为6,然后赋给宏x。

也可以利用宏函数提取一个保存在宏的内容中指定位置的单词。例如,提取宏`rowvar'中第三个单词:

. local y: word 3 of `rowvar'

. macro list _y

_y: weight

还可以计算一个宏中的字符串包含的字符数：例如：

. local strlth: strlen local rowvar

. macro list _strlth

_strlth: 43

注意，上面用到命令macro list。这个命令可以显示宏的内容。但是，其后的宏名前需要添加符号"_"，以标识其后是宏名。

3.3.4 获取数据属性的宏函数

无论是变量还是数据集都有自己的若干属性。如变量有数据类型、变量标签、变量取值标签等。Stata提供了各种获取数据集以及变量的属性的宏函数。

（1）获取数据集标签的函数data label

. local dtlabel: data label

. disp "`dtlabel'"

1978 Automobile Data

（2）获取变量数据类型的函数type

. webuse auto.dta,clear

. local vartype : type make

. disp "`vartype'"

str18

（3）获取变量输出格式的函数format

. local formatmake: format make

. disp "`formatmake'"

%-18s

（4）获取变量标签的函数variable label

. local varlabel: variable label make

. disp "`varlabel'"

Make and Model

（5）获取变量取值标签的函数value label

. local vlabel: value label foreign

. disp "`vlabel'"

origin

更多的解释宏内容的宏函数可通过help macro查看。

3.3.5 获取文件名与文件路径的函数

（1）获取指定路径下文件名列表的函数dir…files

宏函数dir获取指定路径下的文件名。

```
. local list : dir . files "*"
. disp `"`list'"'
```
"auto.dta" "isstata.160" "stata.html" "stata.lic" "statase-64.exe"

在上面第一个命令中，dir后有符号"."，表示当前路径。files后有通配符"*"，表示获取所有文件名。也可以获取指定路径下指定文件名。如：

```
. local list : dir "C:\Users\chang\ado\personal/" files "m*"
. disp `"`list'"'
```
"myfile.doc" "my_ols.ado" "my_ols.do" "my_ols_main.ado" "m_ols.do" "m_ols.mata"

上面的命令是获取指定路径"C:\Users\chang\ado\personal/"下以字母m开头的文件名，并保存在宏list中。注意，由于宏的内容中有引号，因此，在显示宏的内容时，必须使用复合引号。

（2）获取指定路径下的子路径列表的函数dir…dirs

```
. local list : dir "C:\Program Files\Stata16\" dirs "*"
. disp `"`list'"'
```
"ado" "docs" "utilities"

上面的命令获取路径"C:\Program Files\Stata16\"下所有的子路径，并保存在宏list中。

3.4 Stata矩阵

Stata有两种能够实现矩阵运算的语言——Stata自带的矩阵运算语言以及Mata。Mata是从Stata 8开始推出的一种崭新的矩阵运算语言。Mata具有可编译、运算速度快等优势。尽管Mata具有很多优势，但是，Stata自带的矩阵运算语言仍然具有十分重要的地位。Stata的很多命令尤其是与回归有关的命令都会用到Stata自带的矩阵。因此，学习Stata自带的矩阵运算语言仍然十分必要。

3.4.1 Stata矩阵的形成

对Stata来说，矩阵是一个具有名字的实体，包含双精度数字（包括缺失值）的矩形数字阵列。该矩形数字阵列以行和列区隔。在Stata中，向量被当作一种特殊的矩阵。

矩阵包含两类要素：矩形数字阵列以及行、列的名称。

（1）通过手工输入数字阵列形成矩阵

例如：

```
. matrix input A = (1,2\3,4\5,6)
. matrix input B = (11,12\13,14\15,16)
. matrix list A
```

```
A[3,2]
     c1  c2
r1   1   2
r2   3   4
r3   5   6
. matrix list B
B[3,2]
     c1  c2
r1   11  12
r2   13  14
r3   15  16
```

运用matrix input命令通过手工输入数字阵列形成矩阵 A 和 B。Stata在生成矩阵时，矩阵的行名默认为 $r1$、$r2$、…，矩阵的列名默认为 $c1$、$c2$、…。当然，矩阵的行列名称也可以改变。

运用matrix input命令时，其中的input可以省略：

```
. matrix A = (1,2\3,4\5,6)
. matrix B = (11,12\13,14\15,16)
```

（2）通过矩阵运算形成矩阵

可以采用matrix define命令，通过矩阵之间的运算生成新的矩阵：

```
. matrix define C = A + B
. matrix list C
C[3,2]
     c1  c2
r1   12  14
r2   16  18
r3   20  22
```

矩阵 C 是矩阵 A 和 B 相加后的结果。当用matrix define命令生成新矩阵时，其中的define可以省略。

```
. matrix C = A + B
```

由此我们有两种不同的生成新矩阵的方法的命令：matrix input和matrix define。当input和define省略时，两种生成矩阵的命令的形式是相同的，但其内在过程存在区别。读者对此应该有明确的认识。

3.4.2 矩阵的基本操作

（1）矩阵运算

Stata可以执行由矩阵和各种矩阵运算符形成的表达式，从而生成新的矩阵。矩阵的运算符及其功能说明如表3-1所示。

表3-1　　　　　　　　　　　　　矩阵运算符

运算符	符号
一元运算符	
转置	'
转负	-
二元运算符（优先级由低到高）	
行连接符	\
Kronecker 内积	#
列连接符	,
矩阵加	+
矩阵减	-
矩阵乘	*
矩阵除（被标量）	/

例如：

. matrix E = invsym((A*B')'*(A*B'))

. matrix IAR = I(rowsof(A)) -A*B'

. matrix C = -C'

. matrix D = (A, B \ A, C)

. matrix F = (A+B)*C'

. matrix G = (F+F')/2

（2）矩阵行、列名称的定义与获取

①定义矩阵行、列名称。

可以通过matrix colnames和matrix rownames定义或修改矩阵的行名和列名。如：

. matrix colnames A = foreign alpha

. matrix rownames A = one two three

. matrix list A

A[3,2]

	foreign	alpha
one	1	2
two	3	4
three	5	6

②获取矩阵的行、列名称。

可以运用宏函数获取一个矩阵的行、列的名称并将其赋给宏（见3.3节）。例如：

. local nrows:rownames A

. local ncols:colnames A

上述第一条语句是利用宏函数rownames提取矩阵A所有行的行名,并将其赋给宏nrows。第二条语句是利用宏函数colnames提取矩阵A的所有列的列名,并将其赋给宏ncols。可以引用宏以显示其内容:

. disp "`nrows' `ncols'"
one two three   foreign alpha

3.4.3 矩阵的函数

除了上述的提取矩阵行列名称的宏函数外,Stata还提供多个用于矩阵运算的函数。

表3-2　　　　　　　　　　　　矩阵函数及其功能列表

函数名	功能简述	函数名	功能简述
cholesky(M)	矩阵的Cholesky分解	coleqnumb(M,s)	返回列方程s的名称
I(n)	生成n阶幂等矩阵	diag0cnt(M)	返回矩阵M对角线上元素为0的个数
nullmat(matname)	生成空矩阵	roweqnumb(M,s)	返回获得行方程s的名称
corr(M)	生成相关矩阵	colnfreeparms(M)	返回矩阵M的列中自由参数的个数
inv(M)	生成逆矩阵	el(M,i,j)	返回值等同于M[floor(i),floor(j)]
swccp(M,i)	获得矩阵M的行名和列名	rownfreeparms(M)	返回矩阵M的行中自由参数的个数
diag(v)	生成对角阵	colnumb(M,s)	返回矩阵M中列名为s的列序号
invsym(M)	生成正定矩阵M的逆矩阵	issymmetric(M)	如果M为对称矩阵,则返回1,否则返回0
vec(M)	将矩阵M按列串联成向量	rownumb(M,s)	返回矩阵M中行名为s的行序号
get(systemname)	获得Stata内部系统矩阵名	colsof(M)	矩阵M的总列数
J(r,c,z)	生成元素为z的$r*c$矩阵	matmissing(M)	如果矩阵M中的元素存在缺失值,则返回1,否则返回0
vecdiag(M)	由矩阵M的对角线上元素组成的行向量	rowsof(M)	返回矩阵M的总行数
hadamard(M,N)	生成M和N按位置相乘的矩阵	det(M)	返回矩阵的秩
matuniform(r,c)	生成元素由均匀分布形成的随机数组成的$r*c$矩阵	mreldif(X,Y)	计算矩阵X和Y的相对差
trace(M)	返回矩阵的迹		

3.4.4 矩阵的下标索引

矩阵可以通过矩阵元素位置（下标）获取矩阵元素的值。如：

. matrix A = A / A[1,1]

. generate newvar = oldvar / A[2,2]

上述第一条语句的功能是将矩阵的每个元素除以矩阵 A 的第 1 行第 1 列对应的元素；第二条语句是将现有数据集中变量 oldvar 除以矩阵 A 的第 2 行第 2 列对应的元素，并保存在变量 newar 中。

还可以通过符号 ".." 获取矩阵中指定的行和列：

. matrix S = D[2..4, 3..4]

. mat l S

S[3,2]

	c1	c2
two	13	14
three	15	16
one	12	14

通过矩阵的下标索引，我们可以修改矩阵中元素的值，如：

. matrix A = J(2,2,0)

. matrix A[1,2] = sqrt(2)

上述第二条语句是将矩阵 A 中第 1 行第 2 列的元素改为 sqrt(2)。

我们也可以将一个矩阵中的部分元素用另一个矩阵替换。

. matrix A = J(4,4,0)

. matrix A[2,2] = S'*S

. mat l A

symmetric A[4,4]

	c1	c2	c3	c4
r1	0			
r2	0	538		
r3	0	590	648	
r4	0	0	0	0

矩阵 S'*S 是一个 2*2 的矩阵。语句 matrix A[2,2] = S'*S 将矩阵 S'*S 放到矩阵 A 中第 2 行第 2 列开始的位置。

注意，在上述例子实现矩阵下标索引过程中，下标均为数字。其实，在 Stata 矩阵中，还允许通过矩阵的行名和列名实现矩阵的下标索引。例：

. scalar p = A["r3","c2"]

. disp p

590

上述第一句是将矩阵A中的名为$r3$的行以及名为$c2$的列对应的元素提取出来，赋给标量p。

```
. mat A1= A["r2".."r4","c1".."c3"]
. mat l A1
A1[3,3]
     c1   c2   c3
r2    0  538  590
r3    0  590  648
r4    0    0    0
```

上述第一条语句是将矩阵A中行名为$r2$到行名为$r4$，列名为$c1$到列名为$c3$的子矩阵提出来，形成矩阵$A1$。

3.5 Stata数据集与Stata矩阵的相互转换

3.5.1 Stata数据集转换为Stata矩阵

可以用mkmat命令将Stata数据集转换为Stata矩阵。值得注意的是，由于Stata矩阵的元素只能是数字，因此，mkmat命令只能将Stata数据集中的数字型变量转换为相应的矩阵。如：

```
. use https://www.stata-press.com/data/r17/test
. list
```

	x	y	z
1.	1	10	2
2.	2	9	4
3.	3	8	3
4.	4	7	5
5.	5	6	7
6.	6	5	6
7.	7	4	8
8.	8	3	10
9.	9	2	1
10.	10	1	9

```
. mkmat x y z, matrix(xyzmat)
. matrix list xyzmat
xyzmat[10,3]
```

（输出结果略）

如果Stata数据集中变量包含缺失值，则转换形成的矩阵也会有缺失值。当然，可以通过选项nomissing，在去掉数据集中包含有缺失值的记录后再转换成矩阵。

3.5.2 Stata矩阵转换为Stata数据集

可以用svmat将一个矩阵转换为Stata数据集的变量。如果当前内存中没有打开Stata数据集，则生成一个新的数据集；如果当前内存中已打开数据集，则将矩阵的各列转换为变量，这些变量添加在当前数据集现有变量之后。如：

```
. clear
. svmat double xyzmat, name(col)
number of observations will be reset to 10
Press any key to continue, or Break to abort
number of observations (_N) was 0, now 10
.svmat double xyzmat, name("x")
.list
```

	x	y	z	x1	x2	x3
1.	1	10	2	1	10	2
2.	2	9	4	2	9	4
3.	3	8	3	3	8	3
4.	4	7	5	4	7	5
5.	5	6	7	5	6	7
6.	6	5	6	6	5	6
7.	7	4	8	7	4	8
8.	8	3	10	8	3	10
9.	9	2	1	9	2	1
10.	10	1	9	10	1	9

上述第一个命令清空当前内存。第二条命令将矩阵转换为Stata数据集中的变量。由于当前内存中没有打开数据集，则Stata创建一个新的数据集，选项name(col)设定使用矩阵的列名作为Stata数据集中的变量名，得到三个变量x、y、z；第三条命令再次将矩阵转换为Stata数据集中的变量。由于当前内存中已有数据集，因此将转换所得的变量添加到现有数据集变量之后。选项name("x")表示新生成的变量统一以字符x为变量名的首字母，因此得到变量$x1$、$x2$、$x3$。最后数据集中共有6个变量。

3.5.3 获取Stata命令返回的矩阵

本书1.3节已经讨论了Stata命令的返回值。很多Stata命令都会返回各种不同类型的数据，其中包括矩阵。例如，各种回归命令就会返回多个矩阵。例如：

```
. webuse auto.dta,clear
(1978 Automobile Data)
```

```
. reg price mpg rep78 weight foreign
. ereturn list
……
matrices:
                e(b) :  1 x 5
                e(V) :  5 x 5
……
```
regress命令返回两个矩阵。e(b)是由系数估计值组成的行向量,e(V)是系数估计值的方差-协方差矩阵。在使用regress命令后,可以直接使用其返回的矩阵。例如:

```
. matrix betas = e(b)
. matrix list betas
e(b)[1,5]
         mpg        rep78      weight     foreign       _cons
y1  27.323706   121.13225   3.5652467   3520.3239   -6729.5602
```

第二篇 数据分析的统计学基础

```
scalars:
                  e(N) =  69
               e(df_m) =  4
               e(df_r) =  64
                  e(F) =  15.67533780231027
                 e(r2) =  .49487515808488
               e(rmse) =  2133.638590625879
                e(mss) =  285442486.2034542
                e(rss) =  291354472.6661112
               e(r2_a) =  .4633048554651851
                 e(ll) =  -624.2368508845724
               e(ll_0) =  -647.7986144493904
               e(rank) =  5

macros:
            e(cmdline) : "regress price mpg rep78 displacement foreign"
              e(title) : "Linear regression"
          e(marginsok) : "XB default"
                e(vce) : "ols"
             e(depvar) : "price"
                e(cmd) : "regress"
         e(properties) : "b V"
            e(predict) : "regres_p"
              e(model) : "ols"
          e(estat_cmd) : "regress_estat"

matrices:
                 e(b) :  1 x 5
                 e(V) :  5 x 5

functions:
            e(sample)
```

第4章 随机变量、样本与抽样分布

4.1 总体与样本

4.1.1 总体与总体分布

总体即指研究对象的全体。构成总体的每个单位称为总体单位。如研究美国工人的小时工资及其影响因素时,全部美国工人构成总体,其中每个工人为总体单位。

研究者感兴趣的是总体的某个数量特征或属性。如美国工人的小时工资水平、受教育年数以及工龄等。总体中各个个体在该数量特征或属性上的具体取值一般存在差异,且在客观上具有一定的概率分布。如不同美国工人的小时工资总是存在差异,一般表现为收入低的和收入高的工人占少数,而收入位于中间水平的工人占多数。

总体的某个数量特征可用随机变量加以表达和描述。总体数量特征的分布即可用随机变量的分布描述。定义随机变量 X 的分布函数为:

$$F(X) = P\{X < x\}$$

其中 x 为任意常数。分布函数是一个普通函数。通过总体分布函数,研究者能够完整地描述总体数量特征具体取值的分布情况。总体分布函数有离散型分布函数和连续型分布函数两种。离散型随机变量常见的分布函数有0-1分布、贝努利分布和泊松分布等;连续性随机变量常见的分布函数有均匀分布、正态分布等[1]。

有的总体分布函数较为复杂。因此,通过分析总体分布函数刻画总体较为困难。如果研究者掌握了总体分布的某些具体数字特征(又称总体参数),如均值和方差等,则也能够帮助研究者在一定程度上描述和理解总体。

然而,对于总体分布的数字特征,研究者往往很难准确知晓。例如,研究者很难获得全部美国工人平均小时工资的确切数据。在这种情况下,研究者只能从总体中抽取部分样本,基于对样本的观测值来推断总体分布的一些数字特征。例如,为了获得全部美国工人的平均小时工资这一总体参数,研究者可以从全部美国工人中抽取部分工人构成样本,通过调查样本内每个工人的小时工资水平,并计算样本内工人的平均小时工资。在此基础上,以样本内工人的平均小时工资为基础,研究者可以推断全部美国工人的平均小时工资及其可能范围。这个过程称为统计推断。统计推断是统计分析的重要内容。

---

[1] 关于随机变量分布函数的详细内容,读者可见盛骤等(2019)。

4.1.2 样本与样本统计量

（1）随机抽样与样本

一般情况下，研究者很难获得总体内所有个体在某个属性上取值的数据。为了获得总体的某个数字特征，研究者可以从总体中按照一定方法抽取部分个体，形成样本，以样本推断总体分布的数字特征。

随机抽样是一种常用的形成样本的方法。从总体中按照机会均等的原则随机地抽取部分个体（样本单位）进行观测或测试的过程称为随机抽样。通过观测样本单位某一属性的数据，即可获得样本数据。基于样本数据，采用一定的方法可以推断总体参数。

（2）样本统计量及其分布

①统计量。

设待考察的总体参数（如研究者感兴趣的所有美国工人平均小时工资）为 X。从总体中随机抽取 n 个总体单位形成样本。其中，被抽取的第 i 个总体单位与 X 对应的属性记为 X_i，则 n 个总体单位的属性 $(X_1, X_2, \cdots, X_n)$ 形成一维向量。$(X_1, X_2, \cdots, X_n)$ 称为容量为 n 的样本。显然，从总体中抽取的样本不同，X_i 的具体取值也不同，因此，$(X_1, X_2, \cdots, X_n)$ 是一维随机向量。

当抽取总体单位构成样本后，通过对样本的观测，可以得到 $(X_1, X_2, \cdots, X_n)$ 的观测值 $(x_1, x_2, \cdots, x_n)$。$(x_1, x_2, \cdots, x_n)$ 可以看作是随机实验的结果。从总体中可以抽取多个样本。所有可能样本的全体集合构成样本空间。

统计分析的目的是基于样本数据，利用样本统计量来推断总体参数 X。设 $(X_1, X_2, \cdots, X_n)$ 为总体的一个样本，$g(X_1, X_2, \cdots, X_n)$ 为连续函数，若 g 中不含总体的未知参数，则称 $g(X_1, X_2, \cdots, X_n)$ 一个统计量。统计量是关于样本的函数。这个函数不依赖于任何未知参数。

通过对一个样本的测量，可以得到 $(X_1, X_2, \cdots, X_n)$ 的观测值 $(x_1, x_2, \cdots, x_n)$，随之得到 $g(X_1, X_2, \cdots, X_n)$ 的取值。显然，当抽取不同的样本时，统计量 $g(X_1, X_2, \cdots, X_n)$ 取不同的值。因此，统计量 $g(X_1, X_2, \cdots, X_n)$ 是一个随机变量。

例如，为了研究美国工人小时工资及其影响因素，从所有工人中随机抽取526名工人形成一个样本，并计算该样本内工人的平均小时工资。研究者可以从全部工人中抽取由不同工人形成的多个样本,计算得到多个样本的平均小时工资。显然,抽取的样本不同,样本平均小时工资取不同的值。因此,样本平均小时工资这个统计量是一个随机变量。

②常见统计量。

总体均值和总体方差是最重要的总体参数。推断总体均值和总体方差需要用到的统计量就是样本均值和样本方差。设$(X_1, X_2, \cdots, X_n)$是来自总体X的样本,则样本均值的计算公式如下:

$$\bar{X} = \frac{1}{n}\sum_{i=1}^{n} X_i \tag{4-1}$$

样本方差的计算公式如下:

$$S^2 = \frac{1}{n-1}\sum_{i=1}^{n}(X_i - \bar{X})^2 \tag{4-2}$$

样本标准差是样本方差的平方根。

若$(x_1, x_2, \cdots, x_n)$是样本$(X_1, X_2, \cdots, X_n)$的一个观察值,则样本均值$\bar{X}$的观察值为$\bar{x}$:

$$\bar{x} = \frac{1}{n}\sum_{i=1}^{n} x_i \tag{4-3}$$

则样本方差S^2的观察值为:

$$S^2 = \frac{1}{n-1}\sum_{i=1}^{n}(x_i - \bar{x})^2 \tag{4-4}$$

统计量描述了样本数据的某些统计特征。例如,样本均值描述了样本观测值的集中程度,而样本方差则描述了样本观测值的分散程度。无论是区间估计还是假设检验,都必须在构建统计量基础上进行。因此,统计量在统计推断中具有重要作用。

4.2 抽样分布

统计量$g(X_1, X_2, \cdots, X_n)$是一个随机变量,也有自己的统计分布。统计量的分布称为抽样分布。当使用统计量基于样本推断总体时需要明确统计量的分布。统计量的分布总是与对应总体参数的分布相同。当总体参数的分布是已知时,就能够确定对应统计量的分布。然而,当总体参数的分布是未知时,对应统计量的分布很难确定。

在统计推断中，常用的统计分布有正态分布、χ^2分布、t分布以及F分布等。

4.2.1 正态分布——样本均值的抽样分布

正态分布是最为常见的统计分布，在统计推断中具有重要作用。正态分布随机变量的概率密度函数及分布函数可参见盛骤等（2019）。

样本均值的抽样分布可以根据林德伯格-利维中心极限定理得到。若$(X_1, X_2, \cdots, X_n)$是来自具有有限均值为μ和有限方差为σ^2的同一总体的随机样本，则样本容量n足够大时，则样本均值$\bar{X}$近似服从正态分布：

$$\bar{X} \sim N(\mu, \sigma^2/n)$$

这即是林德伯格-利维中心极限定理。该定理告诉我们，不管总体服从何种分布，只要具有有限均值μ和有限方差σ^2，当n足够大时，则样本均值始终近似服从均值为μ、方差为σ^2/n的正态分布。

在很多时候，总体均值的分布是未知的。然而，根据林德伯格-利维中心极限定理，从总体中抽取样本，样本均值近似服从正态分布。由此，研究者可以根据样本均值推断总体均值。

林德伯格-利维中心极限定理是统计推断的重要基础。

4.2.2 χ^2分布

设$(X_1, X_2, \cdots, X_n)$是来自正态总体X的样本，$X \sim N(0,1)$，则统计量

$$\chi^2 = \sum_{i=1}^{n} X_i^2$$

服从自由度为n的χ^2分布，记为$\chi^2 \sim \chi^2(n)$。

对于来自正态总体$N(\mu, \sigma^2)$的容量为n的样本，样本均值为$\bar{X}$，样本方差为S^2，则有如下定理成立：

$$\frac{(n-1)S^2}{\sigma^2} \sim \chi^2(n-1) \tag{4-5}$$

这个定理在推断总体方差过程中具有重要作用。

4.2.3 t分布

t分布可定义如下。设统计量$X \sim N(0,1)$，统计量$Y \sim \chi^2(n)$，且X、Y相互独立，

则统计量：

$$t = \frac{X}{\sqrt{Y/n}} \tag{4-6}$$

服从自由度为n的t分布，记为$t \sim t(n)$。

t分布可运用于推断总体均值。由t分布的定义和χ^2分布的定义可以得到如下定理：

对于来自正态总体$N(\mu, \sigma^2)$的容量为n的样本，样本均值为$\overline{X}$，样本方差为S^2，则有如下定理成立：

$$\frac{\overline{X} - \mu}{S/\sqrt{n}} \sim t(n-1) \tag{4-7}$$

在统计推断中，对于正态总体，当方差未知时，这个定理在推断总体均值过程中具有重要作用。当总体的分布未知时，根据林德伯格-利维中心极限定理，只要总体具有有限均值μ和有限方差σ^2，则样本容量n足够大时，从该总体抽取样本，样本均值近似服从正态分布。因此，根据上式可以推断总体的均值。

4.2.4 F分布

设统计量$X \sim \chi^2(n_1)$，统计量$Y \sim \chi^2(n_2)$，且X、Y相互独立，则统计量

$$F = \frac{X/n_1}{Y/n_2}$$

服从自由度为(n_1, n_2)的F分布，记为$F \sim F(n_1, n_2)$。

4.2.5 随机变量取值（区间）概率及分位数的计算

Stata提供了各种函数，可以计算服从各种分布的随机变量取特定值（区间）的概率。并且，Stata也提供了已知随机变量在某个特定左侧区间取值的概率时，计算对应的右侧分位数的函数[1]。这些函数在区间估计和假设检验时具有重要作用。

①正态分布随机变量。

函数normal( )计算正态分布随机变量在特定左侧区间取值的概率。设随机变量$Z \sim N(0, 1)$，则$P(Z < 1.96)$计算如下：

. disp normal(1.96)

.9750021

---

[1] 此处随机变量取值的左侧取值区间是类似于$(-\infty, a)$的区间，此时，a称为右侧分位数。同样，随机变量取值的右侧取值区间是类似于$(b, -\infty,)$的区间，此时，b称为左侧分位数。

如果需要计算正态分布随机变量在特定右侧区间取值的概率，需要做变换。

如要计算 $P(Z>1.96)$，由于 $P(Z>1.96)=1-P(Z<=1.96)$，则：

. disp 1 -normal(1.96)

.0249979

当给定随机变量 Z 在某个特定左侧区间取值的概率时，Stata 提供的函数 invnormal( ) 可以计算对应的右侧分位数。例如，给定 $P(Z<Z_\alpha)=0.975$，则右侧分位数 Z_α 可计算如下：

. disp invnormal(0.975)

1.959964

同样，当给定随机变量 Z 在特定右侧区间取值的概率时，稍作变换可计算对应的左侧分位数。例如，给定 $P(Z>Z_\alpha)=0.1$，则左侧分位数 Z_α 可计算如下：

. disp invnormal(1 -0.1)

1.2815516

② t 分布随机变量。

Stata 函数 t( ) 计算服从 t 分布的随机变量在特定左侧区间取值的概率。例如，设随机变量 t 服从自由度为 10 的 t 分布，即 $t \sim t(10)$，则 $P(t<1.96)$ 计算如下：

. disp t(10,1.96)

.96078188

如果需要计算 t 分布随机变量取值特定右侧区间的概率，需要做变换。如计算 $P(T>1.96)$，则：

. disp 1 -t(10,1.96)

.03921812

Stata 提供的 ttail( ) 函数可以直接计算随机变量取值特定右侧区间的概率。例如，$P(T>1.96)$ 计算如下：

. disp ttail(10,1.96)

.03921812

当给定 t 分布随机变量取值特定左侧区间的概率时，Stata 提供的函数 invt( ) 可以计算对应的右侧分位数。如给定 $P(T<t_\alpha)=0.96078188$，则右侧分位数 t_α 可计算如下：

. disp invt(10,0.96)

1.9480995

当给定 t 分布随机变量取值特定右侧区间的概率时，函数 invttail( ) 可以计算对应的左侧分位数：

. disp invttail(10, 0.039)

1.9633596

③ χ^2分布随机变量。

Stata函数chi2( )计算服从χ^2分布的随机变量取值特定左侧区间的概率。设X服从自由度为10的χ^2分布，则$P(X<1.96)$计算如下：

. disp chi2(10,1.96)

.00336238

当给定χ^2分布随机变量取值特定左侧区间的概率时，Stata提供的函数invchi2( )可以计算对应的右侧分位数。例如，当χ^2分布随机变量取值特定左侧区间的概率为0.0034时，即$P(\chi^2 < \chi_\alpha^2) = 0.0034$，函数invchi2( )可以计算对应的右侧分位数χ_α^2：

. disp invchi2(10,0.0034)

1.9651961

④ F分布随机变量。

Stata函数F( )计算服从F分布的随机变量在特定左侧区间取值的概率。设随机变量$F \sim F(3,27)$，则$P(F<1.96)$计算如下：

. disp F(3,27,1.96)

.85619766

Ftail( )函数可以直接计算服从F分布的随机变量在特定右侧区间取值的概率。如$P(F>1.96)$计算如下：

. disp Ftail(3,27,1.96)

.14380234

当已知服从F分布随机变量在特定左侧区间取值的概率时，Stata提供的函数invF( )可以计算对应的右侧分位数。例如，当服从F分布的随机变量在特定左侧区间取值的概率为0.85时，即$P(F < F_\alpha) = 0.85$，函数invF( )可以计算对应的右侧分位数：

. disp invF(3,27,0.85)

1.9209361

此外，Stata还提供了计算随机变量概率密度函数值的函数，如normalden(z)、tden(n,t)、Fden(n1,n2,f)、chi2den(df,x)。详情见[FN] Statistical functions。

4.2.6 数据分析实例1——样本均值的抽样分布

根据林德伯格-利维中心极限定理，不管总体服从何种分布，只要具有有限均值和有限方差，当样本容量足够大时，则样本均值近似服从正态分布。

例如，设总体Y服从自由度为1，方差为2的χ^2分布。显然，总体Y并不服从正态分布。根据Stata提供的χ^2分布的密度函数chi2den( )，变量Y的密度函数图如下：

```
. twoway function y = chi2den(1, x), rang(0 30)
```

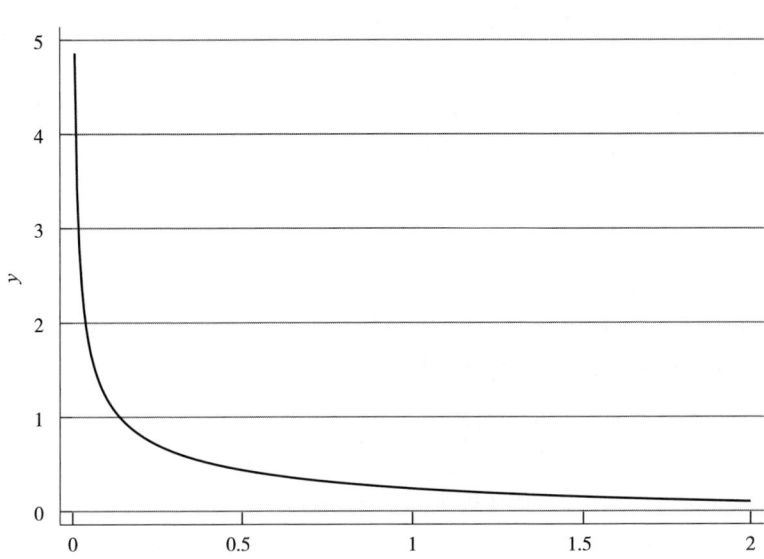

图4-1　自由度为1，方差为2的χ^2分布密度函数图

从总体Y中随机抽取样本容量为n的样本，共抽取1000个样本。下述程序sample_chi2_greene.do实现从总体Y中抽取指定容量的样本，并分别计算每个样本的均值，在此基础上绘制样本均值的直方图（频数分布图）。

```
//随机抽样样本及其均值的计算程序sample_chi2_greene.do
cd "C:\Users\chang\OneDrive\writing2018\StataPrograming\File_data"
clear
set obs 1000
capt prog drop chi2spl
//子程序chi2spl抽取指定样本容量的样本，并计算样本均值
prog chi2spl
    drop rand
    gen rand = uniform()              //产生随机数序列，保存在变量rand中
    sort rand
    quietly sum chi2v if _n<= `1'
//抽取指定容量的样本并计算样本均值。样本容量由子程序的第一个参数确定
end


gen chi2v = chi2den(1,2*uniform())
//分别抽取样本容量为4，15，50，500的1000个样本
```

```
gen rand = uniform()
foreach s of numlist 4 15 50 500{
    preserve
            simulate m`s'=r(mean), reps (1000) nodots: chi2spl `s'
            save temp`s', replace
    restore
}
use temp4, clear
merge using temp15 temp50 temp500
label var m4 "样本均值（样本容量n=4）"
label var m15 "样本均值（样本容量n=15）"
label var m50 "样本均值（样本容量n=50）"
label var m500 "样本均值（样本容量n=500）"
tw (hist m4, blcolor(olive) bfcolor(none) bin(50))
graph save "Graph" hist4,replace
tw (hist m15, blcolor(gold) bfcolor(none) bin(50))
graph save "Graph" hist15,replace
tw (hist m50, blcolor(blue) bfcolor(none) bin(50))
graph save "Graph" hist50,replace
tw (hist m500, blcolor(red) bfcolor(none) bin(50))
graph save "Graph" hist500,replace
graph combine hist4.gph hist15.gph hist50.gph hist500.gph
graph save grah_spl
```

当每次抽取的样本容量分别为$n=4$，$n=15$，$n=50$，$n=500$时，则这1000个样本的样本均值的抽样分布直方图（频数分布图）如图4-2所示。

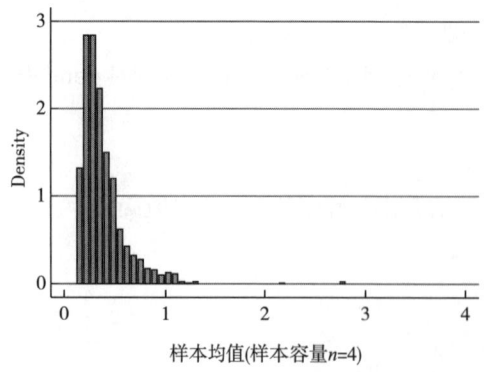
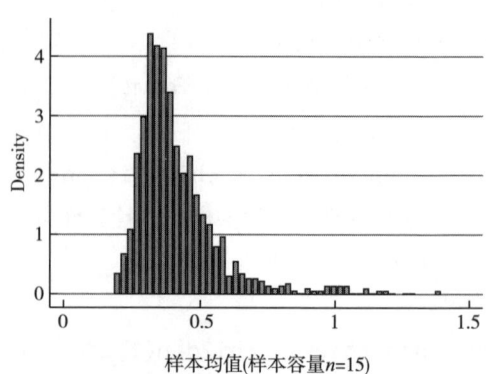

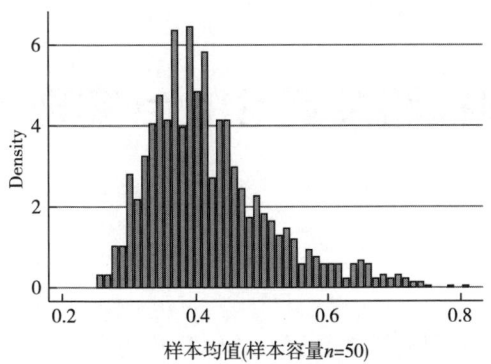 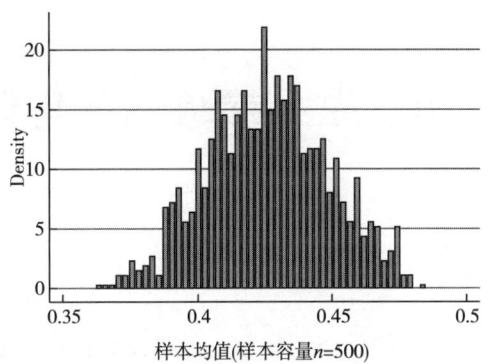

图4-2 容量不同的样本其样本均值分布的直方图

由上述可见，当样本容量较小时（n取4或15），样本均值的抽样分布呈现明显的右偏分布；而当样本容量逐渐增大时（n取50或500），样本均值的抽样分布逐渐近似于正态分布。

第5章 参数估计与假设检验及其Stata实现

5.1 参数估计

总体分布的参数一般是未知的。因此,需要利用样本数据对总体分布的未知参数进行估计。参数估计有点估计和区间估计两种情形。

5.1.1 点估计

设θ是总体分布的一个未知参数,$(X_1,X_2,\cdots,X_n)$为总体的样本。$\theta(X_1,X_2,\cdots,X_n)$是基于样本$(X_1,X_2,\cdots,X_n)$构造的统计量。利用$\theta(X_1,X_2,\cdots,X_n)$的观察值$\hat{\theta}(x_1,x_2,\cdots,x_n)$去估计未知参数$\theta$,称为对总体参数的点估计。$\theta(X_1,X_2,\cdots,X_n)$为估计时需要用到的统计量,$\hat{\theta}(x_1,x_2,\cdots,x_n)$为参数$\theta$的估计值。

采用不同的统计方法,可以构造一个或多个统计量来估计同一个总体参数。例如,在估计总体均值时,样本均值、样本的中位数和样本的众数这三个统计量均可用于估计总体均值。当存在多个可用于估计总体参数的统计量时,研究者总是在比较各个统计量特点的基础上选择一个最优统计量估计总体参数。最优统计量必须具有无偏性、有效性、一致性等基本性质。可以证明,在估计总体均值时,样本均值$\bar{X}$是总体均值的最优统计量。样本方差S^2是总体方差的最优估计量。

在抽取样本的基础上,统计量可以通过样本观察值计算具体的取值,称为估计值。若$(x_1,x_2,\cdots,x_n)$是$(X_1,X_2,\cdots,X_n)$的观察值,则样本均值$\bar{X}$和样本方差S^2的观察值分别为:

$$\bar{x}=\frac{1}{n}\sum_{i=1}^{n}x_i$$

$$S^2=\frac{1}{n-1}\sum_{i=1}^{n}(x_i-\bar{x})^2$$

则$\bar{x}$和S^2可以作为总体均值(μ)和总体方差(σ^2)的估计值。

矩估计法和极大似然估计法是估计总体参数的常见方法。矩估计法是用样本矩估计总体矩的估计方法。样本均值$\bar{x}$是一阶原点矩,而样本方差S^2是二阶中心距。利用样本均值$\bar{X}$和样本方差S^2估计总体均值和总体方差的方法就是一种矩估计法。关于极大似然估计法可参见盛骤等（2019）。

5.1.2 区间估计的原理

在点估计时，当抽取不同的样本计算估计量的值时，会得到总体参数不同的估计结果。因此，无论一个估计量的性质如何，所得到的估计值都会随着样本的变化而变化。点估计的结果总是随着样本的变化而变化，容易导致对总体参数具体取值的疑惑。

区间估计并不给出总体参数具体的估计值。但是，区间估计能够基于样本数据构造一个取值区间，让研究者能够以一定的可信度（置信水平）认为，真实的总体参数包含在这个区间之内。即对于一个未知的总体参数μ，可以构造一个区间$(\hat{\theta}_1, \hat{\theta}_2)$，使得：

$$p\{\hat{\theta}_1 < \mu < \hat{\theta}_2\} = 1 - \alpha$$

其中，$\hat{\theta}_1, \hat{\theta}_2$是统计量，其值取决于所抽取的样本。随机区间$(\hat{\theta}_1, \hat{\theta}_2)$是总体参数$\mu$的置信度为$1-\alpha$的置信区间（$\alpha$为显著性水平）。$\hat{\theta}_1, \hat{\theta}_2$分别是置信区间的下限和上限。

可见，从总体中抽取不同的样本，则可以构造的不同置信区间。例如，当从总体中随机抽取1000个样本，则可以在置信度为$1-\alpha$的条件下构造1000个置信区间。当在置信度为$1-\alpha=95\%$时，这1000个置信区间中有95%的置信区间（约950个置信区间）会包含总体参数μ。

注意，在根据样本在置信度为95%的水平上构造置信区间$(\hat{\theta}_1, \hat{\theta}_2)$后，不能说总体参数$\mu$落在这个构造出来的区间$(\hat{\theta}_1, \hat{\theta}_2)$的概率是95%。这是因为，一旦抽取了样本，利用样本数据构造出置信区间，这个区间的上、下限就是确定的。总体参数虽然未知，但总是一个确定的数。因此，总体参数要么位于构造出来的置信区间之内，要么位于构造出来的置信区间之外，即总体参数位于构造出来的置信区间之内的概率要么是0要么是1。

构造总体参数置信区间的关键是需要建立一个能够确定统计分布的枢轴量（pivotal quantity）。枢轴量是某个估计量的函数，同时也是需要确定置信区间的总体参数的函数。注意，枢轴量不是统计量。

例如，当从一个均值为μ（未知）方差为σ^2（未知）的正态总体中抽取容量为n的样本以构造总体均值μ的置信区间时，可建立枢轴量t，即：

$$t = \frac{\bar{X} - \mu}{S/\sqrt{n}} \tag{5-1}$$

其中，$\bar{X}$ 是样本均值，S 是样本标准差。根据式(4-7)可知，枢轴量 t 服从自由度为 $n-1$ 的 t 分布，即 $t \sim t(n-1)$。显然，如果已知总体方差 σ^2，则这个构造的枢轴统计量 t 服从标准正态分布。当置信度为 $1-\alpha$ 时，则枢轴量 t 取值区间 $\left(t_{\frac{\alpha}{2}}, t_{1-\frac{\alpha}{2}}\right)$ 的概率为 $1-\alpha$。其中，$t_{\frac{\alpha}{2}}$ 满足 $P\left(t<t_{\frac{\alpha}{2}}\right)=\frac{\alpha}{2}$，$t_{1-\frac{\alpha}{2}}$ 满足 $P\left(t<t_{1-\frac{\alpha}{2}}\right)=1-\frac{\alpha}{2}$。即：

$$p\left\{t_{\frac{\alpha}{2}}<t<t_{1-\frac{\alpha}{2}}\right\}=1-\alpha \tag{5-2}$$

根据 t 分布的性质，可以计算出 $t_{\frac{\alpha}{2}}$ 和 $t_{1-\frac{\alpha}{2}}$ 的值。在 Stata 中，利用 t 分布分位数的计算函数 invt(df, p) 和 invtail(df, p) 可用于计算 $t_{\frac{\alpha}{2}}$ 和 $t_{1-\frac{\alpha}{2}}$。其中，df 是自由度，p 是左侧或右侧概率。

将式（5-1）代入式（5-2），可得：

$$p\left\{t_{\frac{\alpha}{2}}<\frac{\bar{X}-\mu}{\frac{S}{\sqrt{n}}}<t_{1-\frac{\alpha}{2}}\right\}=1-\alpha$$

对上式左边做调整，可得：

$$p\left\{\bar{X}-t_{1-\frac{\alpha}{2}}\times\frac{S}{\sqrt{n}}<\mu<\bar{X}+t_{\frac{\alpha}{2}}\times\frac{S}{\sqrt{n}}\right\}=1-\alpha \tag{5-3}$$

由此可得总体均值 μ 的 $1-\alpha$ 置信区间是 $\left[\bar{X}-t_{1-\frac{\alpha}{2}}\times\frac{S}{\sqrt{n}}, \bar{X}+t_{\frac{\alpha}{2}}\times\frac{S}{\sqrt{n}}\right]$。

又如，当从一个均值为 μ（未知）且方差为 σ^2（未知）的正态总体中抽取容量为 n 的样本以构造总体方差 σ^2 的置信区间时，建立枢轴量 c，即：

$$c=\frac{(n-1)S^2}{\sigma^2} \tag{5-4}$$

其中，S^2 是样本方差。可以证明，枢轴量 c 服从自由度为 $n-1$ 的 χ^2 分布，即

$c \sim \chi^2(n-1)$。当置信度为 $1-\alpha$ 时，则枢轴量 c 取值区间 $\left(\chi^2_{\frac{\alpha}{2}}(n-1), \chi^2_{1-\frac{\alpha}{2}}(n-1) \right)$ 的概率为 $1-\alpha$。其中，$\chi^2_{\frac{\alpha}{2}}(n-1)$ 满足 $P\left(\chi^2 < \chi^2_{\frac{\alpha}{2}}(n-1) \right) = \frac{\alpha}{2}$，$\chi^2_{1-\frac{\alpha}{2}}(n-1)$ 满足 $P\left(\chi^2 < \chi^2_{1-\frac{\alpha}{2}}(n-1) \right) = 1-\frac{\alpha}{2}$。即：

$$\left\{ \chi^2_{\frac{\alpha}{2}}(n-1) < c < \chi^2_{1-\frac{\alpha}{2}}(n-1) \right\} = 1-\alpha \tag{5-5}$$

根据 χ^2 分布的性质，给定 α，可以计算出 $\chi^2_{\frac{\alpha}{2}}(n-1)$ 和 $\chi^2_{1-\frac{\alpha}{2}}(n-1)$。在 Stata 中，利用 χ^2 分布分位数计算函数 invchi2(df,p) 和 invchi2tail(df,p)，可计算出 $\chi^2_{\frac{\alpha}{2}}(n-1)$ 和 $\chi^2_{1-\frac{\alpha}{2}}(n-1)$，其中，$df$ 是自由度，p 是左侧或右侧概率。

将式（5-4）代入式（5-5）可得：

$$\left\{ \chi^2_{\frac{\alpha}{2}}(n-1) < \frac{(n-1)S^2}{\sigma^2} < \chi^2_{1-\frac{\alpha}{2}}(n-1) \right\} = 1-\alpha$$

对上式左边做调整，可得：

$$p\left\{ \frac{(n-1)S^2}{\chi^2_{1-\frac{\alpha}{2}}(n-1)} < \sigma^2 < \frac{(n-1)S^2}{\chi^2_{\frac{\alpha}{2}}(n-1)} \right\} = 1-\alpha$$

由此可得总体方差 σ^2 的 $1-\alpha$ 置信区间：

$$\left[\frac{(n-1)S^2}{\chi^2_{1-\frac{\alpha}{2}}(n-1)} < \sigma^2 < \frac{(n-1)S^2}{\chi^2_{\frac{\alpha}{2}}(n-1)} \right] \tag{5-6}$$

注意，在构造枢轴量时，枢轴量必须包含总体参数以及已知分布的估计量。

5.1.3 区间估计的Stata实现

Stata提供ci和cii两个命令，均可用于对总体均值、总体方差和总体比例的区间估计。命令ci基于具体样本数据（数据集中的变量）进行区间估计；而cii可以在仅知道变量的观测值个数、样本均值以及样本标准差三个描述性统计指标就可以进行区间估计（不需要具体的样本数据）。

例如，在数据集wage1.dta[①]中记录了美国1976年526个工人的小时工资和性别等数据，分别保存在wage和female两个变量中。变量wage和female的描述性统计结果如下：

```
. su wage female
```

Variable	Obs	Mean	Std. Dev.	Min	Max
wage	526	5.896103	3.693086	.53	24.98
female	526	.4790875	.500038	0	1

利用ci命令可以估计全部美国工人平均小时工资95%的置信区间：

```
. ci means wage, level(95)
```

Variable	Obs	Mean	Std. Err.	[95% Conf. Interval]	
wage	526	5.896103	.1610262	5.579768	6.212437

由此可得，全部美国工人平均小时工资95%的置信区间为[5.58, 6.21]。

利用ci命令也可以估计全部美国工人小时工资方差（σ^2）的95%的置信区间：

```
. ci variances wage, level(95)
```

Variable	Obs	Variance	[95% Conf. Interval]	
wage	526	13.63888	12.12843	15.45174

由此可得，全部美国工人小时工资方差（σ^2）的95%的置信区间为[12.13, 15.45]。

利用ci命令也可估计全部美国工人中女性所占比例（p）95%的置信区间：

```
. ci proportions female
```

Variable	Obs	Proportion	Std. Err.	Binomial Exact [95% Conf. Interval]	
female	526	.4790875	.021782	.4356663	.5227448

---

① 本书中用的数据集wage1.dta来自伍德里奇（2017）。这本计量经济学教材提供了用于学习的多个数据集。这些数据集可从网页http://fmwww.bc.edu/ec-p/data/wooldridge/dataswets.list.html下载。

由此可得，全部美国工人中女性所占比例95%的置信区间为[0.44，0.52]。

当已经获得变量wage在样本中的观测值个数（526）、均值（5.89）和标准差（3.69）等结果时，也可以利用cii直接进行总体均值、方差或比例的区间估计，而无需变量的全部样本数据。例如：

. cii means 526 5.89 3.69, level(95)

（输出结果略）

. cii variances 526 3.69*3.69, level(95)

（输出结果略）

利用cii命令也可估计全部美国工人中女性所占比例（p）的95%的置信区间：

. cii proportions 526 0.48, level(95)

（输出结果略）

关于命令ci和cii的细节，可参见[R] ci

5.2 假设检验

5.2.1 假设检验的基本原理

假设检验是推断统计的重要内容之一。假设检验中，首先对总体参数做出某种假设，然后通过抽样形成样本，最后，基于样本数据对此假设是否应该被拒绝做出决策。

假设检验的基本思想是"小概率事件原理"。"小概率事件原理"是指发生概率很小的一个事件在一次试验中几乎不会发生。然而，在一次试验中，如果小概率事件发生了，则意味着判断此事件为小概率事件是不合理的。

回到数据集wage1.dta。有人认为美国工人的平均小时工资是6美元。这个假设是否成立呢？如果这个假设成立，即美国工人的平均小时工资确实是6美元，则抽取的样本工人平均小时工资应该在6美元左右，而出现样本工人平均小时工资远远大于或远远小于6美元的概率应该很低。然而，如果抽取的样本中工人平均小时工资出现了远远小于6美元或远远大于6美元的情形，则认为小概率事件发生了。由此可以判断"美国工人的平均小时工资是6美元"这个假设不成立。

可见，假设检验的推断方法是带有某种概率性质的反证法。这种反证法思想是先提出检验假设，然后利用小概率原理，判断假设是否成立。例如，为了检验对总体参数所做出的某个假设是否成立，首先假定这个假设成立，然后抽取样本，如果样本观察值导致了"小概率事件"发生，就应拒绝这个假设，否则不应拒绝这个假设。

5.2.2 p值法假设检验的步骤

假设检验有两种的具体实施方法，即传统的临界值法以及现在被广泛运用的p值法。这两种方法的本质是一致的。目前，p值法已是假设检验中最重要的方法。以总体均值的假设检验为例，p值法假设检验一般包括如下4个步骤。

（1）陈述原假设和备择假设

在对总体参数进行假设检验时，必须同时提出原假设与备择假设。原假设又称"0假设"，表示为H_0。一般而言，原假设是研究者想收集证据予以反对的假设。原假设中总是有符号$\geq$、$\leq$、$=$。备择假设也称"研究假设"，表示为H_a，是研究者想收集证据予以支持的假设。备择假设总是有符号$>$、$<$、$\neq$。注意，假设必须针对总体参数提出。

在上面的例子中，如果研究者不相信美国工人的平均小时工资是6美元，故需进行检验（如果研究者认为美国工人的平均小时工资是6美元，则无需检验）。因此，研究者想收集证据予以反驳的假设应该是"美国工人的平均小时工资是6美元"。以$\bar{X}$表示美国工人的平均小时工资，则原假设和备择假设为：

$$H_0: \bar{X} = 6\text{美元}$$

$$H_a: \bar{X} \neq 6\text{美元}$$

（2）从所研究的总体中抽取样本，并获得样本观测值

研究者从美国工人中抽取526个工人，并调查其小时工资。所得样本数据保存在数据集wage1.dta的变量wage中。

（3）构造检验统计量，并利用样本数据计算检验统计量的观测值

检验统计量应该在考虑总体分布、样本容量以及抽样方法等因素的基础上构建。检验统计量必须是总体参数以及已知分布的统计量的函数。在原假设成立的条件下，必须能够确定检验统计量的分布。在本例中，美国工人的平均小时工资$\bar{X}$是待检验的总体参数，小时工资的总体方差未知，样本容量为$n = 526$。根据以上信息，则可构造如下检验统计量t：

$$t = \frac{\bar{x} - \bar{X}}{\frac{S}{\sqrt{n}}} \tag{5-7}$$

其中，$\bar{x}$是样本内工人的平均小时工资，S是样本内工人的小时工资的标准差，$\bar{X}$是待检验的总体参数。根据式(4-7)可知，检验统计量t服从自由度为$n-1$的t分布，即$t \sim t(n-1)$。基于wage1.dta中的变量wage，可以计算出样本内工人小时工资的平均值为$\bar{x} = 5.90$，方差$S^2 = 13.64$，样本容量n为526，故根据式(5-7)可计算检验统计量t的样本观测值为：

$$t = \frac{\bar{x} - \bar{X}}{\frac{S}{\sqrt{n}}} = \frac{5.90 - 6}{\frac{3.69}{\sqrt{526}}} = -0.6452$$

(4)计算假设检验的 p 值

p 值法假设检验的关键是计算假设检验的 p 值。以双侧假设检验为例,在原假设为真的情况下,p 值是检验统计量取到与其观察值一样大或更大的概率,以及检验统计量取到与其观察值一样小或更小的概率。显然,在原假设成立的条件下,如果 p 值越大,意味着基于样本数据得到的结论与原假设是一致的或不存在显著差异,样本数据支持原假设,此时没有理由拒绝原假设。然而,如果 p 值很小,意味着基于样本数据得到的结论与原假设不一致或存在显著差异,则应该拒绝原假设。因此,p 值被称为观察到(或实测)的显著性水平,是原假设可被拒绝的最低显著性水平。

对于双侧假设检验,p 值是检验统计量取到与其观测值一样大(小)或更大(更小)值的概率,即:

$$p\text{值} = P\{|\text{检验统计量}| \geq |\text{检验统计量样本观测值}|\}$$

在本例中,p 值即是:

$$p\text{值} = P\{|t| \geq |-0.6452|\}$$

显然,$P\{|t| >= -|0.6452|\} = P\{t <= -0.6452\} + P\{t >= 0.6452\}$。利用 Stata 的 t 分布的左侧概率计算函数 t() 可得:

. disp t(525,-0.6452) + (1-t(525,0.6452))
.51907944

当然,也可以使用 t 分布的右侧概率计算函数 ttail(),可得相同结果:

. disp ttail(525,0.6452) + (1-ttail(525,-0.6452))
.51907944

在本例中,假设检验的 p 值为 0.52,即在原假设为真的情况下,检验统计量取到与其样本观察值一样大(小)或更大(更小)的概率为 0.52。这是一个较大的概率,表明基于样本数据得到的结论与原假设($H_0 : \bar{X} = 6$ 美元)是一致的或不存在显著差异,样本数据支持原假设。

(5)决策

p 值法假设检验必须根据研究者能够容忍的犯第一类错误的概率做出决策。

假设检验中第一类错误是指当原假设为真时,拒绝原假设的概率(拒真错误)。当 p 值大于检验者能够容忍的犯第一类错误的概率时,则不应该拒绝原假设。反之,当 p 值小于检验者能够容忍的犯第一类错误的概率时,则应该拒绝原假设。例如,在本例中,p 值为 0.52,即在原假设为真的情况下,检验统计量取到与其样本观察值一样大(小)或更大(更小)的概率为 0.52。在这种情况下,可以认为原假设有 52% 的可能性是成立的。此时,如果认为原假设不成立,即拒绝原假设,则犯错误的概率为 52%。显然,如果研究者能够容忍的犯第一类错误的概率最多只有 0.05,则不应该拒绝原假设。然而，如果研究者能够容忍的犯第一类错误的概率最多为0.53[①]，则可以拒绝原假设。

在假设检验中，正确表达决策结果是十分必要的。在上例中，当检验者能够容忍的犯第一类错误的概率最多只有0.05时，决策结果表达为"研究者不能拒绝原假设"是妥当的；但是，表达为"研究者接受原假设"是不合适的。这是因为，如果再做一个原假设为 $H_0: \bar{X} = 5.9$ 美元的假设检验，基于相同的样本数据仍然不能拒绝原假设。如果此时表达决策结果为"研究者接受原假设"则会出现逻辑上的矛盾。因为原假设 $H_0: \bar{X} = 5.9$ 美元和原假设 $H_0: \bar{X} = 6$ 美元只有一个是正确的，不能同时接受这两个假设。但是，两个假设不能被拒绝却是可能的。因此，本例中，决策结果正确的表达是"不能拒绝原假设"，而不是"接受原假设"。

在假设检验不同的运用场景下，研究者能够容忍的犯第一类错误的概率是不同的。如果错误拒绝原假设会导致很高的成本或代价，例如，在上例中，如果错误地拒绝美国工人的平均小时工资是6美元的假设导致的代价很高，后果很严重，比如政府因此会实施改变工人最低工资水平的政策，从而可能导致一系列严重的社会连锁反应，则应该设置一个较低的能够容忍的犯第一类错误的概率；如果犯第二类错误（当原假设实际为假，但没有拒绝原假设，即取伪错误）的成本或代价很高，则可以设置一个较大的能够容忍的犯第一类错误的概率。

由此可见，采用 p 值法进行假设检验，可以根据研究者的实际需求对检验结果灵活做出判断。这避免了传统假设检验必须事先设定一个固定的显著性水平（如0.01、0.05或0.10）才能做出决策的缺陷。一般来讲，较小的 p 值都是拒绝原假设的证据，而较大的 p 值都是怀疑备择假设的弱证据。这里的"较小的 p 值"或"较大的 p 值"都是相对于检验者能够容忍的犯第一类的概率而言的。

上面是关于双侧假设检验的例子。双侧假设检验的原假设都有一个等号（=）。实际假设检验中，研究者也会进行单侧假设检验。

例如，如果研究者倾向于认为美国工人的平均小时工资大于5.5美元，即不相信美国工人的平均小时工资小于等于5.5美元。则可以做如下假设：

$$H_0: \bar{X} \leq 5.5 \text{美元}$$

$$H_a: \bar{X} > 5.5 \text{美元}$$

这是一个右侧假设检验。当研究者不相信总体参数小于等于某个特定值时，或者研究者倾向于认为总体参数大于某个特定值时，需要采用右侧假设检验。右侧假设检验统计量与双侧检验统计量相同。在本例中，在原假设成立的条件下，检验统计量的样本观测值为：

[①] 一般情况下，假设检验中研究者能够容忍的犯第一类错误的概率多设定在0.1以下。

$$t = \frac{\bar{x} - \bar{X}}{\frac{S}{\sqrt{n}}} = \frac{5.90 - 5.5}{\frac{3.69}{\sqrt{526}}} = 2.46$$

右侧假设检验的 p 值是检验统计量取到与其样本观察值一样大或更大的概率。即：

$$p值 = P\{检验统计量 \geq 检验统计量样本观测值\}$$

即该右侧假设检验的 p 值 $= P\{t \geq 2.46\}$。

利用 Stata 的概率计算函数 t( ) 可得：

```
. disp 1-t(525,2.46)
.00710741
```

在能够容忍的犯第一类错误的概率为 0.01 的情况下，即显著性水平为 0.01 的情况下，应该拒绝原假设。即美国工人的平均小时工资小于 5.5 美元的假设并不成立。

实际假设检验中研究者有时也需要做左侧假设检验。例如，在上例中，如果检验者倾向于认为美国工人的平均小时工资小于 6.5 美元，即不相信美国工人的平均小时工资大于等于 6.5 美元。则可以做如下假设：

$$H_0: \bar{X} \geq 6.5\text{美元}$$

$$H_a: \bar{X} < 6.5\text{美元}$$

这是一个左侧假设检验。当研究者不相信总体参数大于等于某个特定值时，或者研究者倾向于认为总体参数小于某个特定值时，需要采用左侧假设检验。左侧假设的检验统计量与双侧假设检验统计量相同。在本例中，在原假设成立的条件下，检验统计量的样本观测值为：

$$t = \frac{\bar{x} - \bar{X}}{\frac{S}{\sqrt{n}}} = \frac{5.90 - 6.5}{\frac{3.69}{\sqrt{526}}} = -3.75$$

对于左侧假设检验，p 值是检验统计量取到与其样本观察值一样小或更小的概率。即：

$$p值 = P\{检验统计量 \leq 检验统计量的样本观测值\}$$

根据上例数据，该左侧假设检验的 p 值 $= P\{t \leq -3.75\}$。

利用 Stata 的概率计算函数 t( ) 可得：

```
. disp t(525,-3.75)
.00009825
```

这个 p 值是一个足够小的概率。研究者都应该拒绝原假设，即拒绝美国工人的平均小时工资大于 6.5 美元的假设。

5.2.3 总体均值的假设检验

（1）单总体均值的假设检验

在对总体均值进行假设检验时，必须引入中心极限定理：

设 $(X_1, X_2, \cdots, X_n)$ 是来自均值为 μ，方差 σ^2 的正态总体的一个样本。随着样本容量 n 变大，定义：

$$z = \frac{\bar{x} - \mu}{\frac{\sigma}{\sqrt{n}}} \tag{5-8}$$

则 z 服从标准正态分布，即 $z \sim N(0,1)$。

在很多时候，正态总体的标准差都是未知的，只能用样本标准差 S 替代总体标准差。此时，式（5-8）变为：

$$t = \frac{\bar{x} - \mu}{\frac{S}{\sqrt{n}}} \tag{5-9}$$

根据林德伯格-利维中心极限定理可知，随着样本容量 n 变大，上述 t 统计量近似服从标准正态分布。因此，对总体均值的假设检验，当样本容量很大时，检验统计量采用 t 统计量和 z 统计量对检验结果的判断没有显著影响。一般情况下，对总体均值的假设检验，检验统计量习惯采用 t 统计量。

Stata 提供了基于 t 统计量计算假设检验 p 值的两个命令，即 ttest 和 ttesti，可以实现总体均值的假设检验。

例如，对于美国工人平均小时工资是否等于 6 美元的假设检验，可以通过如下命令实现：

```
. ttest wage == 6
```

One-sample t test

Variable	Obs	Mean	Std. Err.	Std. Dev.	[95% Conf. Interval]
wage	526	5.896103	.1610262	3.693086	5.579768 6.212437

    mean = mean(wage)   t = -0.6452
Ho: mean = 6   degrees of freedom =   525

    Ha: mean < 6   Ha: mean != 6   Ha: mean > 6
 Pr(T < t) = 0.2595   Pr(|T| > |t|) = 0.5191   Pr(T > t) = 0.7405

ttest 命令同时给出了对总体均值进行双侧假设检验、左侧假设检验和右侧假设检验的检验结果。从上述结果可见，对于原假设为 $H_0: \bar{X} = 6$ 美元 的双侧假设检验，p 值为 0.52，一般情况下不应该拒绝原假设；而对于原假设为

$H_0: \bar{X} \leq 6$ 美元，备择假设为 $H_a: \bar{X} > 6$ 美元 的检验，p 值为 0.74，也不应该拒绝原假设；对于原假设为 $H_0: \bar{X} \geq 6$ 美元，备择假设为 $H_a: \bar{X} < 6$ 美元 的检验，p 值为 0.26，同样不应该拒绝原假设。

ttest 命令可以基于数据集中的变量进行总体均值的假设检验。而 ttesti 命令可以直接根据样本容量、变量已知的均值和标准差进行假设检验。数据集 wage1.dta 的样本容量为 526，变量 wage 的样本均值为 5.90 美元，标准差为 3.69 美元。则可对数据集所来自总体的 wage 均值进行假设检验：

. ttesti 526 5.896103 3.693086 6

（输出结果略）

可见所得结果与前相同。

（2）双总体均值相等性的假设检验

当有来自两个不同总体的样本，可以检验两个总体的均值是否相等。例如，在数据集 wage1.dta 中，可以将 526 名工人的观测值视作来自男、女工人两个总体的两个样本的观测值所组成。现在需要检验男性工人小时工资（$\bar{X}_1$）和女性工人小时工资（$\bar{X}_2$）是否相等，则可提出假设：

$$H_0: \bar{X}_1 = \bar{X}_2$$

$$H_a: \bar{X}_1 \neq \bar{X}_2$$

运用 Stata 提供的 ttest 命令，可以检验上述假设：

. ttest wage, by(female)

Two-sample t test with equal variances

Group	Obs	Mean	Std. Err.	Std. Dev.	[95% Conf. Interval]	
0	274	7.099489	.2513666	4.160858	6.604626	7.594352
1	252	4.587659	.1593349	2.529363	4.273855	4.901462
combined	526	5.896103	.1610262	3.693086	5.579768	6.212437
diff		2.51183	.3034092		1.915782	3.107878

diff = mean(0) - mean(1)   t =   8.2787
Ho: diff = 0   degrees of freedom =   524

    Ha: diff < 0   Ha: diff != 0   Ha: diff > 0
 Pr(T < t) = 1.0000   Pr(|T| > |t|) = 0.0000   Pr(T > t) = 0.0000

从上述结果可见，ttest 命令同时给出了双侧假设检验、左侧假设检验以及右侧假设检验的 p 值。双侧假设检验的 p 值近似为 0，因此拒绝原假设 $H_0: \bar{X}_1 = \bar{X}_2$，即拒绝男性工人小时工资（$\bar{X}_1$）和女性工人小时工资（$\bar{X}_2$）相等的原假设。

值得注意的是，当用 ttest 命令检验两总体均值是否相等时，必须满足三个条件：

①两总体均服从正态分布；②两总体方差相等；③两总体方差相互独立。如果不满足上述条件，则需构建不同的检验统计量实现假设检验①。

5.2.4 总体方差的假设检验

在统计实践中，有时需对总体方差做出检验。在进行总体方差的假设检验时，需运用如下定理：

设总体 $X \sim N(\mu, \sigma^2/n)$，$(X_1, X_2, \cdots, X_n)$ 为总体 X 的样本，S^2 是样本方差，则：

$$\frac{(n-1)S^2}{\sigma^2} \sim \chi^2(n-1) \qquad (5\text{-}10)$$

上述定理的证明请参见盛骤（2018）。根据上述定理，可以构建检验总体方差的检验统计量，并据以实施假设检验。

在数据集 wage1.dta 中，变量 wage 保存了 526 个工人的小时工资数据。根据描述性统计可知样本内工人小时工资的方差为 13.64 元。基于该样本数据，可以对全部工人小时工资的方差（σ^2）进行假设检验。设原假设和备择假设分别是：

$$H_0: \sigma^2 \geqslant 15$$

$$H_1: \sigma^2 < 15$$

根据式（5-10），可构建检验统计量为 $\chi^2 = \dfrac{(n-1)S^2}{\sigma^2}$。在原假设成立的情况下，检验统计量 χ^2 的值为 $\dfrac{(526-1)*13.64}{15} = 477.4$。因此，假设检验的 p 值为 $P(\chi^2 < 477.4)$。利用 Stata 的 χ^2 分布的概率计算函数，可得假设检验的 p 值为：

```
. disp chi2(525,477.4)
.06743963
```

如果检验者能够容忍的犯第一类错误的概率为 5%，则不应该拒绝原假设。

注意，由于统计量 χ^2 的值大于 0，因此，如果需要对方差做双侧假设检验，则不能使用 p 值法，必须使用临界值法进行假设检验。

5.2.5 总体分布的假设检验

在统计实践中，有时需要对样本数据（变量）来自的总体是否服从正态分布进行假设检验。原假设和备择假设分别是：

---

① 可参见盛骤等（2019）。

H_0：变量服从正态分布

H_1：变量不服从正态分布

　　Stata 提供了多个检验变量所属总体是否服从正态分布的命令。其中，sktest 是常用的命令。例如，数据集 wage1.dta 中，变量 wage 保存了 526 个工人的小时工资数据。现在需要检验全部工人的小时工资是否服从正态分布。则运用 sktest 命令检验：

. sktest wage

Skewness/Kurtosis tests for Normality

Variable	Obs	Pr(Skewness)	Pr(Kurtosis)	adj chi2(2)	joint Prob>chi2
wage	526	0.0000	0.0000	.	0.0000

　　由上述可见，假设检验的 p 值近似为 0，则拒绝变量 wage 服从正态分布原假设。

　　命令 sktest 是一种参数检验方法。Stata 还提供了基于非参数方法检验总体分布的命令，如 swilk 和 sfrancia 两个命令。详见 [R] swilk。

　　在单个假设检验中，第一类错误和第二类错误相对容易控制。然而，在多重假设检验中，对两类错误的计算和控制就变得更为困难，Harvey 和 Liu（2020）提出了双重自举抽样法以评估多重假设检验中的两类错误。具体内容参见 Harvey 和 Liu（2020）。

第6章 方差分析及其Stata实现

6.1 方差分析的基本原理

6.1.1 方差分析概述

在社会科学中，经济变量往往受到多种因素的影响。这个被多种因素影响的变量称为因变量。例如，工人的小时工资水平可能会受到性别、受教育水平、种族以及一些偶然性因素（如碰巧在一家愿意支付更多薪酬的企业工作）等多种因素的影响。方差分析是检验一个或多个影响因素是否显著影响因变量的方法。在实际分析过程中，研究者往往将影响因素固定在若干水平上，然后考察在影响因素的不同水平下，因变量的平均水平是否存在显著差异。例如，按照性别将全部工人分成男性和女性两类，即将性别不同的工人划分为两个总体，然后考察男性工人和女性工人的平均小时工资是否存在显著差异。如果检验结果表明男性工人和女性工人的平均小时工资存在显著差异，则可以判断性别这一因素对工人小时工资具有显著影响。

由此可见，方差分析是检验不同总体的均值是否相等的一种统计方法。在方差分析中，影响因素是一个离散取值的分类变量，一般有两个或两个以上的取值；而待考察的因变量是一个连续取值的变量。

6.1.2 方差分析的基本原理

方差分析的基本原理是将各影响因素引起的因变量的总变动分解为若干部分，每一部分变动衡量某一因素或某些因素交互作用对因变量产生的影响。由于因变量也会受到一些偶然性因素的影响，这些偶然性因素导致的因变量的变动也是总变动的组成部分，称为随机变动。如果由某一因素带来的因变量的变动与随机变动没有显著差异，则可以认为该因素对因变量没有显著影响。反之，如果由某一因素带来的因变量变动与随机变动存在显著差异，则可以认为该因素对所考察的因变量具有显著影响。

因此，方差分析的一个重要步骤是将各因素引起待考察变量的总变动分解称为若干组成部分，在此基础上判断各因素是否对待考察变量具有显著影响。

为方便起见，通常称引起因变量变化的因素为因子，用大写字母 $A, B, C, \cdots$ 表示。每个因子都有两个或两个以上的状态或水平，用大写字母 $A_i, B_i, C_i, \cdots$ 表示。如用字母 A 表示性别因子，A_i 表示性别的第 i 个水平。如 A_1 表示女性，A_2 表示男性。

下面基于数据集wage1.dta，以检验性别是否影响美国工人小时工资为例，阐述单因素方差分析的基本原理。

设待考察的因变量小时工资用X表示，其样本观测值为x。性别因子用字母A表示，有男、女两个水平，A_1（$i=1$）表示女性，A_2（$i=2$）表示男性。在A_i的第i个水平下的第j个样本观测值表示为x_{ij}，如女性工人的第5个观测值表示为x_{15}。根据性别不同，可以将所有美国工人分为女性和男性两个总体，其平均小时工资分别用$\bar{X}_1$和$\bar{X}_2$表示。现在需要检验性别是否对工人小时工资有显著影响，则可通过检验女性和男性工人的平均小时工资是否相同实现。即：

$$H_0: \bar{X}_1 = \bar{X}_2$$

$$H_1: \bar{X}_1 \neq \bar{X}_2$$

待考察变量的总变动是因变量X的所有样本观测值与样本观测值的总平均值的离差平方和。设样本观测值的总平均值为$\bar{\bar{x}}$，则：

$$\bar{\bar{x}} = \sum_{i=1}^{k}\sum_{j=1}^{n_i} x_{ij} \Big/ \sum_{i=1}^{k} n_k$$

其中，性别因子只有两个水平，故$k=2$；n_i是影响因素第i个水平下的观测值个数。运用Stata的tabstat命令可以得到待考察变量wage的样本描述性结果。

```
. tabstat wage, by(female) stat(count mean variance sd min max)
Summary for variables: wage
    by categories of: female (=1 if female)
```

female	N	mean	variance	sd	min	max
0	274	7.099489	17.31274	4.160858	1.5	24.98
1	252	4.587659	6.397678	2.529363	.53	21.63
Total	526	5.896103	13.63888	3.693086	.53	24.98

由上表可见，本例中，样本总平均值$\bar{\bar{x}}=5.90$，$n_1=252, n_2=274$。

待考察变量wage的样本总变动（SST）：

$$SST = \sum_{i=1}^{k}\sum_{j=1}^{n_i}\left(x-\bar{\bar{x}}\right)^2$$

运用Stata命令计算如下：

```
. su wage  //获得总均值 x̄，保存在返回值r(mean)中。
. scalar wage_mean = r(mean)
. gen wage_demean = wage -wage_mean     //计算wage与其均值的离差。
. gen wage_demean_sq = wage_demean * wage_demean
```

//计算wage与其均值的离差的平方。

. su wage_demean_sq

. scalar sst = r(mean) * r(N)

. scalar dir sst   //   显示标量的值

          sst = 7160.4143

由此得到，待考察变量wage的样本总变动（SST）为7160.4143。

待考察变量的总变动来自两个方面。

第一，影响因素的不同水平下的待考察变量的变动。根据影响因素可以将总体分为不同的组（更小的总体），故这种变动称为组间变动（SSA）。组间变动既有可能是影响因素所致，也有可能是抽样的随机性所致。组间变动是各组平均值与总平均值的离差平方和，反映各组的样本均值之间的差异程度，故又称组间平方和。组间变动SSA的计算公式如下：

$$SSA = \sum_{i=1}^{k} n_i \left(\bar{x}_i - \bar{\bar{x}} \right)^2$$

在本例中，组间变动SSA计算如下：

. su wage if female == 1

. scalar SSA1 = 252 * (r(mean)-wage_mean)*(r(mean) -wage_mean)

//女性工人小时工资wage的组间变动。

. su wage if female == 0

. scalar SSA2 = 274 * (r(mean) -wage_mean)*(r(mean) -wage_mean)

//男性工人小时工资wage的组间变动。

因此，性别这个因素带来的组间变动（SSA）为：

. scalar SSA = SSA1 + SSA2

. scalar dir SSA

          SSA = 828.22025

第二，在影响因素（自变量）的同一水平下，即在各组内（如女性组内），因变量wage的各观察值之间的差异。这种差异是由抽样的随机性导致的，故称随机变动或组内变动（SSE）。组内变动是因变量在组内的每个观测值与其组平均值的离差平方和，反映组内观察值的离散状况，故又称组内离差平方和。计算公式如下：

$$SSE = \sum_{i=1}^{k} \sum_{j=1}^{n_i} \left(x_{ij} - \bar{x}_i \right)^2$$

在本例中，同一性别组内的各个工人的小时工资变动会导致因变量的变动。其中，女性工人小时工资的组内变动（SSE1）计算如下：

. su wage if female == 1

//获得女性工人小时工资的组内均值$\bar{x}_1$，保存在返回值r(mean)中。

```
. gen wage_demean_female = wage -r(mean) if female == 1
```
//计算女性工人组内wage与其均值的离差。
```
. gen wage_demean_female_sq = wage_demean_female * wage_demean_female if female == 1
```
//计算女性工人组内wage与其均值的离差的平方。
```
. su wage_demean_female_sq if female == 1
. scalar SSE1 = r(mean) * r(N)
. scalar dir SSE1
       SSE1 = 1605.8171
```
即女性工人小时工资的变动为1605.82。同样，男性工人组内小时工资的变动（SSE2）计算如下：
```
. su wage if female == 0
. gen wage_demean_male = wage -r(mean) if female == 0
. gen wage_demean_male_sq = wage_demean_male * wage_demean_male if female == 0
. su wage_demean_male_sq if female == 0
. scalar SSE2 = r(mean) * r(N)
. scalar dir SSE2
       SSE2 = 4726.3766
```
即男性工人小时工资的变动为4726.38。

因此，性别这个因素带来的组内变动（SSE）为：
```
. scalar SSE = SSE1 + SSE2
. scalar dir SSE
       SSE = 6332.1937
```
组间变动既有可能是影响因素所致，也有可能是抽样的随机性所致。因此，如果影响因素对因变量没有显著影响，那么在组间变动中只包含有随机抽样带来的变动即组内变动，则组间变动与组内变动就应该很接近，两种变动的比值就会接近1；如果影响因素对因变量具有显著影响，则组间变动就会大于组内变动，组间变动与组内变动的比值就会大于1。因此，通过分析两者的比值在统计上是否显著大于1，就能够判断影响因素对因变量是否具有显著影响。

可以证明，总变动(SST)、组内变动(SSE)和组间变动(SSA)之间存在如下关系：
$$SST = SSE + SSA$$
即：
$$\sum_{i=1}^{k}\sum_{j=1}^{n_i}\left(x_{ij}-\bar{\bar{x}}\right)^2 = \sum_{i=1}^{k}\sum_{j=1}^{n_i}\left(x_{ij}-\bar{x}\right)^2 + \sum_{i=1}^{k}n_i\left(\bar{x}_i-\bar{\bar{x}}\right)^2$$

总变动（SST）、组内变动（SSE）和组间变动（SSA）的大小与观察值的数量有关。为了消除观察值数量的影响，需要计算上述变动的平均数，所得结果分别称为总方差、组内方差（MSE）和组间方差（MSA）。计算方法是用离差平方和除以相应的自由度。

组间变动（SSA）的自由度为$k-1$，其中k为影响因素的水平个数。故组间方差（MSA）的计算公式为：

$$MSA = \frac{SSA}{k-1}$$

在本例中，$MSA = \frac{828.22025}{1} = 828.22025$

组内变动（SSE）的自由度为$n-k$。组内方差（MSE）的计算公式为：

$$MSE = \frac{SSE}{n-k}$$

在本例中，$MSE = \frac{6332.1937}{526-2} = 12.084339$

进一步可以证明，当原假设（$H_0 : \bar{X}_1 = \bar{X}_2$）为真的条件下，$MSA$和$MSE$的比值$F$服从分子自由度为$k-1$、分母自由度为$n-k$的$F$分布，即：

$$F = \frac{MSA}{MSE} \sim F(k-1, n-k)$$

在本例中，根据样本数据，可计算检验统计量F的观测值为：

$$F = \frac{MSA}{MSE} = \frac{828.22025}{12.084339} = 68.536661$$

根据F统计量取到其观测值或更大值的概率（p值）就可以做出决策。在原假设（$H_0 : \bar{X}_1 = \bar{X}_2$）成立时，根据样本数据计算的$F$统计量的值应该在1附近取值的概率很大（$p$值很大），即$F$统计量的值与1没有显著差异。如果$p$值较大，超过了能够容忍的犯第一类错误的概率，则表明样本数据与原假设一致，不应该拒绝原假设；如果p值较小，低于能够容忍的犯第一类错误的概率，则应该拒绝原假设。在本例中，F统计量取到其观测值68.54或更大值的概率，即p值为：

. disp Ftail(2,525,68.536661)

3.581e-27

这是一个接近于0的p值。因此，拒绝原假设，即女性工人与男性工人的小时工资相同这个假设不成立。换言之，性别不同的工人，小时工资存在差异。

6.2 数据分析实例2——方差分析的Stata实现

运用Stata的命令anova可以轻松实现方差分析。例如，在数据集wage1.dta中，为了检验性别（female）这一因素是否显著影响工人的小时工资，则可运用anova命令：

```
. anova wage female
```

| | Number of obs = | 526 | R-squared | = | 0.1157 |
| | Root MSE = | 3.47625 | Adj R-squared | = | 0.1140 |

Source	Partial SS	df	MS	F	Prob>F
Model	828.22047	1	828.22047	68.54	0.0000
female	828.22047	1	828.22047	68.54	0.0000
Residual	6332.1938	524	12.084339		
Total	7160.4143	525	13.638884		

上表中给出了因变量wage的总变动（7160.41）、性别这个影响因素带来的组间变动（828.22）以及组内变动（6332.19）；同时，上表还列出了总方差（13.64）、组内方差（12.08）和组间方差（828.22）。最后，上表给出了假设检验的p值（0.0000）。显然，根据p值可以拒绝原假设，即女性工人与男性工人的小时工资相同这个假设不成立。

命令anova还可以做多因素方差分析。例如，当要检验性别（female）和婚姻状态（married）两个因素是否对小时工资有显著影响，则可运用anova命令：

```
. anova wage female married
```

| | Number of obs = | 526 | R-squared | = | 0.1462 |
| | Root MSE = | 3.41897 | Adj R-squared | = | 0.1429 |

Source	Partial SS	df	MS	F	Prob>F
Model	1046.8708	2	523.43539	44.78	0.0000
female	671.97082	1	671.97082	57.49	0.0000
married	218.65032	1	218.65032	18.71	0.0000
Residual	6113.5435	523	11.689376		
Total	7160.4143	525	13.638884		

从上表中可见，对性别（female）这个影响因素做假设检验的p值近似为0。因此，女性工人与男性工人的小时工资相同这个假设不成立。同样，对婚姻状态（married）这个影响因素做假设检验的p值近似为0。因此，已婚工人和未婚工人的小时工资相同这个假设不成立。

在多因素方差分析时，命令anova还可以实现各影响因素交互作用分析。例如：当需要检验性别、婚姻状态以及性别和婚姻状态的交互作用对小时工资的影响时，可使用如下命令：

```
. anova wage female married female##married
```

```
                 Number of obs =      526     R-squared     =  0.1810
                 Root MSE      =  3.35181     Adj R-squared =  0.1763

         Source | Partial SS        df          MS           F     Prob>F

          Model | 1295.9416          3     431.98053       38.45   0.0000

         female |  480.55547         1     480.55547       42.77   0.0000
        married |  233.41791         1     233.41791       20.78   0.0000
 female#married |  249.07079         1     249.07079       22.17   0.0000

       Residual | 5864.4727        522      11.234622

          Total | 7160.4143        525      13.638884
```

由上表可见，交互项 female##married 的 p 值仍然近似为 0，表明，婚姻状态不同的男性（女性），其小时工资是不同的。

从上表还可以发现一个事实，即性别（female）、婚姻状态（married）以及性别和婚姻状态的交互项（female##married）所带来的组间变动总和 963.05（480.56+233.42+249.07）与组内变动 5864.47 相差很大。组间变动既包括随机抽样带来的变动，也包括各个影响因素带来的变动。因此，一般情况下组间变动应该大于组内变动。然而上表中却出现了组间变动小于组内变动的结果。当组间变动小于组内变动，一个重要的原因是在方差分析中没有考虑到影响小时工资的所有可能因素，比如受教育程度、种族以及居住地点等。因此，在方差分析时，合理确定待考察变量的各种影响因素是非常重要的。

第7章 相关分析与回归分析

7.1 相关分析

方差分析能够检验一个或多个变量（影响因子）是否对另一个变量产生显著影响。如果一个变量对另一个变量产生显著影响，则表明两个变量之间存在联系。然而，方差分析并不能对存在联系的两个变量之间联系的紧密程度做出回答。相关分析能够判断具有联系的两个变量之间的联系紧密程度，而回归分析可以更准确地判断一个变量（影响因子）的变化将会引起另一个变量变化的程度。本节阐述相关分析以及回归分析的基本原理及其Stata实现。

相关分析是检验变量之间是否存在联系以及这种联系的紧密程度的方法。有多种方法都可以实现相关分析。研究者应该根据实际情况以及每种方法的适用范围选择恰当的相关分析方法。

7.1.1 Person积差相关系数

当两个变量服从正态分布，且呈线性相关时，可以使用Person积差相关系数判断两个变量之间联系的紧密程度。Stata的correlate命令可以计算变量间的Person积差相关系数矩阵。

```
. sysuse auto
(1978 Automobile Data)
. corr price headroom mpg displacement
```

	price	headroom	mpg	displa~t
price	1.0000			
headroom	0.1145	1.0000		
mpg	-0.4686	-0.4138	1.0000	
displacement	0.4949	0.4745	-0.7056	1.0000

从上表中可以看出，price与mpg的样本相关系数为-0.47，两者是负相关的关系；而price与的displacement样本相关系数为0.49，两者是正相关关系。

Stata提供的命令pwcorrelate同样可以计算相关系数，并且可以添加选项，实现根据样本相关系数的取值进一步检验总体相关系数（以ρ表示）是否显著异于0（$H_0: \rho = 0$；$H_1: \rho \neq 0$）。例如：

```
. pwcorr price headroom mpg displacement, sig
```

```
              price  headroom     mpg  displa~t

      price  1.0000

   headroom  0.1145    1.0000
             0.3313

        mpg -0.4686   -0.4138  1.0000
             0.0000    0.0002

displacement  0.4949    0.4745 -0.7056  1.0000
             0.0000    0.0000  0.0000
```

从上表中可以看出，price 与 mpg 的样本相关系数为 -0.47，两个变量是负相关的。对总体中 price 与 mpg 的相关系数假设检验的 p 值近似为 0。显然，p 值足够小。因此拒绝总体中 price 与 mpg 的相关系数等于 0 的原假设，即总体中 price 与 mpg 的相关系数显著异于 0，两者之间存在统计上显著的负相关关系。

注意，命令 correlate 与 pwcorrelate 在计算相关系数时对缺失值的处理方法存在差异，这是 correlate 与 pwcorrelate 的关键区别[①]。

7.1.2 秩相关系数

当两个变量不服从正态分布，或者两者之间的关系不是线性相关，或者两个变量是等级分类变量时，则需使用非参数方法计算变量之间的相关系数。常用的非参数相关系数是 Spearman 秩相关系数和 Kendall 秩相关系数，可分别用 spearman 和 ktau 两个命令实现。例如，在数据集 wage1.dta 中：

. spearman wage educ female, stats(rho p)
(obs=526)

```
           wage    educ   female

  wage   1.0000

  educ   0.4578  1.0000
         0.0000

female  -0.3829 -0.0954  1.0000
         0.0000  0.0286
```

上述命令添加了选项 stats(rho p)，则同时给出了样本相关系数及其对应的总体相关系数假设检验的 p 值。例如，wage 和 female 之间的 Spearman 秩相关系数为 -0.38，对 wage 和 female 之间的总体相关系数（以 ρ 表示）假设检验的 p 值近似为 0（$H_0: \rho = 0$；$H_1: \rho \neq 0$），两者之间的总体相关系数在统计上显著异于 0。因此，wage 和

[①] 参见 http://mystudenthq.com/what-is-the-difference-between-corr-and-pwcorr-in-stata/。

female之间存在统计上显著的负相关关系。

. ktau wage educ female, stats(taua taub p)

	wage	educ	female
wage	0.9867		
	1.0000		
educ	0.3055	0.8147	
	0.3407	1.0000	
	0.0000		
female	-0.2212	-0.0536	0.5001
	-0.3149	-0.0839	1.0000
	0.0000	0.0288	

值得注意的是，ktau命令可以同时给出两个相关系数taua和taub。当变量的秩存在打结的情况时，这两个相关系数存在差异。例如，wage和edu之间的Kendall秩相关系数taua为0.31，taub为0.34。对wage和edu之间的总体相关系数（以ρ表示）假设检验的p值近似为0（$H_0: \rho = 0$；$H_1: \rho \neq 0$），表明两者之间统计上存在显著的正相关关系。

7.2 回归分析

相关分析能够判断两个变量之间联系的紧密程度，但不能回答其中一个变量的变化将会引起另一个变量变化的程度。而回归分析能够判断一个或多个变量（解释变量）的变化所引起的另外一个变量（被解释变量）变化的程度。

回归本来是一种生物现象，由英国生物学家高尔顿（Francis Galton）在遗传学研究中首先提出。回归的本意是指对于一定身高的父母，子女的身高有朝向人类平均身高移动或回归的趋势。在计量经济学中，"回归"是关于一个被解释变量（因变量）对一个或多个解释变量（自变量）依存关系的研究。回归分析的目的根据已知的或固定的解释变量的值，去估计或预测被解释变量的总体均值。

7.2.1 回归分析的基本原理

一般来讲，回归分析包括建立回归模型、估计模型参数、检验模型与模型运用四个步骤。

（1）总体回归模型的建立

基于数据集wage1.dta的方差分析表明，美国男性工人和女性工人的小时工资统计上存在显著差异；相关系数的计算与检验表明，性别（female）与小时工资wage之间存在统计上显著的联系。如果不仅需要明确工人的性别是否显著影响小时工资，而且需要进一步明确女性的工资比男性的工资平均高（或低）多少，则仅仅通过方差分析或相关分析就不能达到目的。这就需要建立并估计美国工人的小时工资关于性别的总体回归模型。

设y和x是反映总体的两个变量（属性），已知x的变化将会导致y的变化。如工人性别（x）的变化会影响小时工资（y）。研究者需要研究y如何随x的变化而变化，或者x的变化能够在多大程度上解释y的变化。为此可建立如下总体回归模型：

$$y = f(x) + \mu \tag{7-1}$$

其中，y称为被解释变量，x称为解释变量。μ是随机扰动项，又称误差项，是影响被解释变量y的除了x以外的其他随机性因素。

在建立总体回归模型时，首先，确定被解释变量的全部直接影响因素即解释变量。这些影响因素可以分为显著恒常因素、显著偶然因素与非显著因素。显著恒常因素是指那些对所有总体单位在所有时点上都会产生显著影响的因素。显著恒常因素包含对被解释变量产生影响的，同时也是研究者需要考察的因素，必须能够被观测。非显著因素无法基于经验（观察）界定，无法纳入当前模型，只能通过某种技术方法加以控制，以减少或消除这些非显著因素对被解释变量的影响。对于显著的偶然因素，通过技术手段可以降低或消除其影响；其次，确定被解释变量与显著恒常因素之间的函数关系，即总体回归模型，并估计该总体回归模型。估计总体回归模型的过程，就是发现被解释变量与显著恒常性因素之间的关联关系的过程（李子奈，2008）。

在建立总体回归模型时，必须基于理论或观察深入分析被解释变量，明确被解释变量变化的规律及其全部显著恒常性影响因素。例如，假设（仅仅是假设！）工人小时工资（wage）仅有受教育程度（edu）一个影响因素，则可建立如下总体回归模型：

$$\text{wage} = \beta_0 + \beta_1 \text{edu} + \mu \tag{7-2}$$

其中，wage是工人小时工资；β_0是截距项，β_1是解释变量edu的总体回归系数。μ是随机扰动项，包含了所有影响wage的除了edu以外的因素。

在总体回归模型中，β_1度量了edu每增加1单位（年），wage变化的数量。

对于作为研究对象的同一个被解释变量，它和所有解释变量之间只能存在一个总体回归函数。或者说，对于一组被解释变量样本观测值，只能有一种客观的数据生成过程生成（李子奈，2010）。所以，对于被解释变量wage，只能有一个正确的总体回归模型[①]。

（2）总体回归模型参数的估计

研究者可以采用特定的方法估计总体回归模型。常见的估计方法有普通最小二乘法、最大似然法以及广义矩法等。对于线性回归模型，普通最小二乘法（Ordinary Least Squares，OLS）是运用最广泛的估计方法。设总体线性回归模型为：

$$y = \beta_0 + \beta_1 x + \mu \tag{7-3}$$

---

① 此处仅仅在假设工人小时工资的影响因素只有受教育程度一个影响因素的基础上建立上述模型。实际上，还存在影响工人小时工资的其他显著恒常性影响。因此，模型（7-2）并不是关于小时工资的合理总体回归模型。

其中，y 为被解释变量，x 为解释变量。μ 是随机扰动项，是影响被解释变量 y 的除了 x 以外的其他随机性因素。β_0 和 β_1 是总体回归模型的参数。β_0 和 β_1 是未知的，可以采用OLS基于样本数据加以估计。

设从一个服从模型（7-3）的总体中抽取容量为 n 的样本 $\{(y_i, x_i) : (i = 1, 2, \cdots, n)\}$，由此模型（7-3）的随机样本形式可以表达为：

$$y_i = \hat{\beta}_0 + \hat{\beta}_1 x_i + e_i \tag{7-4}$$

其中，e_i 是第 i 次观测的回归残差，包含了第 i 次观测中影响 y_i 的所有不可观测因素。

为了能够基于样本数据计算出 $\hat{\beta}_0$ 和 $\hat{\beta}_1$，必须对模型（7-3）做出一系列的假设。这些假设包括：

①零条件均值假定。给定解释变量的任何值 x_i，随机扰动项 μ_i 的期望值都为零。即：

$$E(\mu_i | x_i) = 0 \tag{7-5}$$

该假定意味着随机扰动项的均值为 0，即 $E(\mu) = 0$。

②同方差性。

给定解释变量的任何值 x_i，随机扰动项 μ_i 都具有相同的方差，即：

$$Var(\mu_i | x_i) = \sigma^2 \tag{7-6}$$

③无自相关假定，即随机扰动项 μ_i 互不相关，即：

$$Cov(\mu_i, \mu_j) = 0, \quad i \neq j \tag{7-7}$$

④随机扰动项 μ_i 与解释变量不相关，即：

$$Cov(\mu_i, x_i) = 0 \tag{7-8}$$

该假定意味着解释变量与随机扰动项之间的协方差为 0。根据协方差的性质，进一步可得 $E(\mu x) = 0$。

⑤正态性。随机扰动项 μ_i 服从均值为零和方差为 σ^2 的正态分布。即：

$$\mu \sim \text{Normal}(0, \sigma^2)$$

基于上述假设，便可运用OLS估计总体回归模型中未知的参数 β_0, β_1。根据方程（7-5）和方程（7-8）可得：

$$E(y - \beta_0 - \beta_1 x) = 0$$

$$E(x(y-\beta_0-\beta_1 x))=0$$

β_0 和 β_1 一般是未知的，需要通过样本数据获得两个未知数 β_0 和 β_1 的估计值 $\hat{\beta}_0$ 和 $\hat{\beta}_1$。通过抽样，研究者可以获得变量 x 和 y 的一个容量为 n 的样本 $\{(y_i, x_i):(i=1,2,\cdots,n)\}$。因此，采用样本观测值来表达上述两式，得：

$$\frac{1}{n}\sum_{i=1}^{n}\left(y_i-\hat{\beta}_0-\hat{\beta}_1 x_i\right)=0 \tag{7-9}$$

$$\frac{1}{n}\sum_{i=1}^{n}x_i\left(y_i-\hat{\beta}_0-\hat{\beta}_1 x_i\right)=0 \tag{7-10}$$

注意，上面两个式子左边的 $\frac{1}{n}$ 去掉后也成立。根据求和运算的性质，式（7-9）可以改写为：

$$\bar{y}=\hat{\beta}_0+\hat{\beta}_1\bar{x} \tag{7-11}$$

由此可得：

$$\hat{\beta}_0=\bar{y}-\hat{\beta}_1\bar{x} \tag{7-12}$$

将式（7-12）代入式（7-10），可得：

$$\sum_{i=1}^{n}x_i\left(y_i-\left(\bar{y}-\hat{\beta}_1\bar{x}\right)-\hat{\beta}_1 x_i\right)=0 \tag{7-13}$$

整理后便得到：

$$\sum_{i=1}^{n}x_i\left(y_i-\bar{y}\right)=\hat{\beta}_1\sum_{i=1}^{n}x_i\left(x_i-\bar{x}\right) \tag{7-14}$$

再根据求和运算的性质，可得：

$$\sum_{i=1}^{n}x_i(y_i-\bar{y})=\sum_{i=1}^{n}(x_i-\bar{x})(y_i-\bar{y}) \tag{7-15}$$

$$\sum_{i=1}^{n}x_i(x_i-\bar{x})=\sum_{i=1}^{n}(x_i-\bar{x})^2 \tag{7-16}$$

因此，可得 β_0 和 β_1 的估计值 $\hat{\beta}_0$ 和 $\hat{\beta}_1$：

$$\hat{\beta}_1=\frac{\sum_{i=1}^{n}(x_i-\bar{x})(y_i-\bar{y})}{\sum_{i=1}^{n}(x_i-\bar{x})^2} \tag{7-17}$$

$$\hat{\beta}_0 = \bar{y} - \hat{\beta}_1 \bar{x} \tag{7-18}$$

仔细观察计算 $\hat{\beta}_1$ 的表达式不难发现，$\hat{\beta}_1$ 是 x_i 和 y_i 的协方差与 x_i 的方差的比值。

由此可见，基于一个样本容量为 n 的样本 $\{(y_i, x_i):(i=1,2,\cdots,n)\}$，根据式（7-17）、式（7-18）可以获得总体回归模型参数 β_0 和 β_1 的估计值 $\hat{\beta}_0$ 和 $\hat{\beta}_1$。根据 $\hat{\beta}_0$ 和 $\hat{\beta}_1$，以及解释变量 x_i 的观测值，可以获得被解释变量 y_i 的估计值 $\hat{y}_i$，即：

$$\hat{y}_i = \hat{\beta}_0 + \hat{\beta}_1 x_i \tag{7-19}$$

从总体中可以多次抽取不同的样本，根据式（7-17）、式（7-18）得到不同的估计值 $\hat{\beta}_0$ 和 $\hat{\beta}_1$。因此，$\hat{\beta}_0$ 和 $\hat{\beta}_1$ 是一个关于样本的统计量。

根据假设⑤，误差项 μ 服从均值为零和方差为 σ^2 的正态分布。根据总体回归模型（7-3），y_i 也服从正态分布；可以证明，即使在小样本状态下，$\hat{\beta}_0$ 和 $\hat{\beta}_1$ 也服从正态分布。即：

$$\hat{\beta}_1 \sim N\left(\beta_1, \frac{\sigma^2}{\sum_{i=1}^{n}(x_i - \bar{x})^2}\right)$$

$$\hat{\beta}_0 \sim N\left(\beta_0, \frac{\sum_{i=1}^{n} x_i^2}{n \sum_{i=1}^{n}(x_i - \bar{x})^2}\right)$$

其中，σ^2 是随机扰动项 μ_i 的方差。一般而言，σ^2 是未知的，需要通过样本数据加以估计。可以证明，σ^2 的无偏估计量为：

$$\hat{\sigma}^2 = \frac{\sum_{i=1}^{n} e_i^2}{n-2}$$

其中，e_i 是第 i 次观测的回归残差。显然，当获知了 $\hat{\beta}_0$ 和 $\hat{\beta}_1$ 的统计分布，就可以对总体回归模型的参数 β_0 和 β_1 进行区间估计和假设检验。

（3）总体回归模型的假设检验

总体回归模型的检验包括模型整体显著性检验和总体回归参数检验两个方面。模型整体显著性检验是检验模型中各个解释变量的总体回归系数是否同时为0，以确定模型整体的显著性（即下节中讨论的拟合优度检验）；总体回归参数检验是为了判断模型中某个解释变量的回归系数是否为0，以确定该解释变量是否对被解释变量具有显著影响。例如，对于总体回归系数 β_1 做如下假设检验：

$$H_0: \beta_1 = 0$$

$$H_0: \beta_1 \neq 0$$

在一定的显著性水平,当假设 $H_0: \beta_1 = 0$ 被拒绝时,表明 β_1 在统计上不等于 0,解释变量 x 对被解释变量 y 具有显著影响,x 是引起 y 变化的原因;当无法拒绝假设 $H_0: \beta_1 = 0$ 时,表明 β_1 在统计上与 0 没有差异。这意味着解释变量 x 对被解释变量 y 没有显著影响,x 不是引起 y 变化的原因。当总体回归模型被正确设定时,检验总体回归模型中某个解释变量的系数在统计上是否为 0,对于判断变量之间是否存在显著的因果关系是至关重要的。

(4)模型运用

通过对总体回归模型的整体显著性检验和回归系数的显著性检验后,如果能够确定变量之间存在显著的因果关系,则可以基于该模型进行经济预测和政策评价。例如,当我们估计了工人小时工资(wage)关于受教育程度(edu)的总体回归模型后,则可以很容易预测具有特定教育水平的工人的平均工资水平。

7.2.2 数据分析实例 3——回归估计及其结果

假设工人小时工资(wage)仅有受教育程度(edu)和性别(female)两个影响因素,则可建立如下总体回归模型:

$$\text{wage}_i = \beta_0 + \beta_1 \text{edu}_i + \beta_2 \text{female}_i + \mu_i \tag{7-20}$$

其中,wage_i 是工人 i 的小时工资;β_0 是截距项,β_1 是解释变量 edu 的总体回归系数,β_2 是解释变量 female 的总体回归系数。μ_i 是随机扰动项,包含了所有影响工人小时工资的除了 edu 和 female 以外的因素。

根据总体回归模型以及样本数据的性质不同,可以采用不同的方法估计总体回归模型,得到总体回归系数的估计值。最小二乘法是估计总体回归模型的常用方法。基于数据集 wage1.dta,运用 Stata 提供的 reg 命令,可以对式(7-20)做最小二乘法估计。

```
. reg wage edu female
```

Source	SS	df	MS		Number of obs	=	526
					F(2, 523)	=	91.32
Model	1853.25304	2	926.626518		Prob > F	=	0.0000
Residual	5307.16125	523	10.1475359		R-squared	=	0.2588
					Adj R-squared	=	0.2560
Total	7160.41429	525	13.6388844		Root MSE	=	3.1855

wage	Coef.	Std. Err.	t	P>|t|	[95% Conf. Interval]	
educ	.5064521	.0503906	10.05	0.000	.4074592	.605445
female	-2.273362	.2790444	-8.15	0.000	-2.821547	-1.725176
_cons	.6228168	.6725334	0.93	0.355	-.698382	1.944016

在上述表中的回归结果分为两部分。表中的左上半部分给出了对被解释变量做方

差分析的结果。根据式（7-4）和式（7-19）可得：

$$y_i = \hat{\beta}_0 + \hat{\beta}_1 x_i + e_i = \hat{y}_i + e_i$$

上式两边同时减去$\bar{y}$，可得：

$$(y_i - \bar{y}) = (\hat{y}_i - \bar{y}) + e_i$$

而$e_i = y_i - \hat{y}_i$，可得：

$$(y_i - \bar{y}) = (\hat{y}_i - \bar{y}) + (y_i - \hat{y}_i)$$

将上式两边平方并对所有观测值加总，得到：

$$\sum_{i=1}^{n}(y_i - \bar{y})^2 = \sum_{i=1}^{n}(\hat{y}_i - \bar{y})^2 + \sum_{i=1}^{n}(y_i - \hat{y}_i)^2 \tag{7-21}$$

在上式中，被解释变量的样本观测值y_i与其平均值的离差平方和$\sum_{i=1}^{n}(y_i - \bar{y})^2$，描述了被解释变量的总变动，用$TSS$表示。

被解释变量的样本估计值$\hat{y}_i$与y的平均值的离差平方和$\sum_{i=1}^{n}(\hat{y}_i - \bar{y})^2$，是由回归模型中的解释变量导致的$y$的变动，称为解释平方和，用$ESS$表示。

被解释变量的观测值y_i与其估计值$\hat{y}_i$的离差平方和$\sum_{i=1}^{n}(y_i - \hat{y}_i)^2$，是由回归模型中的解释变量以外的因素导致$y$的变动，称为残差平方和，用$RSS$表示。

由此，式（7-21）可以写为：

$$TSS = ESS + RSS \tag{7-22}$$

表中的左上半部分的结果表明，样本中被解释变量的总变动（TSS）为7160.41，考虑其自由度（525）后对应的均方差为13.64；在总变动中，由解释变量带来的变动（ESS）为1853.25，考虑其自由度（2）后对应的均方差为926.63；由解释变量以外的因素带来的变动（RSS）为5307.16，考虑其自由度（523）后对应的均方差为10.15。

表中的右上半部分给出了回归估计的拟合优度检验结果。拟合优度检验是对模型整体显著性的检验，即对模型中的解释变量整体上是否能够解释因变量的一种检验。对总体回归模型式（7-20），如果$\beta_1 = 0$和$\beta_2 = 0$同时成立，则表明模型中的解释变量整体上对因变量没有解释能力。因此，为了能够检验模型中的解释变量对因变量是否具有解释能力，需要做出如下假设：

$$H_0: \beta_1 = 0 \text{和} \beta_2 = 0$$

$$H_1: \beta_1 \neq 0 \text{或} \beta_2 \neq 0$$

表中的右上半部分给出了 F 统计量的值为 91.32。这个 F 统计量是解释平方和（ESS）的均方差与残差平方和（RSS）的均方差之比。可以证明这个比值服从 F 分布。根据 F 统计量的概率分布和具体取值，可以计算出对应的 p 值（$P(F(2,523)>91.32)$）接近于为 0。因此，拒绝 $H_0:\beta_1=0$ 和 $\beta_2=0$ 的假设，即模型中的解释变量整体上能够解释因变量。

表中的右上半部分还给出的判定系数（R^2）是 0.2588。判定系数是衡量模型中解释变量能够在多大程度上解释因变量的指标。式（7-22）左右两边同时除以 TSS，则得到：

$$1=\frac{ESS}{TSS}+\frac{RSS}{TSS}$$

ESS/TSS 是回归模型中被解释变量的总变动中由解释变量的变动所解释的比例，RSS/TSS 是回归模型中被解释变量的总变动中不能由解释变量的变动所解释的比例。因此，ESS/TSS 被用作衡量样本回归方程对样本观测值拟合优劣程度的指标，称作判定系数，即：

$$R^2=\frac{ESS}{TSS}=1-\frac{RSS}{TSS}$$

判定系数 R^2 在 0 到 1 之间取值。判定系数越大，表明变量能够在更大程度上解释因变量，模型的拟合优度越好。但是，ESS 受到回归模型中解释变量个数的影响。解释变量的个数越多，ESS 越大。因此，解释变量越多的回归模型，其判定系数 R^2 也会变得更大。而调整后的判定系数（$\bar{R}^2$）就是消除了解释变量个数影响的判定系数。调整后的判定系数（$\bar{R}^2$）可以根据如下公式计算：

$$\bar{R}^2=1-\frac{n-k}{n-1}(1-R^2)$$

其中，n 是观测值个数，k 为解释变量的个数。在上表中，调整后的判定系数 $\bar{R}^2$ 为 0.2560。

上表中的下半部分给出回归模型（7-20）中的参数 β_0,β_1,β_2 的估计值（coef.）以及用于估计 β_0,β_1,β_2 的估计量的标准误（Std. Err.）。例如，β_1 的估计值为 0.51，用于估计 β_1 的统计量的标准误为 0.05。此外，回归结果还给出了分别对参数 β_0,β_1,β_2 是否与 0 存在显著差异进行假设检验的 t 值和 p 值。例如，对 β_1 做假设检验，原假设和备择假设分别为：

$$H_0:\beta_1=0$$

$$H_0:\beta_1\neq 0$$

在表中，对 β_1 做假设检验的 p 值接近于 0，t 值为 10.05。因此，拒绝 $\beta_1=0$ 的原假设，即总体回归系数 β_1 与 0 存在显著差异。这表明受教育程度（edu）对工人小时工资在统计上存在显著影响，受教育程度（edu）是工人小时工资变化的原因。由于 β_1 的估计值为 0.51，在其他因素不变的情况下，工人受教育程度每增加一年，工人的小时工资平均增加0.51美元。

同样，从表中可以看出，β_2的估计值为-2.27，β_2的显著性检验的t值为-8.15，p值接近于0，故拒绝$\beta_2=0$的原假设，即总体回归系数β_2与0存在显著差异。这表明性别（female）对工人小时工资在统计上存在显著影响，性别（female）也是工人小时工资变化的原因。当被观测的工人是女性时变量female取值为1，男性时取值为0。故β_2的估计值-2.27的经济含义是，在其他因素不变的情况下，女性的小时工资水平较男性低2.27元。

上表中的下半部分还给出了参数β_0,β_1,β_2的置信区间。例如，β_1的95%置信区间为[0.41,0.61]。

7.3 回归估计结果的格式化输出

Stata回归命令regress输出的内容较多。Stata的估计命令输出结果的数据排列方式可能不是用户所需要的方式，一般不能直接用于论文或分析报告。在学术论文或分析报告中往往只需要报告回归命令输出的部分关键信息即可。此外，学术论文中往往会做多个回归，需要将这些回归结果中所需要的信息按照规范的格式呈现出来。Stata提供了多个能够实现回归估计结果格式化输出的命令。

7.3.1 estimates命令与回归估计结果的保存和输出

在运行reg、logistic等估计命令之后，可以使用estimates命令保存估计的结果。estimates命令主要的功能有两个方面，第一，以文件的形式保存估计命令的结果，以备需要时加载使用；第二，在当前内存中保存估计命令的结果，以便随时查看估计结果，也可以将估计结果按照需要的格式输出。estimates命令的第二个功能一般与estout命名配合使用。estimates命令具有复杂的功能，以下仅做部分阐述。

（1）以文件的形式保存估计命令的结果

以文件的形式保存估计命令的结果到存储器（硬盘）中，需用到estimates save命令。具体语法格式如下：

    estimates save filename [, append replace]

例如：

    . sysuse auto
    . regress mpg weight displ foreign
    . estimates save basemodel
    file basemodel.ster saved

上述最后一条命令将最近的regress命令估计结果保存在默认路径下一个扩展名

为 .ster 的文件，即 basemodel.ster 中。随后，当需要使用上述回归模型的估计结果时，利用命令 estimates use 可将估计结果加载到当前内存中，以备进一步查看或使用。例如：

. clear results

. estimates use basemodel

. regress

（输出结果略）

. test (foreign==0) (displacement==0)

（输出结果略）

命令 clear results 清除了当前内存中的估计命令等的结果，故当前内存中的所有估计结果均不存在。命令 estimates use basemodel 将文件 basemodel.ster 加载到当前内存中。命令 regress 查看当前内存中的回归估计结果。随后，运行 test 命令对变量 foreign==0 和 displacement 的总体回归系数是否同时为 0 做假设检验。

（2）在当前内存中保存估计命令的结果

回归估计结果可以保存到当前内存中。基本语法格式是：

estimates store name [, nocopy]

例如：

. regress price weight mpg

（输出结果略）

. estimates store m1, title(Model 1)

将当前回归模型命名为 m1，模型标题为 Model 1。此时，当前内存里保存模型 m1 的估计结果。

. regress price weight mpg foreign rep78

（输出结果略）

. estimates store m2, title(Model 2)

将当前回归模型命名为 m2，模型标题为 Model 2。此时，当前内存里保存模型 m2 的估计结果。

利用命令 estimates dir 可以显示当前内存中保存的回归模型。例如：

. estimates dir

name	command	depvar	npar	title
m1	regress	price	3	*Model 1*
m2	regress	price	5	*Model 2*

还可以用命令 estimates query 查看当前内存中保存的活跃的回归模型。例如：

. estimates query

(active results produced by regress; also stored as m2)

由此可知模型 m2 是当前被激活的模型，可以立即查看或使用该模型。

当需要检查或使用之前估计并保存在当前内存中的模型时，可以利用命令 estimates restore 激活该模型。例如：

. estimates restore m1

(results m1 are active now)

模型 m1 的估计结果被激活，而模型 m2 成为内存中未被激活的模型。此时可用 regress 或 ereturn list 查看或检查当前内存中保存的估计结果：

. regress

（估计结果略）

还可以删除当前保存中的估计模型。例如：

. estimates drop m1

上述命令删除当前内存中保存的 m1 模型的信息。

也可以清除当前内存保存的所有估计模型

. estimates clear

（3）运用 estimates 命令的格式化输出

利用 estimates table 命令可以将各个模型的估计结果以表格形式输出，用于研究论文或报告。例如：

. estimates table m1 m2, b(%8.4f) p(%7.2f) stats(N ll chi2 aic)

Variable	m1	m2
weight	1.7466	3.5652
	0.01	0
mpg	-49.5122	27.3237
	0.57	0.73
foreign		3.50E+03
		0
rep78		121.1322
		0.72
_cons	1.90E+03	-6.70E+03
	0.59	0.06
N	74	69
ll	-6.80E+02	-6.20E+02
aic	1.40E+03	1.30E+03

上述命令以表格形式输出了模型 m1、m2 的估计系数、对系数假设检验的 p 值等结果。当然，利用 estimates table 输出估计结果时，可以通过设定选项 se、t 和 p，指定输

出回归系数的标准差、t值和p值。具体见[R] estimates table。

总体而言，estimates table输出的估计结果相对较为简单。当需要输出规范且复杂的展现估计结果的表格时，需要用到estout命令或estab命令。

7.3.2 运用estout命令实现格式化输出

estout命令可将当前内存中保存的模型估计结果实现格式化输出，并可以将输出结果转换成Excel文件、txt文件或其他文件，方便用于论文或分析报告。

estout命令具有非常复杂的功能，可以根据使用者的要求生成各种格式化输出结果。本节仅介绍estout命令常见的用法。

（1）输出简单结果，并形成文本文件

在使用estout命令输出回归估计结果之前，必须用estimates store将回归结果保存在当前内存中。前面已经使用该命令保存了两个回归模型的估计结果，模型名分别为m1和m2。在此基础上就可以利用estout命令输出格式化的估计结果。例如：

. estout m1 m2 using example1.txt,replace

(output written to example1.txt)

. type example1.txt

上述命令将保存的模型输出到文本文件example.txt中。用windows的文本编辑器打开example1.txt文件，可得如下内容：

```
        m1          m2
        b           b
weight  1.746559    3.565247
mpg     -49.51222   27.32371
foreign             3520.324
rep78               121.1322
_cons   1946.069    -6729.56
```

上述结果看起来有些杂乱。这是因为estout在生成文本文件时是以tab作为分隔符，而windows的文本编辑器无法正确显示以tab作为分隔符的文本文件。然而，当以Excel打开example1.txt后，可以得到相对规整的结果：

	m1	m2
	b	b
weight	1.746559	3.565247
mpg	-49.5122	27.32371
foreign		3520.324
rep78		121.1322
_cons	1946.069	-6729.56

可见，上表给出了两个模型的解释变量的系数估计值。每个模型的系数估计值各占一列显示，这正是一般论文或研究报告中回归估计结果的展示方式。

然而，很多时候，研究者不但需要展示系数估计值，还需要展示系数估计值的标准差、或者 t 值、或者显著性检验的 p 值。在这种情况下，可以在 estout 命令添加选项 cells() 实现目的。

（2）设置输出文件的格式（style）

当利用命令 estout 将估计结果格式化输出到屏幕时，采用的是 SMCL 显示格式。将格式化输出到文件时，其 style() 选项可以设置输出文件的格式。style() 的选项 tab 和 fixed 用于设置输出文本文件的具体格式分隔符为 tab 键和空格，而选项 tex 设置输出文件为 Latex 文件，选项 html 可以设置输出文件为 html 类型。例如：

. estout m1 m2 using example2.txt, style(tex) replace

(output written to example2.txt)

. type example2.txt

	&	m1&	m2\\
	&	b&	b\\
weight	&	1.746559&	3.565247\\
mpg	&	-49.51222&	27.32371\\
foreign	&	&	3520.324\\
rep78	&	&	121.1322\\
_cons	&	1946.069&	-6729.56\\

（3）estout 命令设置输出统计量的估计值

回归估计命令可以返回估计系数向量 e(b) 和和方差-协方差矩阵 e(V)。这些估计结果可以通过 estout 命令的 cells() 选项实现格式化输出。具体来说，估计结果中的系数估计值、t 值、标准差 se、显著性检验 p 值、系数的置信区间 ci（ci_l 和 ci_u）都可以通过 cells() 选项添加到格式化输出结果中。例如：

. estout m1 m2 using example3.txt, cells(b t)

(output written to example3.txt)

在 cells() 选项中，我们加上了 b 和 t 两个参数，则可以输出系数估计值及其 t 值，并且 t 值位于系数估计值 b 的下方。用 Excel 打开可见输出文件 example3.txt 的内容：

	m1	m2
	b/t	b/t
weight	1.746559	3.565247
	2.723238	5.415858
mpg	-49.5122	27.32371
	-0.57468	0.352393

foreign		3520.324
		4.106205
rep78		121.1322
		0.362256
_cons	1946.069	-6729.56
	0.541018	-1.95013

如果需要在系数估计值的下方输出其标准差 se（或显著性检验 p 值），则可将 cells() 中的选项 t 换为 se（或 p）。例如：

. estout m1 m2 using example4.txt, cells(b se)

(output written to example4.txt)

也可以同时在估计系数的下方输出其标准差 se、t 和 p 值。例如：

. estout m1 m2 using example5.txt, cells(b t se p)

(output written to example5.txt)

上面的输出结果中，选项 cells(b t se p) 中模型的各个统计量均在一列中输出。可以稍加修改，实现将模型的各个统计量均在一行中输出。例如：

. estout m1 using example6.txt, cells("b t se p")

用 Excel 打开可见输出文件 example3.txt 的内容：

	m1			
	b	t	se	p
weight	1.746559	2.723238	0.641354	0.00813
mpg	-49.5122	-0.57468	86.15604	0.567324
foreign				
rep78				
_cons	1946.069	0.541018	3597.05	0.590189

可见，只需将选项 cells 中的各个参数加上引号（"b t se p"），则引号内的各个参数的值在一行内输出。

（4）设置估计结果中其他数据的输出

回归估计命令也返回多个标量。例如，e(N)、e(r2_a) 和 e(F) 等等。estout 命令的选项 stats() 可以格式化输出这些估计结果。例如：

. estout m1 m2 using example7.txt, cells(b t) stats(r2_a aic N, labels("R-squared" "aic" "Obs N"))

(output written to example7.txt)

用 Excel 打开可见输出文件 example7.txt 的内容：

	m1	m2
	b/t	b/t
weight	1.746559	3.565247
	2.723238	5.415858
mpg	-49.51222	27.32371
	-0.5746808	0.3523931
foreign		3520.324
		4.106205
rep78		121.1322
		0.3622562
_cons	1946.069	-6729.56
	0.541018	-1.950125
R-squared	0.2734846	0.4657339
aic	1371.727	1258.161
Obs N	74	69

在上面的estout命令中增加了stats()选项，用以输出回归估计的调整R^2、aic和观测值个数N三个回归结果中的标量，并且用选项labels()设置了这三个标量的显示标签分别为"R-squared""aic"和"Obs N"。

（5）设置输出数据的显示格式

当需要设置各个估计结果的数据格式时，则可以对估计结果使用选项fmt()。当需要在输出数据右侧做显著性标记符号（如"*""**"和"***"），则可以增加star选项。例如：

. estout m1 m2 using example8.txt, cells(b(star fmt(%9.2f)) t(par fmt(%9.2f))) stats(r2_a aic N, fmt(%4.2f %9.2f %9.0f) labels("R-squared" "aic" "Obs N"))

(output written to example8.txt)

用Excel打开可见输出文件example8.txt的内容：

	m1	m2
	b/t	b/t
weight	1.75**	3.57***
	(-2.72)	(-5.42)
mpg	-49.51	27.32
	(-0.57)	(-0.35)

foreign		3520.32***
		(-4.11)
rep78		121.13
		(-0.36)
_cons	1946.07	-6729.56
	(-0.54)	(-1.95)
R-squared	0.27	0.47
aic	1371.73	1258.16
Obs N	74	69

在上面的命令中，对于 b 和 t，使用 fmt() 选项设置了系数估计值和 t 值的输出格式（保留两位小数点）；并且，对于系数估计值增加了选项 star，设置表示系数显著性水平的星号（"*"）。

注意，如果需要某个输出结果放在括号中，且使 Excel 也能够识别这个括号时，则只需使用选项 par('"="('"'")'"') 选项即可。例如：

. estout m1 m2 using example9.txt, cells(b(star fmt(%9.4f)) t(par('"="('"'")'"') fmt(%9.2f))) stats(r2_a aic N, fmt(%9.2f %9.2g %9.0g) labels("R-squared" "aic" "Obs N"))

(output written to example9.txt)

用 Excel 打开可见输出文件 example9.txt 的内容：

	m1	m2
	b/t	b/t
weight	1.75**	3.57***
	(2.72)	(5.42)
mpg	-49.51	27.32
	(-0.57)	(0.35)
foreign		3520.32***
		(4.11)
rep78		121.13
		(0.36)
_cons	1946.07	-6729.56
	(0.54)	(-1.95)
R-squared	0.27	0.47
aic	1372	1258
Obs N	74	69

第8章 聚类分析

8.1 类、聚类与距离

8.1.1 聚类的基本含义

（1）个体属性

总体是由多个具有不同属性或特征的个体单位组成。例如，商业银行有数量巨大的储蓄客户，每个储蓄客户具有多方面的属性或特征，如年龄、性别、账户余额、职业、年收入、交易频率以及平均交易金额等；财产保险公司也有很多来自不同行业、不同地区的企业客户，每个企业客户具有员工人数、年销售收入、固定资产总额等属性；电商平台拥有大量的经营商户，这些商户具有订单数量、销售收入、纳税数额等属性。不同个体的属性或特征的取值是变化的，因此属性或特征也称为变量。在数据分析中，特征、属性和变量的含义相同，可以互换使用。在本书中，将不加区分地使用特征、属性和变量三个术语。

个体属性的类型分为四种：定类属性、定序属性、定距属性和定比属性。每种属性各具有自己的特点，适用于不同的数据分析方法。

①定类属性（Norminal attribute）。

定类属性的值是某种符号或事物的名称，代表个体的某种类别或状态。如企业所属行业这个属性的取值可以是"农业""制造业"和"服务业"等。根据定类属性的值可以对个体进行分类。但是，定类属性的值不能区分大小顺序，因此定类属性的值不能用于排序。定类属性的值也可以用数字来表示，如用企业的行业属性可以用1表示农业，2表示制造业，3表示服务业。但是，即使定类属性的值是用数字表示，对定类属性的值进行数学运算和排序也是没有意义的。

②定序属性（Ordinal attribute）。

按照某种逻辑顺序能够明确个体之间等级大小、高低、先后的属性就是定序属性。基于定序属性可以将个体区分为强度、程度或等级不同的类别。定序属性不仅能把不同个体划分为不同类别，还能反映个体之间存在的顺序上的差异。例如受教育程度这个属性的取值可以是"文盲""小学""初中""高中""本科""研究生"等，这些取值是具有大小顺序的；同样，顾客满意度这个属性可以分成"1-不满意""2-不太满意""3-一般""4-满意""5-很满意"等不同水平。定序属性的取值可以用数字表达。无论定序属性是否使用数字表达，定序属性的取值都具有大小含义，因此是可以排序的。

定序属性的取值虽然可以排序，但是定序属性取值的差异不能用于反映个体差异的程度。因此，定序属性无法进行加和减的数学运算。例如，对于受教育程度这个属性，就无法计算出"高中"和"初中"之间"差距"。

③定距属性（Interval attribute）。

定距属性的值可以用于对个体进行分类。比如，温度就是一种定距属性。研究者可以根据温度对个体进行分类，也可以根据个体的温度取值大小进行比较和排序。与定序属性不同的是，定距属性能够进一步比较个体之间大小、高低等具体差异。比如两杯水的温度分别为20℃和25℃，则两杯水之间存在5℃的温度差异。

定距属性可以取值为0，但是这个"0"不具有数学中的"0"的含义，不意味着"无"，而是某种人为设定的值。例如，温度这个定距属性可以取值为0℃，但是温度为0℃并不代表没有温度。正因为如此，定距属性的取值可以进行加减运算，但不能进行乘法和除法运算。例如，体温40℃与20℃之间相差20℃，却不能说40℃比20℃热一倍。

④定比属性。

定比属性是一种能够测量个体之间比例、倍数关系的属性。基于定比属性能够对个体进行比较和排序，也能计算个体之间在属性上的差异大小。例如收入、身高、面积等都是定比属性。如A的收入为10000元，B的收入为12000元，B的收入比A高2000元。与定距属性不同的是，定比属性取值为0时，这个0值具有实在意义。这是定比属性与定距属性相比最大的特点。例如，A的收入取值为0，这个取值0是有实际意义的，表示A没有收入。

（2）聚类的含义

总体内各个个体单位一般存在差异。有些个体之间相似度较高，而有些个体之间却差异很大。有的时候研究者需要明确样本内个体的自然分组状况，然后归纳出每个类别的共性特点并采取针对性的措施。比如，商业银行可以将储蓄客户分为高端客户、普通客户和低端客户等不同类别，然后针对每类客户推出有针对性的理财产品，更好地为客户服务并提高商业银行的收入。

聚类(clustering)就是根据个体之间属性的相似程度（或相异程度）将个体分为若干类别的一种无监督数据挖掘方法。类可以看作是由那些属性相似程度较高的个体构成的集合。例如，商业银行的客户有年收入和账户余额两个属性。商业银行可以将年收入较低、账户余额较小的客户归为低端客户，而将年收入较高、账户余额较大的客户归为高端客户。在聚类分析过程中形成的类包含的个体数量是存在差异。在开始聚类时，每个个体都可以视作一个类；随着聚类的进行，新生成的类可能包含数量更多的个体。值得注意的是，聚类分析最后形成的类的数量不但取决于研究者对样本内个体的构成与分布的理解，还取决于研究目的。因此，聚类分析需要根据研究目的，在观察总体（样本）构成的基础上，采用合适的具体方法才能够达到较好的分类结果。

聚类和分类是不同的统计方法。分类（classification）是在已经获得了类别标记信息基础上将不同个体划归为特定的已知类的有监督的数据挖掘方法。而聚类是在不知道类别信息的条件下，根据个体之间属性的相似程度（或相异程度）对个体进行分类的一种无监督数据挖掘方法。

聚类是基于个体（或类）之间的相似程度或相异程度来决定是否将不同的个体（或类）聚合为一个更大的类。个体（或类）之间的相似程度或相异程度主要采用距离和相似系数来度量。

8.1.2 距离与相似度的度量

（1）个体之间距离的度量

前已说明，聚类就是根据个体之间的距离或相异程度将个体分为若干类别或组的统计过程。因此，对个体之间相似程度的度量是聚类分析的基础。采用不同方法度量个体之间的相似程度会显著影响聚类结果。

在统计上一般基于个体属性计算的距离或相似系数度量个体之间的相似程度（或相异程度）。当个体之间的距离较近时，个体之间相似程度较高；当个体之间的距离较远时，个体之间相似程度较低。

设个体具有 p 个属性，则每个个体可以用 p 个属性加以描述。对于一个具有 p 个属性的个体 i，可以用一个 p 维向量 $\boldsymbol{x}_i = (x_{i1}, x_{i2}, \cdots, x_{ip})$ 描述。其中，x_{i1}, x_{i2}, $\cdots$, x_{ip} 分别是描述个体 i 的各个属性的观测值。个体 i 和个体 j 之间的距离可以采用不同的方法加以度量。一般来说，研究者必须根据度量个体的属性特点选择不同的方法计算距离或相似系数。对于只有定距属性或定比属性的个体之间的距离，可以计算明氏距离、马氏距离、兰氏距离等；对于只有定类属性和定序属性的个体之间的距离，则可以采用 Jaccard 相似系数、Russell 相似系数等度量距离。

①明氏距离（Minkowski distance）。

$$d(\boldsymbol{x}_i, \boldsymbol{x}_j) = \left(\sum_{k=1}^{p} |x_{ik} - x_{jk}|^q \right)^{1/q}$$

上式中，q 的取值不同，形成了不同的计算距离的方法。

当 q 取值为 1 时，$d(\boldsymbol{x}_i, \boldsymbol{x}_j)$ 就是常见的曼哈顿（Manhattan）距离。

当 q 取值为 2 时，$d(\boldsymbol{x}_i, \boldsymbol{x}_j)$ 就是欧氏（Euclidean）距离。欧氏距离是常用的距离。但是，欧氏距离有两个缺陷：第一，欧氏距离对各种属性等同对待，没有考虑到在描述个体时个体属性的重要性差异；第二，欧氏距离受属性的量纲的影响。当不同属性的量纲差异较大时，欧氏距离不一定能够很好反映个体之间的相似程度。

当 q 趋近于无穷大时，$d(\boldsymbol{x}_i, \boldsymbol{x}_j)$ 就是切比雪夫（Chebyshev）距离。

②马氏距离。

设 x_i 和 x_j 分别是来自均值向量为 μ，协方差为 Σ 的总体中的具有 p 个属性的两个个体，则两个个体之间的马氏距离为：

$$d_{ij} = (x_i - x_j)' \Sigma^{-1} (x_i - x_j)$$

马氏距离又称为广义欧氏距离。马氏距离与欧式距离的最大区别是马氏距离在计算时考虑了属性之间的相关性。如果各属性之间相互独立，则属性之间的协方差矩阵是对角矩阵，则马氏距离退化为用各个属性的标准差的倒数作为权重计算的加权欧氏距离；如果各属性之间相互独立，且各属性的标准差为1，则马氏距离就退化为欧氏距离。马氏距离的第二个特点是不受属性的量纲影响。

③兰氏距离。

$$d_{ij} = \frac{1}{p} \sum_{k=1}^{p} \frac{|x_{ik} - x_{jk}|}{x_{ik} - x_{jk}}$$

兰氏距离是一个基于自身标准化的量，因此克服了属性量纲的影响。兰氏距离适合于计算属性取值分布高度偏倚的个体之间的距离。当然，兰氏距离克服了明氏距离的缺陷，但是没有考虑各属性之间的相关性。

（2）相似系数

①余弦相似度。

将 x_i 和 x_j 视作 p 维空间中的两个向量，则可以用这两个向量之间夹角的余弦值来度量两个向量之间的相似度，称为余弦相似系数：

$$\cos \theta_{ij} = \frac{\sum_{k=1}^{p} x_{ik} x_{jk}}{\sqrt{\left(\sum_{k=1}^{p} x_{ik}^2\right)\left(\sum_{k=1}^{p} x_{jk}^2\right)}}$$

余弦相似系数的取值范围为[-1，1]。余弦相似系数越接近1，就表明两个向量之间的夹角越接近0度，两个向量越相似；余弦相似系数等于0，即两个向量正交，不具有相似性；余弦相似系数为-1，两个向量的方向相反。

②相关系数。

对于两个 p 维向量 x_i 和 x_j，其相似系数 r_{ij} 可采用下式计算：

$$r_{ij} = \frac{\sum_{k=1}^{p} (x_{ik} - \bar{x}_i)(x_{jk} - \bar{x}_j)}{\sqrt{\sum_{k=1}^{p} (x_{ik} - \bar{x}_i)^2 \sum_{k=1}^{p} (x_{jk} - \bar{x}_j)^2}}$$

其中，r_{ij} 的取值范围为[-1，1]。向量 x_i 和 x_j 之间的相关系数大于0，表示两个向量之间正相关；向量 x_i 和 x_j 之间的相关系数为0，表示两个向量之间不存在线性相关；

向量 x_i 和 x_j 之间的相关系数小于0，表示两个向量之间负相关。

8.2 聚类方法

8.2.1 层次聚类法

层次聚类法，也称系统聚类法，是最经典和常用的聚类方法之一。层次聚类法需要度量个体之间的距离或相异程度 (dissimilarity) 和类与类之间的联接程度 (linkage)。层次聚类法包括聚合分层方法 (agglomerative hierarchical method) 和分割层次聚类法 (divisive hierarchical method) 两种。本书主要介绍聚合分层方法。关于分割层次聚类法可参见Everitt等 (2011)。

（1）聚合分层方法的原理

聚合分类法是一种自下而上的聚类方法。首先，在计算个体之间距离的基础上，将距离最近的个体聚合为子类；其次，计算各子类之间的距离，将距离最近的子类聚合为更大的子类，直到将所有个体聚合为一个类别。子类之间距离又称类间连接度（linkage）。聚合分层法的算法如下。

step1. 输入所有个体单位观测向量，计算两两个体之间的距离，形成距离矩阵 $D = \{d_{ij}\}$。

step2. 从距离矩阵 D 中搜寻距离最短（最相似）的两个子类（最初每个个体视作一个子类），记距离最短的两个子类为U和V，相互之间的距离为 d_{UV}。

step3. 合并子类U和V，生成的新类标注为（UV），并更新矩阵 D。首先，删除原来U和V在矩阵 D 中所对应的列；其次，计算新类（UV）和其余类之间的距离并形成一行和一列，加入到距离矩阵 D 中。

step4. 重复step2和step3，直至所有子类合并为一个类或者满足停止条件。

（2）类间连接度的计算方法

在聚合法聚类过程中，需要计算子类之间的距离。子类之间的距离又称类间连接度。类间连接度的计算方法不同将会直接决定最终的聚类结果，形成了不同的具体聚合聚类方法。

①最小距离法（single linkage）。

最小距离法首先逐一计算一个子类的所有 n_1 个个体与另一个子类所有 n_2 个个体之间的距离，共有 $n_1 \times n_2$ 个距离。这些距离中的最小距离即作为两个子类之间的距离。下图中有两个子类。第一个子类有1、2两个个体，第二个子类中有3、4、5三个个体。两个子类中个体之间共有6个距离，最短的距离是个体2和个体4之间的距离。这个距离就是最小距离法下的两个子类之间的距离。

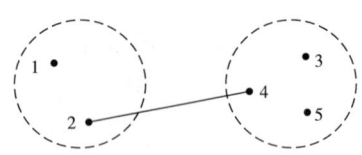

②最大距离法(complete linkage)。

最大距离法首先逐一计算一个子类的所有n_1个个体与另一个子类所有n_2个个体之间的距离,共有$n_1 \times n_2$个距离。这些距离中的最大距离即作为两个子类之间的距离。下图中个体1和个体5即是最大距离法下两个子类之间距离。

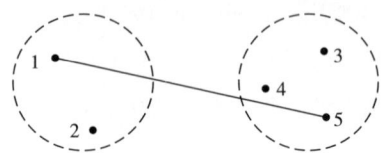

③平均距离法(average linkage)。

平均距离法首先逐一计算一个子类的所有n_1个个体与另一个子类所有n_2个个体之间的距离,共有$n_1 \times n_2$个距离。这些距离的平均距离即作为两个子类之间的距离。

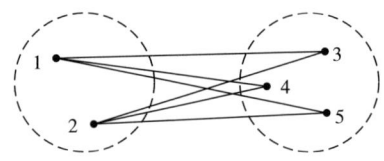

④重心法(centroid linkage)。

重心法首先计算每个子类对应的均值子类。所谓均值子类反映一个子类中所有个体平均水平的子类,是一个子类的重心。在此基础上再采用特定的距离方法计算两个子类之间的距离。

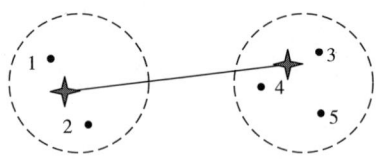

⑤瓦尔德方法(ward method)。

这种方法分别计算每个子类$I(J)$内所有个体与所属子类的重心之间离差的平方和,分别记为W_I和W_J;然后将子类I和J的所有个体合并为一个子类M,计算子类M的重心;在此基础上计算M内所有个体与子类M的重心的离差平方和(W_M);最后定义类I和J之间的平方距离为:

$$D(I,J) = W_M - W_I - W_J$$

瓦尔德方法使得两个大的类倾向于有较大的距离,因而不易合并;相反,两个小的类却因倾向于有较小的距离而易于合并。这往往符合对聚类的实际要求。

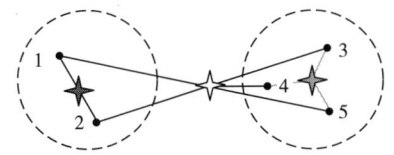

这里需要说明的是，在计算类间连接度之前都需要计算个体之间的距离（相异度）。在聚类分析中，类间连接度的计算方法必须与个体相异度的计算方法有恰当的匹配。基于重心法、中位数法、瓦尔德方法和平均距离法计算类间连接度，个体相异度的计算方法建议应该使用欧氏距离（Kaufman和Rousseeuw，1990；Everitt et al.，2011；Gordon，1999）。Stata建议，当不清楚究竟应该采用何种距离时，最好采用Stata默认的个体相异度计算方法。

（3）聚合分层聚类法的聚类示例[①]

样本内现有5个样本个体，每个个体具有4个属性。这5个个体之间的距离矩阵如下：

$$D = \{d_{ij}\} = \begin{matrix} & 1 & 2 & 3 & 4 & 5 \\ 1 \\ 2 \\ 3 \\ 4 \\ 5 \end{matrix} \begin{pmatrix} 0 & & & & \\ 9 & 0 & & & \\ 3 & 7 & 0 & & \\ 6 & 5 & 9 & 0 & \\ 11 & 10 & 2 & 8 & 0 \end{pmatrix}$$

开始时将每个个体视为一个类，找到距离最近的两个类。由于：

$$D = \min(d_{ik}) = d_{53} = 2$$

故将个体5和个体3合并，形成新类记为（35）。选用一种类间距离计算的方法，计算新类（35）与剩余的子类（个体）1、2、4之间距离。以采用最短距离法为例，新类（35）与剩余的子类（个体）1、2、4之间距离分别为：

$$d_{(35)1} = \min\{d_{31}, d_{51}\} = \min\{3, 11\} = 3$$

$$d_{(35)2} = \min\{d_{32}, d_{52}\} = \min\{7, 10\} = 7$$

$$d_{(35)4} = \min\{d_{34}, d_{54}\} = \min\{9, 8\} = 8$$

将D中对应于个体3、5的行和个体3、5的列删除，并将子类（35）与剩余子类（个体）的距离的行和列加入，得到新距离矩阵：

$$D = \begin{matrix} & (35) & 1 & 2 & 4 \\ (35) \\ 1 \\ 2 \\ 4 \end{matrix} \begin{pmatrix} 0 & & & \\ 3 & 0 & & \\ 7 & 9 & 0 & \\ 8 & 6 & 5 & 0 \end{pmatrix}$$

---

① 该例子来自Johnson等（2008）。

在上述矩阵中，各子类之间的最小距离为 $d_{(35)1}$，于是将子类（35）和个体1合并，得到子类（135）。选用与上一步骤相同的类间距离计算的方法，计算子类（135）与剩余个体2和4之间的距离：

$$d_{(135)2} = \min\{d_{(35)2}, d_{12}\} = \min\{7,9\} = 7$$

$$d_{(135)4} = \min\{d_{(35)4}, d_{14}\} = \min\{8,6\} = 6$$

由此可以再一次更新矩阵 D。得到：

$$D = \begin{matrix}(135)\\2\\4\end{matrix}\begin{pmatrix}(135) & 2 & 4\\ 0 & & \\ 7 & 0 & \\ 6 & 5 & 0\end{pmatrix}$$

上述矩阵中，子类之间的最近距离为 $d_{42}=5$，于是将个体4和个体（2）合并得到子类（24）。选用与上一步骤相同的类间距离计算的方法，计算新类（24）与类（135）之间的距离。

$$d_{(135)(24)} = \min\{d_{(135)2}, d_{(135)4}\} = \min\{7,6\} = 6$$

最终距离矩阵变为：

$$D = \begin{matrix}(135)\\(24)\end{matrix}\begin{pmatrix}(135) & (24)\\ 0 & \\ 6 & \end{pmatrix}$$

于是，合并子类（24）与子类（135），形成一个包含全部个体的子类（12345），聚类过程结束。

上述聚类过程可以通过树状图(dendrogram)展示出来。树状图的水平方向依次陈列各个个体，树状图的高度为类与类之间（或个体与个体之间）合并时的距离。研究者可以选择在合适的高度上对树进行水平切割得到聚类结果。

系统聚类方法需要研究者事先确定类间距离的度量方法。采用不同的类间距离度量方法得到的聚类结果往往存在较大差异。

系统聚类方法需要研究者自行决定类的数目。如果选择较多的聚类数目，则在树状图较低的位置做水平切割；如果选择较少的聚类数目，则在树状图较高的位置做水平切割。

系统聚类方法运算量较大，规模较大的数据将需要更多的计算时间。

（4）聚合分层方法的Stata实现

Stata的cluster和clustermat命令提供了强大而全面的聚合分层聚类分析功能。cluster可以采用不同类间连接方法，基于不同的距离计算方法直接进行聚类分析；而

clustermat命令是在已知距离矩阵基础上，采用不同类间连接方法进行聚类分析。在cluster和clustermat命令之后，还可以使用cluster dendrogram绘制树状图清晰呈现聚类结果。此外，cluster stop可用于决定聚类数目，cluster generate可以基于聚类结果生成类别标识变量。下面分别通过例子阐述cluster命令的使用方法。

Stata提供了对50个植物样本的四种物质含量的化学测量结果的数据集，这些测量是由不同的实验师完成的。研究者希望通过从植物的提取物中发现能够用于开发新产品的物质。植物的四种物质含量测量结果分别保存在变量$x1$、$x2$、$x3$和$x4$中。在正式对测量结果数据做进一步研究之前，研究者对测量数据做聚类分析，以判断测量过程是否存在异常。

```
. use https://www.stata-press.com/data/r16/labtech
. cluster singlelinkage x1 x2 x3 x4, name(sngeuc) measure(L2)
```

上述cluster命令采用最小距离法（singlelinkage）度量类间距离，并将当前聚类分析项目命名为sngeuc。距离采用L2（欧氏距离）计算。值得注意的是，类间连接度的计算方法需要和距离的计算方法一致。当不清楚距离的选择时，建议采用Stata的默认的距离计算方法。对于平均距离法、最大距离法、最小距离法等类间链接方法，Stata默认的距离计算方法是欧式距离（L2）；对于重心法、中位数法以及瓦尔德法，Stata默认的相异度计算方法是L2squared。

然后可以用cluster的子命令list命令显示聚类分析的基本信息：

```
. cluster list sngeuc

. cluster list sngeuc
sngeuc  (type: hierarchical,  method: single,  dissimilarity: L2)
      vars: sngeuc_id (id variable)
            sngeuc_ord (order variable)
            sngeuc_hgt (height variable)
     other: cmd: cluster singlelinkage x1 x2 x3 x4, name(sngeuc)
            varlist: x1 x2 x3 x4
            range: 0 .
```

上面的信息中显示了聚类方法是层次聚类法，类间连接度的计算方法是最小距离法，距离采用欧式距离（L2）。聚类时生成了三个新的变量：个体的编号（id）、序号（ord）和高度（height）。

在运行聚类命令cluster之后，Stata提供了一个非常有用的子命令dendrogram以绘制树状图：

```
. cluster dendrogram sngeuc, xlabel(, angle(90) labsize(*.75))
```

子命令dendrogram中的sngeuc是运行cluster命令时用户指定的聚类分析项目的名称。子命令dendrogram还可以添加对图形进行修饰的选项如xlabel等。

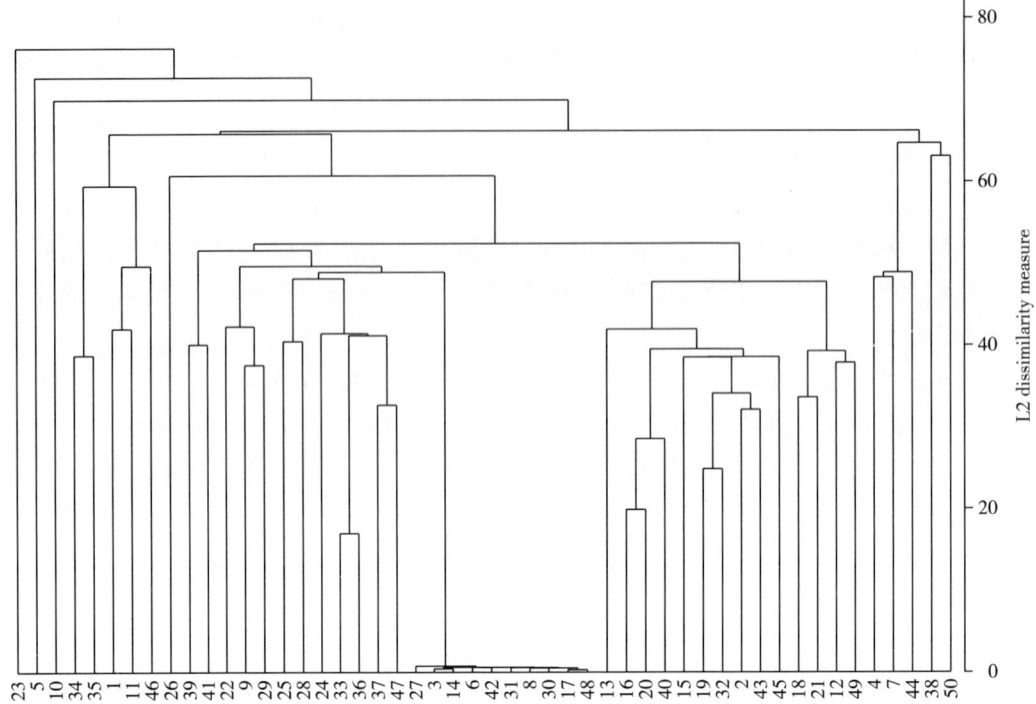

Dendrogram for sngeuc cluster analysis

从上图中可以观察到，位于树状图中间的各个个体相互之间的距离很近，而其余个体之间的距离没有明显的差异。进一步分析树状图中间的各个个体观测值的取值以及来源，发现这些观测值明显偏小，且均来自同一个实验师。由此可以初步判断该实验师的测量过程存在问题，需要重新测量。

8.2.2 划分聚类方法

划分聚类方法直接将个体划分为 K 个子集，其中 K 可以是事先指定，也可以在聚类过程中确定。划分聚类方法可以从随机的个体划分开始，也可以根据经验指定初始的聚类种子个体。K 均值法是常见的划分聚类法。

（1）K 均值法的*原理与算法*

K 均值法首先随机选择 K 个个体，每个个体代表一个类的平均值；其次，对于剩余每个个体，根据其到 K 个类平均值的距离，被划分到距离最近的类，并重新计算每个类的平均值；重复上述第二步，直到所有个体所属的类都不能再发生变化为止。K 均值法的算法可描述如下：

step1.随机选择 K 个个体，每个个体代表一个类的平均值；

step2.计算每个个体与所有类的类平均值的距离，并将每个个体划分到距离最近的类中，并重新计算类的平均值；

step3.重复步骤2，直到个体所属类别不再发生变化为止。

类的均值可以通过算数平均数和中位数两种方法计算。因此，在聚类过程中采用算术平均数计算类平均值，就是Kmeans聚类法；在聚类过程中采用中位数计算类平均值，就是kmedians聚类法。Stata同时提供了两种聚类方法的实现命令。

（2）K均值法的Stata实现

Stata提供了cluster kmeans和cluster kmedians两个实现K均值法聚类的子命令。两个子命令的使用方法是一致的。下面阐述cluster kmeans的使用方法。

Stata提供了对80名学生的柔韧性、速度和力量三个方面测量结果的数据集。这些学生身体特点各不相同，教师需要根据学生的身体特点实施针对性训练。因此，根据学生的体测结果对学生进行分类就是一项必要的工作。

```
. use https://www.stata-press.com/data/r16/physed
. summarize flex speed strength
```

Variable	Obs	Mean	Std. Dev.	Min	Max
flexibility	80	4.402625	2.788541	.03	9.97
speed	80	3.875875	3.121665	.03	9.79
strength	80	6.439875	2.449293	.05	9.57

显然，根据描述性统计结果，这些学生在柔韧性、速度和力量三个方面还是存在较大差异。利用graph matrix命令可以生成变量之间矩阵图，查看这三个指标之间的相关性。

```
. graph matrix flex speed strength
```

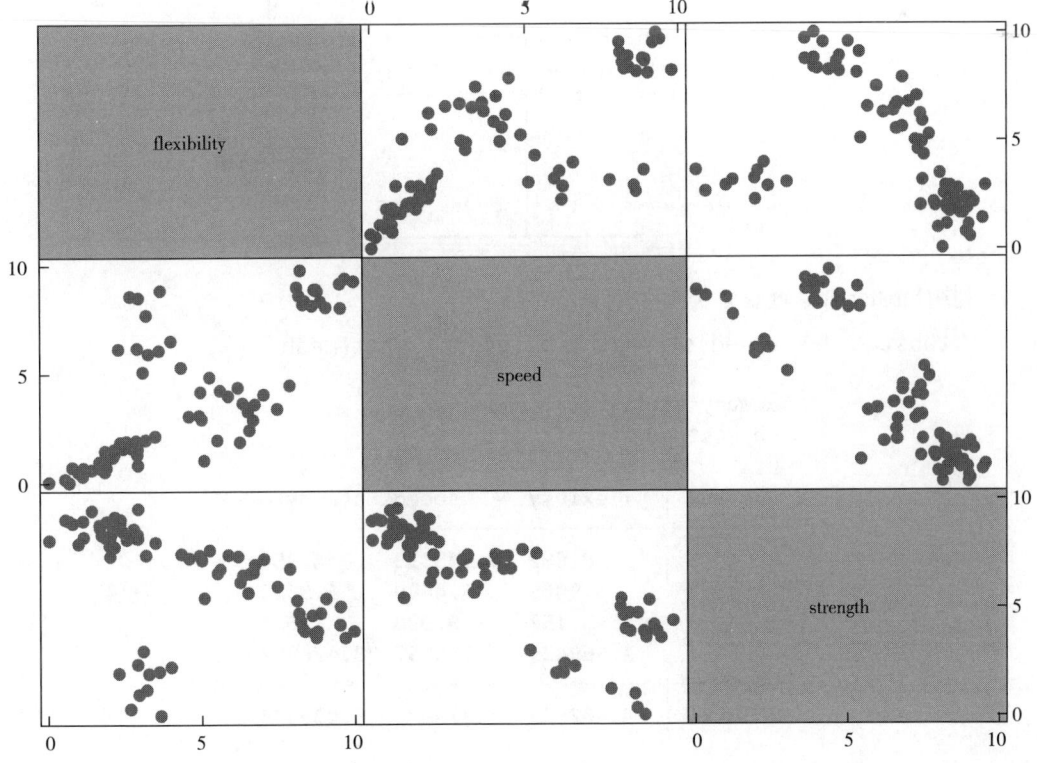

由上图可见，速度和柔韧性之间大致呈现出同向变化的关系，速度越快的学生通常柔韧性也较好；力量和柔韧性之间大致呈现出反向变化的关系，力量越大的学生通常柔韧性较差；力量和速度之间也大致呈现出反向变化的关系。从上面的图形矩阵还可以看出，这些学生大致聚集为四组。下面利用 cluster kmeans 命令对学生进行聚类。

. cluster kmeans flex speed strength, k(4) name(g4abs) s(krandom(385617)) measure(absolute) keepcenters

在这个命令中，设定聚类的类别数目为4，并随机选定4个个体作为聚类的中心，随机种子设为385617；选项 measure(absolute) 指定绝对距离法度量个体相异度。选项 keepcenters 将聚类后各个类的均值保存在数据集中（即在当前数据集中追加生成4条新纪录，以保存生成的4个类的均值）。选项 name(g4abs) 将当前聚类分析项目命名为 g4abs。

可以利用 cluster list 显示聚类信息：

```
. cluster list g4abs
g4abs  (type: partition, method: kmeans, dissimilarity: L1)
    vars: g4abs (group variable)
   other: cmd: cluster kmeans flex speed strength, k(4) name(g4abs) s(kr(385617)) mea(abs) keepcen
          varlist: flexibility speed strength
          k: 4
          start: krandom(385617)
          range: 0 .
```

运用 table 命令查看各类包含的个体数目：

. table g4abs

g4abs	Freq.
1	15
2	20
3	10
4	35

利用 tabstat 命令查看各类学生的基本情况：

. tabstat flex speed strength, by(g4abs) stat(mean)

Summary statistics: mean
  by categories of: g4abs

g4abs	flexib~y	speed	strength
1	8.852	8.743333	4.358
2	5.9465	3.4485	6.8325
3	3.157	6.988	1.641
4	1.969429	1.144857	8.478857
Total	4.402625	3.875875	6.439875

由上述结果可知，第一组和第四组学生的身体素质发展存在失衡问题。第一组的学生柔韧性和速度较好，但是力量较差；第四组学生的力量很好，但是柔韧性和速度较差。第三组学生的速度尚可，但是力量和柔韧性很差；第二组学生的力量尚可，但是速度较差。

可以利用graph matrix命令进一步查看各组学生在柔韧性、速度和力量三个方面的表现情况。

```
. graph matrix flex speed strength, msymbol(i) mlabel(g4abs) mlabpos(0)
```

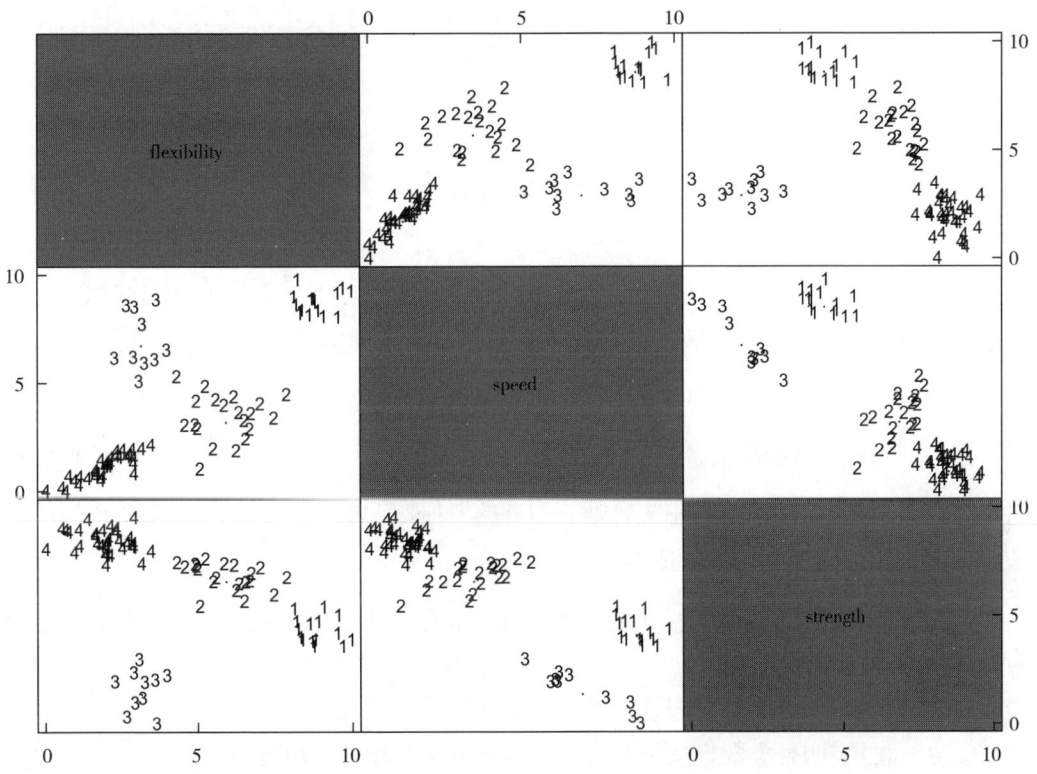

8.3 聚类的数目与聚类效果

无论是聚合分层聚类，还是K均值聚类，研究者都需要指定类的数目。确定类的数目是一个重要的问题，这直接决定聚类的结果。有的时候，类的数目较为容易决定。比如，商业银行的企业客户类型，可以根据客户的行业属性决定企业客户的类型，此时行业的数目即是聚类的数目；或者根据企业所在地理区域确定企业客户的类型数目，此时地区区域的个数即是聚类的数目。但是，当描述个体的属性较多时，此时样本数据是高维数据，确定聚类的数目较为困难。轮廓系数和Calinski-Harabasz指数是常用的确定类的数目的两种指标。

8.3.1 轮廓系数（Silhouette）

轮廓系数是 Kaufman 和 Rousseeuw (1990) 提出的一种既可以用来决定每个个体应该归为当前所属类还是其他类，也可以评价聚类整体效果的指标。

给定个体 i，记 $a(i)$ 为个体 i 与其所属类 C_i 中其他个体之间的平均距离；$d(i,C)$ 表示个体 i 到其他类 C（$C \neq C_i$）内的所有个体之间的平均距离；$b(i)$ 表示所有 $d(i,C)$ 中的最小值，则个体 i 的轮廓系数为：

$$s(i) = \frac{b(i) - a(i)}{\max(a(i), b(i))}$$

轮廓系数平均值为：

$$\bar{s} = \frac{1}{n}\sum_{i=1}^{n}s(i)$$

显然，$s(i)$ 的取值范围为 $[-1,1]$。当 $s(i)$ 的取值接近 1 时，意味着 $a(i) \ll b(i)$。由 $a(i)$ 的定义可知，较小的 $a(i)$ 意味着将个体 i 归为当前所属类的效果好，而较大的 $b(i)$ 意味着将个体 i 归为其他类的效果差。因此，$s(i)$ 的取值接近 1，表明当前对个体 i 的聚类合适。同理，$s(i)$ 的取值接近 -1，意味着 $b(i) \ll a(i)$。这表明当前对个体 i 的聚类不合适，个体 i 被聚类到其他类中更合适。$s(i)$ 的取值接近 0，表明将个体 i 归属于当前类或者归属于相邻其他类均是合适的。

Kaufman 和 Rousseeuw (1990) 建议使用轮廓系数的平均值 $\bar{s}$ 来评估聚类的数目是否合适。

① $\bar{s} > 0.5$ 表明聚类数目合适。
② $\bar{s} < 0.2$ 表明聚类数目选择不合理，应该重新选择聚类数目。

8.3.2 Calinski-Harabasz 指数

Calinski-Harabasz 指数是一种基于类内的紧凑性和类间的分离性确定聚类数目和评估聚类效果的指标。Calinski-Harabasz 指数的计算方法与方差分析的原理是一致的。设定类数目 k，采用 K-means 算法实施聚类后，可以计算类内变动 (within-cluster variation)：

$$W(k) = \sum_{i=1}^{k}\sum_{x \in C_i}\|x - \bar{x}_i\|$$

其中，C_i 为第 i 类的个体集合，$\bar{x}_i$ 是第 i 类的重心。显然，较小的 $W(k)$ 表明所得的类越紧凑。

同样，也可以计算度量类与类之间远离的程度，即类间变动(Between-cluster variation)：

$$B(k) = \sum_{i=1}^{k} n_i \|\bar{x}_i - \bar{x}^2\|$$

其中，$\bar{x}$是所有个体的平均值。显然，$B(k)$ 随k增加而增加，$B(k)$ 越大表明类与类之间界限越清晰。

基于方差分析的思路，定义：

$$CH(k) = \frac{\dfrac{B(k)}{k-1}}{\dfrac{W(k)}{n-k}}$$

因此，最优的聚类数目k是使得$CH(k)$达到最大的数目。即：

$$k = \arg\max_{2 \leqslant k \leqslant k_{\max}} CH(k)$$

第9章 主成分分析

9.1 主成分分析的基本思想

9.1.1 概述

研究者可以从不同的属性维度描述总体中的个体。比如，工人的属性有受教育程度、年龄、工龄、从事的行业、抚育子女数量、父亲受教育程度、母亲受教育程度、家庭收入、居住面积、兄弟姐妹数量等；一个城市的属性有人口数量、人均GDP、人均寿命、人均工资、汽车保有量、人均受教育年数、面积、年降水量、年平均温度、性别比例、各宗教人口比例、人均住房面积等。随着属性维度的增加，基于个体调查得到的样本数据就变得越来越庞大，导致数据处理工作量急剧上升。另一方面，个体的不同属性之间存在相关性。例如，家庭收入和居住面积之间存在很强的相关性；人均GDP和人均工资之间也存在很高的相关性。属性之间相关性的存在，会增加数据分析的复杂性。例如，在回归分析中，如果两个变量之间存在较高的相关性，则很容易出现多重共线性问题。然而，研究者也不能轻易舍去相关性较高的部分属性数据。毕竟，个体更多的属性数据能够带来更多的关于个体的信息。

主成分分析就是一种从众多的个体属性中提取出有价值的、有代表性的、可解释的信息的基础数据分析方法。例如，在有关城市的研究中，城市的属性有很多个。有些属性是描述城市经济发展方面的，如人均GDP、人均工资、汽车保有量等；有的属性是反映城市社会发展方面的，如人口数量、人均寿命、性别比例、各宗教人口比例等；有的属性是描述城市的自然环境的，如面积、年降水量、年平均温度等。研究者可以从这些众多属性中归纳和提取经济发展、社会发展和自然环境三方面的信息。这三个方面的信息都是综合性的信息，分别包含了原来描述城市的多个属性的信息。通过主成分分析，能够把原来描述城市的多个属性转换为经济发展、社会发展和自然环境三个新的综合属性。基于经济发展、社会发展和自然环境三个新的综合属性描述城市，将会大大简化有关城市研究的数据分析工作。

9.1.2 主成分分析的基本思想

Pearson (1901)以及Hotelling (1933)等最早开创了主成分分析。当前，主成分分析在商业、医药、人工智能等领域都有广泛的应用。主成分分析（Principal Component Analysis, PCA）是一种数据降维技术，能够实现从众多属性中提取少数几个代表原有属性的新的综合属性。具体说来，主成分分析是将原来的各个属性通过线性组合生成数量较少的新的综合属性。当然，为了确保新的综合属性能够更好地代表原来的众多属性，必须对线性组合加以限制。

主成分分析是一种线性降维算法，可以大大降低描述个体的属性数量。主成分分析也是一种常用的数据预处理方法，能够为后续的数据分析带来便利。

9.2 总体的主成分

9.2.1 主成分的定义

设 $\boldsymbol{x}=(x_1,x_2,\cdots,x_p)'$ 是 p 维随机向量。其中，$x_1,x_2,\cdots,x_p$ 分别代表个体的 p 个属性。$E(\boldsymbol{x})=\boldsymbol{\mu}$，协方差矩阵 $D(\boldsymbol{x})=\Sigma$。则 $x_1,x_2,\cdots,x_p$ 的线性组合可以表达为：

$$\begin{cases} F_1 = a_{11}x_1 + a_{21}x_2 + \ldots + a_{p1}x_p \\ F_2 = a_{12}x_1 + a_{22}x_2 + \ldots + a_{p2}x_p \\ \vdots \\ F_p = a_{1p}x_1 + a_{2p}x_2 + \ldots + a_{pp}x_p \end{cases} \quad (9\text{-}1)$$

令 $\boldsymbol{a}_i=(a_{1i},a_{2i},\cdots,a_{pi},)'$，$i=1,2,\cdots,p$。$\boldsymbol{a}_i$ 是 $x_1,x_2,\cdots,x_p$ 的第 i 个线性组合的系数向量。

则上述方程组可表示为：

$$F_i = \boldsymbol{a}_i'\boldsymbol{x} \quad (9\text{-}2)$$

即：

$$F_i = a_{1i}x_1 + a_{2i}x_2 + \cdots + a_{pi}x_p \quad (9\text{-}3)$$

根据随机变量线性组合的性质，有：

$$\operatorname{Var}(F_i) = \boldsymbol{a}_i'\Sigma\boldsymbol{a}_i$$

$$\operatorname{Cov}(F_i, F_k) = \boldsymbol{a}_i'\Sigma\boldsymbol{a}_k$$

在求解线性组合 $F_1,F_2,\cdots,F_p$ 的过程中，如果 $\boldsymbol{a}_i$ 满足如下条件：

① F_i 与 $F_j(i \neq j, i,j=1,2,\cdots,p)$ 不相关。

② F_1 是 $x_1,x_2,\cdots,x_p$ 一切线性组合中方差最大的组合；F_2 是与 F_1 不相关的 $x_1,x_2,\cdots,x_p$ 一切线性组合中方差最大的组合；以此类推，F_p 是与 $F_1,F_2,\cdots,F_{p-1}$ 不相关的 $x_1,x_2,\cdots,x_p$ 一切线性组合中方差最大的组合。

我们将满足上述两个条件的 $F_1,F_2,\cdots,F_p$ 称为从属性 $x_1,x_2,\cdots,x_p$ 抽取出来的主成分。

9.2.2 主成分的计算

可以证明，从 $x_1, x_2, \cdots, x_p$ 抽取的主成分 $F_1, F_2, \cdots, F_p$ 就是以 $x_1, x_2, \cdots, x_p$ 的协方差矩阵 Σ 的特征向量为系数的线性组合。且 $F_1, F_2, \cdots, F_p$ 互不相关，$\lambda_1, \lambda_2, \cdots, \lambda_p$ 是协方差矩阵 Σ 的特征值且 $\lambda_1 \geq \lambda_2 \geq \cdots \geq \lambda_p$（Johnson 等，2008）。

具体说来，满足上述两个条件的 $x_1, x_2, \cdots, x_p$ 的第 i 个线性组合 F_i 的系数向量 $(a_{1i}, a_{2i}, \cdots, a_{pi})$，恰好是 $x_1, x_2, \cdots, x_p$ 的协方差矩阵 Σ 的第 i 个特征值 λ_i 所对应的特征向量。其中，使得 F_1 的方差达到最大的系数向量 $(a_{11}, a_{21}, \cdots, a_{p1})$ 就是 Σ 的第一个特征值 λ_1 所对应的特征向量；使得 F_2 的方差达到最大的系数向量 $(a_{12}, a_{22}, \cdots, a_{p2})$ 就是 Σ 的第二个特征值 λ_2 所对应的特征向量，余类推。此处需注意，矩阵的特征值是按照由大到小顺序排列的。

由此可见，求属性向量 $(x_1, x_2, \cdots, x_p)$ 的主成分就转化为求 $(x_1, x_2, \cdots, x_p)$ 的协方差矩阵的特征值以及特征值对应的特征向量。一旦求得 $(x_1, x_2, \cdots, x_p)$ 的各个主成分，则可以从各个主成分中选择能够最大程度代表 $(x_1, x_2, \cdots, x_p)$ 前几个主成分即可。

9.2.3 主成分的贡献率

各个属性 $x_1, x_2, \cdots, x_p$ 的变动分别用其方差 $\sigma_1^2, \sigma_2^2, \cdots, \sigma_p^2$ 表示，则各个属性的总变动是各个属性的方差之和。即：$\sigma_1^2 + \sigma_2^2 + \cdots + \sigma_p^2$。

可以证明，各个属性 $x_1, x_2, \cdots, x_p$ 的方差之和等于 $(x_1, x_2, \cdots, x_p)$ 的协方差矩阵的特征值之和（Johnson 等，2008）。即：

$$\sigma_1^2 + \sigma_2^2 + \cdots + \sigma_p^2 = \lambda_1 + \lambda_2 + \cdots + \lambda_p$$

第 k 个主成分能够解释各个属性 $(x_1, x_2, \cdots, x_p)$ 的总变动的比例为：

$$\frac{\lambda_k}{\lambda_1 + \lambda_2 + \cdots + \lambda_p}$$

其中，$k = 1, 2, \cdots, p$。

如果总方差的相当大的比例（如80%或90%）能够被前 k 个主成分所解释，则可以用前 k 个主成分代表原来的 p 个属性（k 远远小于 p）。这就将原来的 p 个属性形成的 p 维数据降维成为 k 维数据。利用生成的 k 维数据可进一步展开数据分析。

9.2.4 计算总体的主成分

假设组成某个总体的个体有 x_1, x_2, x_3 三个属性，其协方差矩阵为：

$$\Sigma = \begin{pmatrix} 1 & -2 & 0 \\ -2 & 5 & 0 \\ 0 & 0 & 2 \end{pmatrix}$$

利用Mata的矩阵运算命令，可以求得上述矩阵的特征值和特征向量[①]：

```
. mata
: A = (1,-2,0\-2,5,0\0,0,2)
: X = .
: L = .
: eigensystem(A, X, L)
```

eigensystem()是一个能够计算矩阵的特征值及其特征向量Mata函数。X保存矩阵的特征向量，而L保存矩阵的特征值。

```
: X
                    1              2              3
    1      .382683432              0     -.923879533
    2     -.923879533              0     -.382683432
    3               0              1               0

: L
                    1              2              3
    1      5.82842712              2      .171572875
```

由此可见，矩阵A有三个特征值及其对应的特征向量：

$$\lambda_1 = 5.83 \qquad e_1 = (0.38, -0.92, 0)$$

$$\lambda_1 = 2 \qquad e_1 = (0, 0, 1)$$

$$\lambda_1 = 0.17 \qquad e_1 = (-0.92, -0.38, 0)$$

因此，x_1, x_2, x_3的三个主成分为：

$$F_1 = 0.38x_1 - 0.92x_2$$

$$F_2 = x_3$$

$$F_3 = -0.92x_1 - 0.38x_2$$

[①] Mata是Stata专门用于矩阵运算的子系统。在Stata的命令窗口中输入mata即可进入Mata，在Mata命令窗口中输入end即可退出Mata返回Stata。

由此可以计算第一主成分 F_1 的方差为：

$$\text{Var}(F_1) = \text{Var}(0.38x_1 - 0.92x_2)$$
$$= 0.38^2 * \text{Var}(x_1) + (-0.92)^2 * \text{Var}(x_2) + 2*0.38*(-0.92)*\text{Cov}(x_1, x_2)$$
$$= 0.38^2 * 1 + (-0.92)^2 * 5 + 2*0.38*(-0.92)*(-2) = 5.83 = \lambda_1$$

同理可以计算第二主成分 F_2 和第三主成分 F_3 的方差分别为 2 和 0.17。

也可以计算第一主成分 F_1 和第二主成分 F_2 之间的协方差：

$$\text{Cov}(F_1, F_2) = \text{Cov}(0.38x_1 - 0.92x_2, x_3)$$
$$= 0.38 * \text{Cov}(x_1, x_3) - 0.92 * \text{Cov}(x_2, x_3)$$
$$= 0.38 * 0 - 0.92 * 0 = 0$$

可见，第一主成分 F_1 和第二主成分 F_2 之间的协方差为 0。同理可以计算第一主成分 F_1 和第三主成分 F_3 之间的协方差为 0，第二主成分 F_2 和第三主成分 F_3 之间的协方差也为 0。

因此，

$$\sigma_1^2 + \sigma_2^2 + \cdots + \sigma_p^2 = 1 + 5 + 2 = \lambda_1 + \lambda_2 + \cdots + \lambda_p = 5.83 + 2 + 0.17 = 8$$

属性 x_1, x_2, x_3 的总变动可以由第一主成分解释的变动占比为 5.83/8=0.73，可以由第二主成分解释的比例为 2/8=0.25。前两个主成分能够解释总变动的 98%。因此，在描述总体时，由主成分 F_1 和 F_2 代替原来的三个属性 x_1, x_2, x_3 只有很少的信息损失。

9.3 样本主成分

9.3.1 样本主成分计算的步骤

上一节内容基于总体属性的协方差矩阵阐述总体主成分的计算过程。但是，大多数情况下研究者无法获知总体属性的协方差矩阵，而只能使用从总体中抽取的样本数据估计总体的协方差矩阵。设某总体内的个体具有 p 个属性。从总体中抽取容量为 n 的样本，对于样本内具有 p 个属性的个体 i，可以用一个 p 维向量 $(x_{i1}, x_{i2}, \cdots, x_{ip})$ 描述。其中，$x_{i1}, x_{i2}, \cdots, x_{ip}$ 分别是描述样本个体 i 的各个属性的观测值。n 个样本个体的观测值形成一个 $n \times p$ 的数据矩阵 X：

$$X = \begin{pmatrix} x_{11} & x_{12} & \cdots & x_{1p} \\ \cdots & \cdots & \cdots & \cdots \\ x_{n1} & x_{n2} & \cdots & x_{np} \end{pmatrix}$$

上述矩阵的第1列是第1个属性 x_1 的 n 个观测值，矩阵的第2列是第2个属性 x_2 的 n 个观测值，余类推。在Stata中，可将一个属性的观测值保存在一个变量中，由此可以方便计算第 i 个属性的样本均值 $\bar{x}_i$，多个属性的均值构成样本的均值向量 $\bar{x} = (\bar{x}_1, \bar{x}_2 \ldots \bar{x}_p)$；也可以计算多个属性样本观测值的协方差矩阵 S 和相关矩阵 R。

采用与计算总体主成分相同的方法，可以根据样本数据矩阵计算样本主成分。具体步骤包括：

Step1：根据样本数据矩阵 X 计算协方差矩阵 S。

Step2：计算协方差矩阵 S 的特征值和特征向量 $(\hat{\lambda}_1, \hat{e}_1), (\hat{\lambda}_2, \hat{e}_2), \cdots, (\hat{\lambda}_p, \hat{e}_p)$，且 $\hat{\lambda}_1 \geq \hat{\lambda}_2 \geq \cdots \geq \hat{\lambda}_p$，则第 i 个样本主成分为：

$$\hat{F}_i = \hat{e}_i \boldsymbol{x} = \hat{e}_{i1} x_1 + \hat{e}_{i2} x_2 + \cdots + \hat{e}_{ip} x_p$$

其中，$\hat{e}_{i1}$ 是第 i 个特征值对应特征向量的第1个元素。由此可以获得 $\hat{F}_1, \hat{F}_2, \cdots, \hat{F}_p$ 共 p 个主成分。

主成分分析的目的是用较少个数的主成分替代原有的 p 个属性。因此，一般只取最能够反映或解释原有数据矩阵 X 变动的前几个主成分。为此需要计算主成分的贡献率和累计贡献率。

Step3：第 k 个样本主成分能够解释数据矩阵 X 总变动的比例，即第 k 个样本主成分的贡献率为：

$$\frac{\hat{\lambda}_k}{\hat{\lambda}_1 + \hat{\lambda}_2 + \cdots + \hat{\lambda}_p}, k \leq p$$

前 k 个样本主成分能够解释的数据矩阵 X 变动的比例，即累计贡献率为：

$$\frac{\hat{\lambda}_1 + \hat{\lambda}_2 + \cdots + \hat{\lambda}_k}{\hat{\lambda}_1 + \hat{\lambda}_2 + \cdots + \hat{\lambda}_p}, k \leq p$$

当前 k 个样本主成分能够解释数据矩阵 X 总变动的比例达到一定程度时（如80%以上），则可以用这 k 个样本主成分代替原有的样本数据矩阵 X。一般选取的 k 都远小于属性的个数 p。因此，通过提取样本主成分，就可以达到数据降维的目的。

9.3.2　样本主成分计算实例

Stata提供了一个对100名年龄为39岁的男性听力测量数据集。测量值是左耳和右耳在四个不同频率下对声音的最小可辨别强度，分别保存在8个变量中。变量lft1000是指左耳对频率为1000 Hz声音的最小可辨别强度。

```
. use https://www.stata-press.com/data/r16/audiometric
. correlate lft* rght*
```

	lft500	lft1000	lft2000	lft4000	rght500	rght1000	rght2000	rght4000
lft500	1.0000							
lft1000	0.7775	1.0000						
lft2000	0.4012	0.5366	1.0000					
lft4000	0.2554	0.2749	0.4250	1.0000				
rght500	0.6963	0.5515	0.2391	0.1790	1.0000			
rght1000	0.6416	0.7070	0.4460	0.2632	0.6634	1.0000		
rght2000	0.2372	0.3597	0.7011	0.3165	0.1589	0.4142	1.0000	
rght4000	0.2041	0.2169	0.3262	0.7097	0.1321	0.2201	0.3746	1.0000

从上表可见，耳朵对频率相近的声音的最小可辨别强度的相关系数较高。例如，左耳对频率为 1000 Hz 声音的最小可辨别强度与左耳对频率为 500 Hz 声音的最小可辨别强度之间相关系数为 0.78。

利用 Stata 的 cov 命令可以计算样本协方差矩阵：

. cor   lft* rght*,c

	lft500	lft1000	lft2000	lft4000	rght500	rght1000	rght2000	rght4000
lft500	41.0707							
lft1000	37.7273	57.3232						
lft2000	28.1313	44.4444	119.697					
lft4000	32.101	40.8333	91.2121	384.775				
rght500	31.7879	29.7475	18.6364	25.0101	50.7475			
rght1000	26.303	34.2424	31.2121	33.0253	30.2323	40.9192		
rght2000	14.1212	25.303	71.2626	57.6667	10.5152	24.6162	86.303	
rght4000	25.2828	31.7424	68.9899	269.119	18.1919	27.2172	67.2626	373.664

样本主成分既可以从相关系数矩阵导出，也可以从样本协方差矩阵导出。值得注意的是，从相关系数矩阵导出的主成分与从样本协方差矩阵导出的主成分有可能存在较大差异。当样本个体属性的测量量纲存在较大差异时，样本个体属性的总变动完全由测量量纲最大的几个属性的变动主导，从而使得提取的主成分主要取自这些测量量纲较大的属性，而忽视测量量纲较小的属性信息。例如，企业的销售收入（x_1）的取值可能在 1000 万元 ~ 10 亿元，而每股收益（x_2）的取值可能在 -10 ~ 20 元。样本数据的总方差几乎其完全归因于销售收入的变动。在这种情况下，主成分表达式中 x_1 的系数较大，提取的主成分更多依赖企业的销售收入（x_1）；而主成分表达式中 x_2 的系数较小，从每股收益（x_2）的提取信息很少。

在提取主成分时，如果样本个体属性的测量量纲存在较大差异，可以采取两个办法提取主成分。第一个方法是将每个变量做标准化处理，然后基于标准化后的变量提取主成分；第二个方法是基于样本数据的相关系数矩阵提取主成分。

以 audiometric.dta 为例，运行 su 命令查看各变量的观测值的描述性统计结果：

. su lft* rght*

Variable	Obs	Mean	Std. Dev.	Min	Max
lft500	100	-2.8	6.408643	-10	15
lft1000	100	-.5	7.571211	-10	20
lft2000	100	2	10.94061	-10	45
lft4000	100	21.35	19.61569	-10	70
rght500	100	-2.6	7.123726	-10	25
rght1000	100	-.7	6.396811	-10	20
rght2000	100	1.6	9.289942	-10	35
rght4000	100	21.35	19.33039	-10	75

从上表可见，当声音频率较大时，声音的最小可辨别强度的观测值显著变大。当声音的频率为 500～2000 Hz 时，最小可辨别强度的观测值平均在 −2.8～2 取值，而当声音的频率为 4000 Hz 时，最小可辨别强度观测值平均为 21.35。在这种情况下，如果基于样本协方差矩阵提取主成分，则主成分将更多依赖于声音频率为 4000 Hz 的观测信息，而对其他声音频率的观测信息提取较少。在这种情况下，可以将这 8 个变量做标准化处理，然后再进行主成分分析；也可以基于样本的相关系数矩阵做主成分分析。下面给出基于样本相关系数矩阵做主成分分析的结果：

. pca lft* rght*, correlation

上述命令中，选项 correlation 指定基于 8 个变量的相关系数矩阵做主成分分析。如果将该选项换成 covariance，则指定基于 8 个变量的协方差矩阵做主成分分析。输出结果如下：

```
Principal components/correlation          Number of obs   =      100
                                          Number of comp. =        8
                                          Trace           =        8
    Rotation: (unrotated = principal)     Rho             =   1.0000
```

Component	Eigenvalue	Difference	Proportion	Cumulative
Comp1	3.92901	2.31068	0.4911	0.4911
Comp2	1.61832	.642997	0.2023	0.6934
Comp3	.975325	.508543	0.1219	0.8153
Comp4	.466782	.126692	0.0583	0.8737
Comp5	.34009	.0241988	0.0425	0.9162
Comp6	.315891	.11578	0.0395	0.9557
Comp7	.200111	.0456375	0.0250	0.9807
Comp8	.154474	.	0.0193	1.0000

Principal components (eigenvectors)

Variable	Comp1	Comp2	Comp3	Comp4	Comp5	Comp6	Comp7	Comp8	Unexplained
lft500	0.4011	-0.3170	0.1582	-0.3278	0.0231	0.4459	0.3293	-0.5463	0
lft1000	0.4210	-0.2255	-0.0520	-0.4816	-0.3792	-0.0675	-0.0331	0.6227	0
lft2000	0.3664	0.2386	-0.4703	-0.2824	0.4392	-0.0638	-0.5255	-0.1863	0
lft4000	0.2809	0.4742	0.4295	-0.1611	0.3503	-0.4169	0.4269	0.0839	0
rght500	0.3433	-0.3860	0.2593	0.4876	0.4975	0.1948	-0.1594	0.3425	0
rght1000	0.4114	-0.2318	-0.0289	0.3723	-0.3513	-0.6136	-0.0837	-0.3614	0
rght2000	0.3115	0.3171	-0.5629	0.3914	-0.1108	0.2650	0.4778	0.1466	0
rght4000	0.2542	0.5135	0.4262	0.1591	-0.3960	0.3660	-0.4139	-0.0508	0

这里的pca命令输出两个表格。第一个表格输出样本相关系数矩阵的特征值（按照特征值的大小顺序排列）、相邻特征值的差异、每个特征值的占比以及特征值的累积占比。注意，本例是基于样本相关系数矩阵做的主成分分析，各个变量已经做标准化处理。因此，各个特征值之和等于变量的个数8。

第二个表格输出提取的各个主成分的系数向量。根据各主成分的系数向量可以写出各主成分的表达式。如第1主成分为：

$$Comp1 = 0.40 * lft500 + 0.42 * lft1000 + 0.37 * lft2000 + 0.28 * lft4000 +$$

$$0.34 * rght500 + 0.41 * rght1000 + 0.31 * rght2000 + 0.25 * rght4000 \quad (9\text{-}4)$$

每个特征值刚好等于对应的主成分的方差。第一个主成分的方差是3.93，第2个主成分的方差是1.62。因此，第一、二主成分共解释了总变动的(3.93+1.62)/8 = 69%。所有8个主成分解释了原来8个变量的总变动。因此，第二个表格中最后一列未解释的方差（Unexplained）为0。

从上面第一个表格可见，前4个主成分一共解释了总变动的(3.93+1.62+0.98+0.47)/8 = 87%。因此，可以在命令中指定需要提取的主成分个数：

```
. pca lft* rght*, correlation components(4)
```

Principal components/correlation   Number of obs   =   100
                                        Number of comp. =   4
                                        Trace   =   8
Rotation: (unrotated = principal)   Rho   =   0.8737

Component	Eigenvalue	Difference	Proportion	Cumulative
Comp1	3.92901	2.31068	0.4911	0.4911
Comp2	1.61832	.642997	0.2023	0.6934
Comp3	.975325	.508543	0.1219	0.8153
Comp4	.466782	.126692	0.0583	0.8737
Comp5	.34009	.0241988	0.0425	0.9162
Comp6	.315891	.11578	0.0395	0.9557
Comp7	.200111	.0456375	0.0250	0.9807
Comp8	.154474	.	0.0193	1.0000

Principal components (eigenvectors)

Variable	Comp1	Comp2	Comp3	Comp4	Unexplained
lft500	0.4011	-0.3170	0.1582	-0.3278	.1308
lft1000	0.4210	-0.2255	-0.0520	-0.4816	.1105
lft2000	0.3664	0.2386	-0.4703	-0.2824	.1275
lft4000	0.2809	0.4742	0.4295	-0.1611	.1342
rght500	0.3433	-0.3860	0.2593	0.4876	.1194
rght1000	0.4114	-0.2318	-0.0289	0.3723	.1825
rght2000	0.3115	0.3171	-0.5629	0.3914	.07537
rght4000	0.2542	0.5135	0.4262	0.1591	.1303

上述第一个表格的内容没有发生变化。但是第二个表格只显示了指定的4个主成分的系数。值得注意的是，由于只提取了4个主成分，这四个主成分并不能包含原来8个变量的全部信息，只能解释总变动的87%。因此，这四个主成分不能解释变量的全部变动。各个变量未被解释的变动平均为1-0.87=0.13，因此，第二个表格中最后一列的值在0.13左右。

仔细观察提取的四个主成分的系数。第一个主成分的各个系数载荷的值为0.25-0.42，取值较为接近，而且全为正数。因此，第一主成分可以解释为被调查者的总体听力辨别强度。第二主成分对于高频声音的听力辨别强度的系数载荷为正数，而对于低频声音的听力辨别强度的系数载荷为负数。因此，第二主成分区分了对高低频声音的听力灵敏度。第三个主成分区分了被调查者对中频声音与高低频声音的听力灵敏度。第四个主成分区分了被调查者的左耳和右耳对声音的听力灵敏度。

pca命令还提供了选项vce(normal)。在假设这8个变量服从联合正态分布的条件下，vce(normal)输出每个主成分各载荷系数的标准误、显著性检验的p值等信息。

. pca l* r*, comp(2) vce(normal)

（输出结果略）

在运行pca命令进行主成分分析后，可通过运行predict计算各主成分的得分。

. predict c1-c4

（输出结果略）

上述predict命令的第一个输出结果与运行pca命令后输出的第二个表格的内容一致；同时，predict命令生成了$c1$、$c2$、$c3$、$c4$四个变量。这四个变量是根据各个主成分在原来各个属性上的载荷系数以及在属性取值基础上计算得到。例如，$c1$就是根据$F1$的表达式(9-4)计算的结果。$c1$、$c2$、$c3$、$c4$四个变量可以用做进一步的后续分析。比如，可以利用$c1$、$c2$、$c3$、$c4$四个变量作为解释变量进行回归分析。

9.3.3 主成分个数的选择

在进行主成分分析时，必须解决一个问题：应该保留多少个主成分？这个问题目前没有统一答案，只能根据具体情况主观判断。王学民（2021）总结了如下确定主成分个数的方法：

第一，保留的主成分应该能使这些主成分的累计贡献率达到较高的水平。但是，累计贡献率的较高水平需要主观判断。

第二，当基于协方差矩阵或相关矩阵计算主成分时，只保留大于所有特征值平均值的特征值对应的主成分。

第三，通过观察碎石图确定主成分的个数。碎石图可以在pca命令之后运行screeplot命令绘制。

. pca lft* rght*, correlation

. screeplot

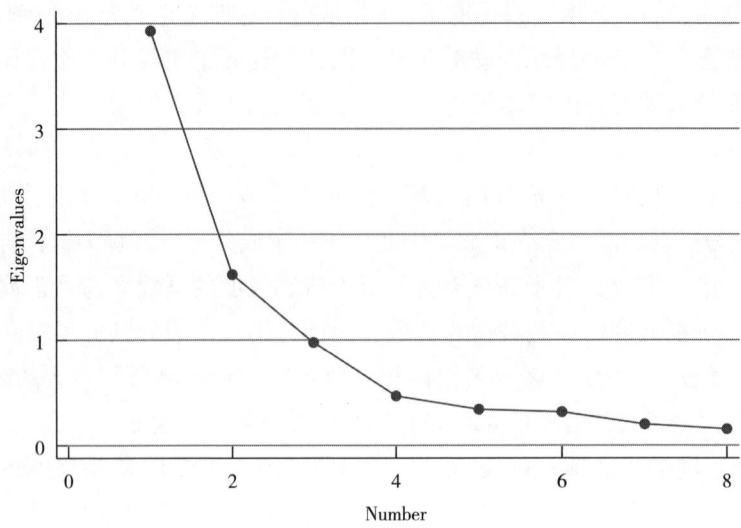

碎石图的横轴表示各个特征值从大到小排列的序号，纵轴表示对应的特征值。从上图可见，当特征值的序号大于4以后，碎石图逐渐变得平缓。也就是说，第5个及其之后的主成分对解释总变动的贡献变得越来越小。因此，此处主成分的个数选择4个是合适的。

第四，当需要对主成分做出解释时，主成分的个数还取决于保留的主成分是否能够做出有意义的解释。对于无法做出有意义解释的主成分则需要放弃。

第10章 因子分析

10.1 引言

主成分分析是采用线性变换方法，在尽可能减少信息损失的前提下将描述个体的若干属性（变量）转换为少数几个不相关的主成分，从而达到数据降维并简化数据结构的目的。

总体可以若干个属性加以描述，每个属性即是一个变量。有些属性之间具有很高的相关性，而有些属性之间的相关程度却较低。这些具有很高相关性的属性往往从某个特定的维度对总体加以描述。例如，十项全能运动员的成绩包括100米跑、跳远、铅球、跳高、400米跑、110米跨栏、铁饼、撑杆跳高、标枪和1500米跑。在这些成绩中，100米跑、400米跑等项目的成绩总是存在很强的相关性，这些项目的成绩反映了运动员的短跑速度；跳远、跳高等项目反映了运动员的腿部力量；而铁饼、标枪等项目反映了运动员的臂力强度，而1500米跑反映了运动员的耐力。因此，运动员的成绩可以由短跑速度、腿部力量、臂力强度和耐力四个维度反映出来。

因子分析基于属性之间的相关性对属性进行分组，每组属性通过一个潜在的因子表达，从而达到将众多的属性用数量较少的几个因子替代的目的。具体说来，因子分析从研究属性之间的依赖关系出发，在众多的具有错综复杂关系的属性中提取少数公共因子，这些公共因子可以反映原来众多属性的主要信息。在此基础上，每个属性可以用数量较少的公共因子和仅对某一个属性有影响的特殊因子的线性组合表达出来。

因子分析可以视作是主成分分析的扩展。因子分析最早起源于Pearson和Spearman等人关于智力的相关研究。主成分分析与因子分析都能实现数据降维、简化数据结构的目的。但是，主成分分析与因子分析存在显著差异。这些差异主要表现在三个方面：第一，两种方法的假设不同。主成分分析本质上是一种线性变换，不需要对数据做出假设（仅在对主成分在每个属性上的载荷系数做假设检验时需对各属性的联合统计分布做出假设）。而因子分析必须基于一定的假设，在建立模型基础上构造和估计因子；第二，在方法的表达上存在差异。主成分分析中是将各个主成分分别表示为原始属性的线性组合。而在因子分析中，原始属性是各个公共因子的线性组合；第三，主成分是唯一的。而在因子分析中，通过因子旋转可以得到不同的公共因子。

10.2 因子分析的基本原理

10.2.1 正交模型

设总体包含 n 个个体，每个个体具有 p 个属性 $x_1, x_2, \cdots, x_p$。$x_1, x_2, \cdots, x_p$ 的协方差矩阵为 Σ，即：

$$\Sigma = \begin{pmatrix} \sigma_{11}^2 & \sigma_{12}^2 & \cdots & \sigma_{1p}^2 \\ \sigma_{21}^2 & \sigma_{22}^2 & \cdots & \sigma_{2p}^2 \\ & & \ddots & \\ \sigma_{p1}^2 & \sigma_{p2}^2 & \cdots & \sigma_{pp}^2 \end{pmatrix} \tag{10-1}$$

假设这 p 个属性之间具有较强的相关性。为了消除测量量纲差异造成的影响，需要对各个属性做标准化处理。标准化之后的每个属性的均值为 0，方差为 1。为了表达的方便，原始属性和标准化后的属性均用 $x_1, x_2, \cdots, x_p$ 表示。又设 $f_1, f_2, \cdots, f_m$ 是从属性 $x_1, x_2, \cdots, x_p$ 中提取的 m 个公共因子，$\varepsilon_1, \varepsilon_2, \cdots, \varepsilon_m$ 分别是与每个属性 $x_1, x_2, \cdots, x_p$ 相关的特殊因子（$m \leqslant p$）。如果属性 $x_1, x_2, \cdots, x_p$ 能够通过公共因子 $f_1, f_2, \cdots, f_m$ 和特殊因子 $\varepsilon_1, \varepsilon_2, \cdots, \varepsilon_m$ 表达出来，即：

$$\begin{cases} x_1 = \mu_1 + a_{11}f_1 + a_{12}f_2 + \cdots + a_{1m}f_m + \varepsilon_1 \\ x_2 = \mu_2 + a_{21}f_1 + a_{22}f_2 + \cdots + a_{2m}f_m + \varepsilon_2 \\ \vdots \\ x_p = \mu_p + a_{p1}f_1 + a_{p2}f_2 + \cdots + a_{pm}f_m + \varepsilon_p \end{cases} \tag{10-2}$$

这里的公共因子 $f_1, f_2, \cdots, f_m$ 和特殊因子 $\varepsilon_1, \varepsilon_2, \cdots, \varepsilon_m$ 均是不可观测的随机变量，需要采用一定的方法加以估计。从上述方程组可见，公共因子 $f_1, f_2, \cdots, f_m$ 出现在每个属性的表达式中。这意味着每个属性都具有共同的影响因素。当然，一般情况下每个公共因子 f_i 至少出现在两个属性（变量）的表达式中。否则，可以将这种只影响一个属性的因子归入到特殊因子中。每个特殊因子只出现在与之对应的属性的表达式中，即该特殊因子只影响该特定属性。例如，特殊因子 ε_1 只对属性 x_1 产生影响。

上述方程组可用矩阵表示如下：

$$\begin{bmatrix} x_1 \\ x_2 \\ \vdots \\ x_p \end{bmatrix} = \begin{bmatrix} a_{11} & a_{12} & \cdots & a_{1m} \\ a_{21} & a_{22} & \cdots & a_{2m} \\ \vdots & \vdots & \cdots & \vdots \\ a_{p1} & a_{p2} & \cdots & a_{pm} \end{bmatrix} \begin{bmatrix} f_1 \\ f_2 \\ \vdots \\ f_m \end{bmatrix} + \begin{bmatrix} \varepsilon_1 \\ \varepsilon_2 \\ \vdots \\ \varepsilon_m \end{bmatrix} \tag{10-3}$$

令：$X = \begin{pmatrix} x_1 \\ x_2 \\ \vdots \\ x_p \end{pmatrix}$，$A = \begin{bmatrix} a_{11} & a_{12} & \cdots & a_{1m} \\ a_{21} & a_{22} & \cdots & a_{2m} \\ \vdots & \vdots & \cdots & \vdots \\ a_{p1} & a_{p2} & \cdots & a_{pm} \end{bmatrix}$，$F = \begin{bmatrix} f_1 \\ f_2 \\ \vdots \\ f_m \end{bmatrix}$，$\boldsymbol{\varepsilon} = \begin{bmatrix} \varepsilon_1 \\ \varepsilon_2 \\ \vdots \\ \varepsilon_m \end{bmatrix}$

则上述方程组可简记为：

$$X = AF + \boldsymbol{\varepsilon} \tag{10-4}$$

式中，X 为属性向量，F 称为公共因子向量，A 称为因子载荷矩阵，$\boldsymbol{\varepsilon}$ 称为特殊因子向量。

由于 F 和 $\boldsymbol{\varepsilon}$ 均不可观测，因此，仅仅依赖 X 的观测值确定 A 这个因子载荷矩阵是不现实的。但是，如果对 F 和 $\boldsymbol{\varepsilon}$ 做出某些限定或假设，则可以基于 X 的观测值估计因子载荷矩阵 A。如果对方程(10-2)做出如下假设：

① F 和 $\boldsymbol{\varepsilon}$ 相互独立，即：$\mathrm{Cov}(F, \boldsymbol{\varepsilon}) = 0$

② $E(\boldsymbol{\varepsilon}) = 0$; $\quad \mathrm{Var}(\boldsymbol{\varepsilon}) = D = \begin{pmatrix} \varphi_1^2 & 0 & 0 & 0 \\ 0 & \varphi_2^2 & 0 & 0 \\ & & \ddots & \\ 0 & 0 & 0 & \varphi_p^2 \end{pmatrix}$

③ $E(F) = 0$; $\quad \mathrm{Var}(\boldsymbol{F}) = I = \begin{pmatrix} 1 & 0 & 0 & 0 \\ 0 & 1 & 0 & 0 \\ & & \ddots & \\ 0 & 0 & 0 & 1 \end{pmatrix}$

满足上述三个条件的方程(10-2)称为正交因子模型。第一个条件意味着公共因子与特殊因子不相关；第二个条件表明特殊因子的均值为0，且特殊因子之间不相关，但是各个特殊因子的方差可以不相同；第三个条件表明公共因子的均值为0，方差为1，且各个公共因子之间不相关。

10.2.2 因子载荷的统计意义

由方程(10-2)可知：

$$x_i = \mu_i + a_{i1}f_1 + a_{i2}f_2 + \cdots + a_{im}f_m + \varepsilon_i$$

则属性 x_i 与公共因子 f_j 之间的协方差为：

$$\mathrm{Cov}(x_i, f_j) = \mathrm{Cov}(\mu_i, f_j) + a_{i1}\mathrm{Cov}(f_1, f_j) + a_{ij}\mathrm{Cov}(f_j, f_j) + \cdots + a_{im}\mathrm{Cov}(f_m, f_j) + \mathrm{Cov}(\varepsilon_i, f_j)$$

由假设（3）可知：$\mathrm{Var}(\boldsymbol{F}) = I$，因此，$\mathrm{Cov}(f_j, f_j) = 1$，且 $\mathrm{Cov}(f_i, f_j) = 0 \quad i \neq j$。

故有：

$$\mathrm{Cov}(x_i, f_j) = a_{ij}$$

由此可见，因子载荷 a_{ij} 的统计意义就是第 i 个变量与第 j 个因子之间的协方差。

如果 x_i 是标准化后的属性，即 $\mathrm{Var}(x_i)=1$，则根据相关系数的定义可得 x_i 和 f_j 之间的相关系数 $r_{x_i f_j}$：

$$r_{x_i f_j} = \mathrm{Cov}(x_i, f_j) = a_{ij}$$

由此可见，对于标准化的属性 $x_1, x_2, \cdots, x_p$，因子载荷 a_{ij} 的统计意义就是第 i 个变量与第 j 个因子之间的相关系数。

10.2.3　因子载荷矩阵的行元素平方和

由方程(10-2)可知

$$x_i = \mu_i + a_{i1}f_1 + a_{i2}f_2 + \cdots + a_{im}f_m + \varepsilon_i$$

上式两边取方差可得：

$$\mathrm{Var}(x_i) = a_{i1}^2 \mathrm{Var}(f_1) + a_{i2}^2 \mathrm{Var}(f_2) + \cdots + a_{im}^2 \mathrm{Var}(f_m) + \mathrm{Var}(\varepsilon_i) \qquad (10\text{-}5)$$

由于 $\mathrm{Var}(F) = I$，因此：

$$\mathrm{Var}(x_i) = \sigma_{ii}^2 = a_{i1}^2 + a_{i2}^2 + \cdots + a_{im}^2 + \varphi_i^2 \quad i=1,2,\cdots,p$$

令：

$$h_i^2 = \sum_{j=1}^{m} a_{ij}^2 \quad i=1,2,\cdots,p$$

则：

$$\sigma_{ii}^2 = h_i^2 + \varphi_i^2$$

由此可见，属性 x_i 的方差被分解成了两个部分：第一部分是公共因子 $f_1, f_2, \cdots, f_m$ 带来的方差，称为共性方差；第二部分是特殊因子 ε_i 带来的方差，称为特殊方差。当属性 x_i 已经做了标准化处理时，$\sigma_{ii}^2 = 1$，则：

$$h_i^2 + \varphi_i^2 = 1 \quad i=1,2,\cdots,p$$

10.2.4　因子载荷矩阵的列元素平方和

由式(10-5)两边求和，可得：

$$\sum_{i=1}^{p} \mathrm{Var}(x_i) = \sum_{i=1}^{p} a_{i1}^2 \mathrm{Var}(f_1) + \sum_{i=1}^{p} a_{i2}^2 \mathrm{Var}(f_2) + \cdots + \sum_{i=1}^{p} a_{im}^2 \mathrm{Var}(f_m) + \sum_{i=1}^{p} \mathrm{Var}(\varepsilon_i)$$

$$\sum_{i=1}^{p} \text{Var}(x_i) = g_1^2 + g_2^2 + \ldots + g_m^2 + \sum_{i=1}^{p} \varphi_i^2$$

其中，$g_j^2 = \sum_{i=1}^{p} a_{ij}^2$

$\sum_{i=1}^{p} \text{Var}(x_i)$ 是属性 $x_1, x_2, \cdots, x_p$ 的总方差，反映了属性 $x_1, x_2, \cdots, x_p$ 的总变动。g_j^2 反映了公共因子 f_j 对 $x_1, x_2, \cdots, x_p$ 的影响，度量了 f_j 的重要程度，可以视为公共因子 f_j 对解释 $x_1, x_2, \cdots, x_p$ 的总方差的贡献。显然，所有因子 $f_1, f_2, \cdots, f_m$ 对 $x_1, x_2, \cdots, x_p$ 的总方差的累计贡献是 $\sum_{i=1}^{m} g_j^2$。

由此可知，$g_j^2 / \sum_{i=1}^{p} \text{Var}(x_i)$ 是公共因子 f_j 能够解释的 $x_1, x_2, \cdots, x_p$ 总方差的比例。

$\sum_{i=1}^{m} g_j^2 / \sum_{i=1}^{p} \text{Var}(x_i)$ 是所有公共因子 $f_1, f_2, \cdots, f_m$ 所能解释的 $x_1, x_2, \cdots, x_p$ 总方差的比例。

10.3 参数估计与因子旋转

设从总体抽取容量为 n 的样本，对 n 个样本个体的 p 个属性 $x_1, x_2, \cdots, x_p$ 的观测结果形成样本数据矩阵 X。因此，总体属性的均值 μ 和协方差矩阵 Σ 可分别用样本属性的均值 $\bar{x}$ 和协方差矩阵 S 分别加以估计。即：

$$\bar{x} = \frac{1}{n} \sum_{i=1}^{n} x_i$$

$$S = \frac{1}{n-1} \sum_{i=1}^{n} (x_i - \bar{x})(x_i - \bar{x})'$$

当建立因子模型之后，需要估计因子载荷矩阵 A 和特殊方差矩阵 D。常用的估计方法是有主成分法、主因子法、迭代主因子法和极大似然估计法。

10.3.1 主成分法

主成分法是基于矩阵谱分解的一种估计因子载荷矩阵的方法。令 S 的特征值从大到小依次为 $\hat{\lambda}_1 > \hat{\lambda}_2 > \cdots > \hat{\lambda}_p$。对应的特征向量依次为 $\hat{e}_1, \hat{e}_2, \cdots, \hat{e}_p$，则矩阵 S 可分解为：

$$S = \hat{\lambda}_1 \hat{e}_1 e_1' + \hat{\lambda}_2 \hat{e}_2 e_2' + \cdots + \hat{\lambda}_p \hat{e}_p e_p' \tag{10-6}$$

$$= \left(\sqrt{\hat{\lambda}_1} \hat{e}_1, \sqrt{\hat{\lambda}_2} \hat{e}_2, \cdots, \sqrt{\hat{\lambda}_p} \hat{e}_p \right) \begin{pmatrix} \sqrt{\hat{\lambda}_1} \hat{e}_1 \\ \sqrt{\hat{\lambda}_2} \hat{e}_2 \\ \vdots \\ \sqrt{\hat{\lambda}_p} \hat{e}_p \end{pmatrix}$$

上式中利用 S 的 p 个特征值和对应的特征向量得到矩阵 S 的精确谱分解表达式。但是，由于用到的特征向量个数和属性个数相同，这不能实现用较少的因子尽可能代表多个属性的目的。因此，我们需要用更少的特征向量表达样本协方差矩阵 S。我们注意到，取 $m<p$，当矩阵 S 的最后 $p-m$ 个特征值较小时，可以忽略式（10-6）中的最后 $p-m$ 项。即可以选取一个因子数 m，$m<p$，当 $\sum_{i=1}^{m}\hat{\lambda}_i / \sum_{i=1}^{p}\hat{\lambda}_i$ 达到一个满意的水平时，则样本协方差矩阵 S 可以用上式的前 m 项近似地表达出来。即：

$$S \approx \hat{\lambda}_1 \hat{e}_1 e_1' + \hat{\lambda}_2 \hat{e}_2 e_2' + \cdots + \hat{\lambda}_m \hat{e}_m e_m'$$

$$= \left(\sqrt{\hat{\lambda}_1} \hat{e}_1, \sqrt{\hat{\lambda}_2} \hat{e}_2, \cdots, \sqrt{\hat{\lambda}_m} \hat{e}_m \right) \begin{pmatrix} \sqrt{\hat{\lambda}_1} \hat{e}_1 \\ \sqrt{\hat{\lambda}_2} \hat{e}_2 \\ \vdots \\ \sqrt{\hat{\lambda}_m} \hat{e}_m \end{pmatrix} = \hat{A}\hat{A}'$$

上式与因子模型(10-2)对照，还缺特殊因子。可以利用式（10-6）中被忽略掉的 $p-m$ 项构造出特殊因子。

令 $\hat{D}$ 是由 $\hat{\lambda}_{m+1}\hat{e}_{m+1}e_{m+1}' + \cdots + \hat{\lambda}_p\hat{e}_p e_p'$ 的对角线元素构成的对角阵。这些对角线元素分别表示为 $\varphi_1^2, \varphi_2^2, \cdots, \varphi_p^2$。即 $\hat{D} = diag\left(\varphi_1^2, \varphi_2^2, \cdots, \varphi_p^2 \right)$，$i = 1, 2, \cdots, p$。由此可以将 S 近似分解为：

$$S \approx \hat{\lambda}_1 \hat{e}_1 e_1' + \hat{\lambda}_2 \hat{e}_2 e_2' + \cdots + \hat{\lambda}_m \hat{e}_m e_m' + \hat{D} = \hat{A}\hat{A}' + \hat{D} \tag{10-7}$$

其中，

$$\hat{A} = \left(\sqrt{\hat{\lambda}_1}\hat{e}_1, \sqrt{\hat{\lambda}_2}\hat{e}_2, \ldots, \sqrt{\hat{\lambda}_m}\hat{e}_m\right)$$

对照式（10-4）可见，此时 $\hat{A}$ 和 $\hat{D}$ 就是因子模型的一个解。因子载荷矩阵 A 的第 j 列与从 S 求得的第 j 个主成分的系数向量相比仅差一个系数 $\sqrt{\hat{\lambda}_i}$，故 $\hat{A}$ 和 $\hat{D}$ 就称为因子模型的主成分解。

$S - \hat{A}\hat{A}' - \hat{D}$ 为残差矩阵。由于 $\sigma_{ii}^2 = h_i^2 + \varphi_i^2$，故残差矩阵的对角线元素为 0。当残差矩阵的非对角线元素很小时，可以认为前 m 个因子代表了样本数据的绝大部分信息。

10.3.2 主因子法

主因子法是从相关系数矩阵出发求解因子模型的方法，是主成分法的修正方法。设属性变量 $x_1, x_2, \ldots, x_p$ 均已做标准化处理（每个属性的标准差为 1），则根据式（10-7），变量 $x_1, x_2, \ldots, x_p$ 的相关系数矩阵 R 可以写为：

$$R \approx \hat{A}\hat{A}' + \hat{D} \tag{10-8}$$

令：

$$R^* = R - \hat{D} = \hat{A}\hat{A}'$$

R^* 被称为约相关矩阵。R^* 的主对角元素是各公共因子的方差，即 $\hat{h}_i^2$，而 R^* 的非对角元素是与 R 相同，则 R^* 可以写为：

$$R^* = R - \hat{D} = \begin{pmatrix} \hat{h}_1^2 & r_{12} & \cdots & r_{1p} \\ r_{21} & \hat{h}_2^2 & \cdots & r_{2p} \\ \vdots & \vdots & \cdots & \vdots \\ r_{p1} & r_{p2} & \cdots & \hat{h}_p^2 \end{pmatrix}$$

设 $\hat{\varphi}_i^2$ 是特殊方差的一个初始估计值，根据 $\hat{h}_i^2 + \hat{\varphi}_i^2 = 1$，则 $\hat{h}_i^2$ 的估计值为 $\hat{h}_i^2 = 1 - \hat{\varphi}_i^2$。设 R^* 的前 m 个特征值依次为 $\hat{\lambda}_1^* > \hat{\lambda}_2^* > \cdots > \hat{\lambda}_p^*$，对应的特征向量依次为 $\hat{e}_1^*, \hat{e}_2^*, \ldots, \hat{e}_p^*$，仅使用前 m 个特征值和对应的特征向量重新分解矩阵 R^* 为：

$$R^* \approx \hat{\lambda}_1^* \hat{e}_1^* e_1^{*'} + \hat{\lambda}_2^* \hat{e}_2^* e_2^{*'} + \cdots + \hat{\lambda}_m^* \hat{e}_m^* e_m^{*'}$$

由此可得：

$$R^* \approx \left(\sqrt{\hat{\lambda}_1^*}\hat{e}_1^*, \sqrt{\hat{\lambda}_2^*}\hat{e}_2^*, \cdots, \sqrt{\hat{\lambda}_m^*}\hat{e}_m^*\right) \begin{pmatrix} \sqrt{\hat{\lambda}_1^*}\hat{e}_1^{*\prime} \\ \sqrt{\hat{\lambda}_2^*}\hat{e}_2^{*\prime} \\ \vdots \\ \sqrt{\hat{\lambda}_m^*}\hat{e}_m^{*\prime} \end{pmatrix}$$

则 $\left(\hat{\lambda}_1^*\hat{e}_1^*, \hat{\lambda}_2^*\hat{e}_2^*, \cdots, \hat{\lambda}_m^*\hat{e}_m^*\right)$ 是因子模型的主因子解。

显然，要得到因子模型的主因子解，必须先要得到特殊方差的初始估计值 $\hat{\varphi}_i^2$ 或者共性方差的估计值 $\hat{h}_i^2$。$\hat{\varphi}_i^2$ 和 $\hat{h}_i^2$ 常用的初始估计值有如下选择：

① $\hat{\varphi}_i^2 = 1/r^{ii}$，其中 r^{ii} 是矩阵 R 的逆矩阵 R^{-1} 的第 i 个主对角元素

② $\hat{h}_i^2 = \max_{j \neq i} |r_{ij}|$

③ $\hat{h}_i^2 = 1$。此时，$\hat{\varphi}_i^2 = 0$，得到主成分解。

由于上述 $\hat{\varphi}_i^2$ 和 $\hat{h}_i^2$ 常用的初始估计值并不一定准确，因此可以采用迭代的方法求解主因子解。即根据一个初始的 $\hat{\varphi}_i^2$ 和 $\hat{h}_i^2$ 得到主因子解之后，重新计算 $\hat{\varphi}_i^2$ 和 $\hat{h}_i^2$ 的估计值，然后再计算主因子解，直到主因子解稳定为止。这种方法称为迭代主因子法。

10.3.3　极大似然估计法

当假设公共因子和特殊因子都是服从正态分布时，则可以运用极大似然估计法求解因子模型。极大似然估计法的具体步骤可见 Johnson 等（2008）。

10.3.4　因子旋转

估计因子模型的目的是获得能够代表原始数据的公共因子。更为重要的是，我们需要对每一个公共因子所代表的意义做出合理解释。对公共因子的解释具有一定的主观性，需要对原始数据有全面的理解，而且需要结合专业理论知识和经验。

因子载荷矩阵 A 的结构决定了是否能够对公共因子做出解释。当公共因子是基于相关矩阵 R 求解得到时，A 的所有元素在区间 $[0, 1]$ 的取值。如果 A 的每一行都有一个元素接近于 1 或 -1，而该行的其余元素均接近于 0，则公共因子易于解释。如果矩阵 A 中的每一行的元素取值比较接近，则提取的公共因子不太容易做出合理的解释。

不能对公共因子做出解释就不能达到因子分析的目的。在这个时候，可以通过因子旋转，重新估计公共因子，以方便更好地对公共因子做出解释。因子旋转的目的是使因子载荷矩阵每一行元素的绝对值相互之间的差异尽可能大。即尽可能使该行其中一些元素接近于 0，而另一些元素的取值更接近 +1 或 -1。

因子旋转的方法有正交旋转法和斜交旋转法，具体原理可见 Johnson 等（2008）。

经过旋转后的因子载荷矩阵应该具有简单结构，方便对公共因子做出合理解释。

10.4　因子分析实例

Tarlov et al. (1989)收集了美国波士顿、芝加哥和洛杉矶三个地区的9999个患有慢性病的病人在两年内的医疗观测记录。这些观测记录包括医生对病人的身体活动能力评估记录、病人心理状态评估记录以及病人自我健康评估记录三个方面。

```
. use https://www.stata-press.com/data/r16/sp2

. describe

Contains data from https://www.stata-press.com/data/r16/sp2.dta
  obs:         9,999
 vars:            20                          26 Jan 2018 09:26
                                              (_dta has notes)

              storage   display    value
variable name   type    format     label      variable label

patid           int     %9.0g                 Case ID
ghp31           float   %9.0g                 Health excellent, very good, good,
                                                fair, poor
pf01            float   %9.0g                 How long limit vigorous activity
pf02            float   %9.0g                 How long limit moderate activity
pf03            float   %9.0g                 How long limit walk/climb
pf04            float   %9.0g                 How long limit bend/stoop
pf05            float   %9.0g                 How long limit walk 1 block
pf06            float   %9.0g                 How long limit eat/dress/bath
rkeep           float   %9.0g                 Does health keep work-job-hse
rkind           float   %9.0g                 Can't do kind/amount of work
sact0           float   %9.0g                 Last month limit activities
mha01           float   %9.0g                 Last month very nervous
mhp03           float   %9.0g                 Last month calm/peaceful
mhd02           float   %9.0g                 Last month downhearted/blue
mhp01           float   %9.0g                 Last month a happy person
mhc01           float   %9.0g                 Last month down in the dumps
ghp01           float   %9.0g                 Somewhat ill
ghp04           float   %9.0g                 Healthy as anybody I know
ghp02           float   %9.0g                 Health is excellent
ghp05           float   %9.0g                 Feel bad lately
```

在上表中，以"ghp"开头的变量记录病人自我健康评估方面的信息；以"pf"开头的变量记录病人身体活动能力方面的信息；以"mh"开头的变量记录病人心理状态方面的信息。下面以该数据集为基础展示因子分析的基本内容及其实现方法。

10.4.1　估计因子载荷矩阵

基于上述数据集，我们可以采用因子分析法提取三个公共因子，分别反映病人在身体活动能力、自我健康评估、心理状态三方面的信息。Stata的factor命令和factormat命令可以用于因子估计。factor命令基于属性（变量）的样本观测值估计因子载荷矩阵，而factormat命令基于属性（变量）之间的相关系数矩阵估计因子载荷矩阵；在估计出公共因子之后，可以运用predict命令计算因子得分，利用rotate命令实现因子旋转，利用estat命令可以比较旋转前后的因子以及估计因子之间的相关系数等功能。下面采用factor命令估计因子载荷矩阵。

```
. factor ghp31-ghp05, pf factors(3)
```

Factor analysis/correlation   Number of obs   =   9,999
    Method: principal factors   Retained factors =   3
    Rotation: (unrotated)   Number of params =   54

Factor	Eigenvalue	Difference	Proportion	Cumulative
Factor1	7.27086	4.90563	0.7534	0.7534
Factor2	2.36523	1.38826	0.2451	0.9985
Factor3	0.97697	1.00351	0.1012	1.0997
Factor4	-0.02654	0.00538	-0.0027	1.0970
Factor5	-0.03191	0.00378	-0.0033	1.0937
Factor6	-0.03569	0.00353	-0.0037	1.0900
Factor7	-0.03922	0.00271	-0.0041	1.0859
Factor8	-0.04193	0.00662	-0.0043	1.0815
Factor9	-0.04855	0.01015	-0.0050	1.0765
Factor10	-0.05870	0.00250	-0.0061	1.0704
Factor11	-0.06120	0.00224	-0.0063	1.0641
Factor12	-0.06344	0.00376	-0.0066	1.0575
Factor13	-0.06720	0.00345	-0.0070	1.0506
Factor14	-0.07065	0.00185	-0.0073	1.0432
Factor15	-0.07250	0.00033	-0.0075	1.0357
Factor16	-0.07283	0.00772	-0.0075	1.0282
Factor17	-0.08055	0.01190	-0.0083	1.0198
Factor18	-0.09245	0.00649	-0.0096	1.0103
Factor19	-0.09894	.	-0.0103	1.0000

Factor loadings (pattern matrix) and unique variances

Variable	Factor1	Factor2	Factor3	Uniqueness
ghp31	-0.6519	-0.0562	0.3440	0.4535
pf01	0.6150	0.3226	-0.0072	0.5177
pf02	0.6867	0.3737	0.2175	0.3415
pf03	0.6712	0.3774	0.1621	0.3807
pf04	0.6540	0.3588	0.2268	0.3921
pf05	0.6209	0.3258	0.2631	0.4392
pf06	0.4370	0.1803	0.2241	0.7263
rkeep	0.6868	0.1820	0.0870	0.4876
rkind	0.7244	0.2464	0.0780	0.4085
sact0	0.6556	-0.0719	0.0461	0.5628
mha01	0.5297	-0.4773	0.1268	0.4755
mhp03	-0.4810	0.5691	-0.1238	0.4294
mhd02	0.5208	-0.5949	0.1623	0.3485
mhp01	-0.4980	0.5955	-0.1225	0.3824
mhc01	0.4927	-0.5215	0.1531	0.4618
ghp01	0.6686	0.0194	-0.3621	0.4215
ghp04	-0.6833	-0.0195	0.4089	0.3656
ghp02	-0.7398	-0.0227	0.4212	0.2748
ghp05	0.6163	-0.2760	-0.1626	0.5175

上述命令中使用因子分析命令factor的pf选项估计因子。因子分析命令factor可有四个估计公共因子的方法可选项,即主因子法(pf)、迭代主因子法(ipf)、主成分法(pcf)和极大似然估计法(ml)。factor命令还可以通过选项factor(#)设定选取的公共因子数量。Stata也允许使用选项mineigen(#)设定选取公共因子时特征值需要达到的最小值,以确定因子数量。如设定选项mineigen(0),则将使用大于0的特征值及其对应的特征向量计算公共因子。

因子分析命令factor输出了两个表格。第一个表格输出了样本数据矩阵的各个特征值及其占比。第二个表格输出了各个公共因子的载荷系数,即因子载荷矩阵。从第二个表格可以看出,第一个公共因子在所有的属性(变量)上系数的绝对值都较大,现在可以初步定义为总体健康因子;第二个因子在病人心理自我心理状态评估变量上的系数的绝对值较大,可以定义为心理健康因子;第三个因子在病人自我健康评估变量上的系数的绝对值较大,可以定义为自我健康评估因子。

利用命令可以检查三个公共因子之间的相关系数:

. estat common

(输出结果略)

可以看出,提取的三个公因子之间的相关系数为0。这与因子模型的假设是一致的。

10.4.2 因子旋转

显然,上面提取的三个因子与我们事前对数据集的理解不一致,这二个因子中并未提取出反映病人身体活动状态的因子。因此,我们可以运用rotate命令(rotate)实现因子旋转,重新计算因子载荷矩阵,以方便我们对公共因子做出更好的解释。

```
. rotate, orthogonal varimax

Factor analysis/correlation                 Number of obs     =      9,999
    Method: principal factors               Retained factors  =          3
    Rotation: orthogonal varimax (Kaiser off) Number of params =         54

    Factor   |  Variance   Difference    Proportion   Cumulative
    Factor1  |  4.20556     0.83302        0.4358       0.4358
    Factor2  |  3.37253     0.33756        0.3495       0.7852
    Factor3  |  3.03497        .           0.3145       1.0997

LR test: independent vs. saturated: chi2(171) = 1.0e+05 Prob>chi2 = 0.0000
```

```
Rotated factor loadings (pattern matrix) and unique variances

    Variable |  Factor1   Factor2   Factor3 |   Uniqueness
    ---------+-------------------------------+-------------
       ghp31 |  -0.2968   -0.1647   -0.6567  |    0.4535
        pf01 |   0.5872    0.0263    0.3699  |    0.5177
        pf02 |   0.7740    0.0848    0.2287  |    0.3415
        pf03 |   0.7386    0.0580    0.2654  |    0.3807
        pf04 |   0.7484    0.0842    0.2018  |    0.3921
        pf05 |   0.7256    0.1063    0.1518  |    0.4392
        pf06 |   0.5023    0.1268    0.0730  |    0.7263
       rkeep |   0.6023    0.2048    0.3282  |    0.4876
       rkind |   0.6590    0.1669    0.3597  |    0.4085
       sact0 |   0.4187    0.3875    0.3342  |    0.5628
       mha01 |   0.1467    0.6859    0.1803  |    0.4755
       mhp03 |  -0.0613   -0.7375   -0.1514  |    0.4294
       mhd02 |   0.0921    0.7893    0.1416  |    0.3485
       mhp01 |  -0.0570   -0.7671   -0.1612  |    0.3824
       mhc01 |   0.1102    0.7124    0.1359  |    0.4618
       ghp01 |   0.2783    0.1977    0.6797  |    0.4215
       ghp04 |  -0.2652   -0.1908   -0.7264  |    0.3656
       ghp02 |  -0.2986   -0.2116   -0.7690  |    0.2748
       ghp05 |   0.1755    0.4756    0.4748  |    0.5175

Factor rotation matrix

            |  Factor1   Factor2   Factor3
    --------+-------------------------------
    Factor1 |   0.6658    0.4796    0.5715
    Factor2 |   0.5620   -0.8263    0.0387
    Factor3 |   0.4908    0.2954   -0.8197
```

这里采用的方法是正交旋转法（factor 的选项是 orthogonal）。正交旋转法包括一系列具体的方法，如最大方差旋转法（对应选项 varimax）、GPF 算法（对应选项 vgpf）以及最小熵法（对应选项 entropy）等。

因子旋转后输出了三个表格。第一个表格输出了旋转后的每个因子的方差及其占比；第二个表格输出了旋转后的因子载荷矩阵。从这个表格可见，第一个因子在以"pf"开头的变量上的载荷系数的绝对值都比较大，在其他变量上的载荷系数的绝对值都比较小。显然，第一个因子反映了病人身体活动能力方面的信息；第二个因子在以"mh"开头的变量上的载荷系数的绝对值均比较大，反映了病人心理状态方面的信息；第三个因子在以"ghp"开头的变量上的载荷系数的绝对值均比较大，反映了病人自我健康评估方面的信息。因子旋转后重新做出的对因子的解释与我们事前了解的信息是一致的。可见，因子旋转后的结果大大改善了公共因子的解释能力。

Stata 提供了一个用于比较未经旋转的因子载荷矩阵和经过因子旋转的因子载荷矩阵的命令：

. estat rotatecompare
（输出结果略）

这个矩阵对于观察旋转前后因子的变化很有帮助。

rotate 命令也可以采用斜交旋转法，相应的选项是 oblique。斜交旋转法包括一系列具体的方法，对应的选项有 oblimin、bentler 及 quartimin 等。

10.4.3 计算因子得分

通过因子估计和因子旋转，可以从原始数据集中提取数量较少的公共因子，并对公共因子做出合适的解释。在多数情况下，因子分析工作到此即告完成。然而，有时候我们需要基于公共因子对样本内的个体进行排序，或者利用提取的公共因子展开进一步的数据分析。这就需要计算样本内个体的因子得分。因子得分就是对不可观测的公共因子在不同样本个体上的取值做出估计。因子得分的计算方法有加权最小二乘法和回归法，具体内容可参见王学民（2021）。

在运行 factor 命令之后，运行 predict 命令可轻易得到各个公共因子的得分。

. predict f1-f3

```
Scoring coefficients (method = regression; based on varimax rotated factors)

   Variable   Factor1    Factor2    Factor3
     ghp31    0.04054    0.03779   -0.20559
      pf01    0.09726   -0.04552    0.03859
      pf02    0.25036   -0.02350   -0.08178
      pf03    0.20629   -0.03586   -0.04327
      pf04    0.21578   -0.01633   -0.07901
      pf05    0.19498   -0.00076   -0.09086
      pf06    0.08988    0.01297   -0.05399
     rkeep    0.11269    0.00933   -0.00087
     rkind    0.14642   -0.00802    0.00722
     sact0    0.04716    0.05861    0.01251
     mha01   -0.00375    0.17587   -0.03467
     mhp03    0.02619   -0.21242    0.03985
     mhd02   -0.01885    0.27899   -0.06896
     mhp01    0.03344   -0.24573    0.04279
     mhc01   -0.00675    0.19273   -0.05000
     ghp01   -0.05476   -0.03210    0.22924
     ghp04    0.07766    0.04555   -0.28777
     ghp02    0.10099    0.05971   -0.39839
     ghp05   -0.04388    0.07492    0.10108
```

执行 predict 命令之后，Stata 输出各个因子在每个变量上的因子得分系数。根据得分系数可以得到计算因子得分的表达式。例如，上例中，三个因子的因子得分表达式分别可以表达为：

$$f_1 = 0.0405 ghp31 + 0.0972 pf01 + \ldots - 0.0439 ghp05$$

$$f_2 = 0.0378 ghp31 - 0.00455 pf01 + \ldots + 0.0749 ghp05$$

$$f_3 = -0.2055 ghp31 + 0.03869 pf01 + \ldots + 0.1011 ghp05$$

基于因子得分表达式，根据每个样本个体在变量上的取值，就可以计算各个因子的因子得分。Stata 直接将计算的因子得分保存在当前数据集中。在上例中，三个因子的因子得分分别以变量f_1、f_2、f_3保存在当前数据集中。这些新增变量f_1、f_2、f_3可以用 describe 命令查看。

利用 Stata 提供的 loadingplot 命令可以绘制任意两个公共因子中每个变量的因子载荷系数散点分布图。然而，当变量个数较多时，因子载荷系数散点分布图中出现较多的重叠，不易观察。

Scoreplot 命令可以绘制每个样本个体在任意两个公共因子上的因子得分散点图。当样本个体数目较少时，Scoreplot 命令可以提供有用的信息。

第三篇　Stata（Mata）程序设计

```
scalars:
              e(N) =  69
           e(df_m) =  4
           e(df_r) =  64
              e(F) =  15.67533780231027
             e(r2) =  .49487515808488
           e(rmse) =  2133.638590625879
            e(mss) =  285442486.2034542
            e(rss) =  291354472.6661112
           e(r2_a) =  .4633048554651851
             e(ll) = -624.2368508845724
           e(ll_0) = -647.7986144493904
           e(rank) =  5

macros:
         e(cmdline) : "regress price mpg rep78 displacement foreign"
           e(title) : "Linear regression"
       e(marginsok) : "XB default"
             e(vce) : "ols"
          e(depvar) : "price"
             e(cmd) : "regress"
      e(properties) : "b V"
         e(predict) : "regres_p"
           e(model) : "ols"
       e(estat_cmd) : "regress_estat"

matrices:
              e(b) :  1 x 5
              e(V) :  5 x 5

functions:
         e(sample)
```

第11章 条件控制、循环与前缀子句

11.1 条件控制

if条件控制语句是Stata编程中必不可少的控制程序执行流程的语句。其语法格式是：

```
if exp {
         multiple_commands1
     }
else {
         multiple_commands2
     }
```

在上述语句的框架中，当exp的值为真，则执行语句组multiple_commands1；当exp的值为假，则执行语句组multiple_commands2。if子句可以单独使用，也可以加上else子句一起使用，实现对程序执行流程的灵活控制。

关于if条件控制语句，需要注意以下几点：

第一，if条件控制语句是可以单独使用的语句，与部分Stata命令后的if选项不同。

大部分Stata命令后有if选项，这些if选项必须和Stata命令一起使用。if条件控制语句是可以单独使用。正确区分if条件控制语句和Stata命令后的if选项是非常必要的。

第二，if语句中在判断后执行的语句组必须放在"{ }"之中。

用户必须正确设定if语句后的"{ }"的位置。"{"必须放在和if相同的行，该行在"{"之后不能有除了注释以外的任何语句。

条件成立后需要执行的第一条语句应该放在新的一行。

"}"应该单独出现在一行，该行后同样不能有除了注释以外的任何语句。判断后执行的语句即使只有一行，也应该单独书写在一行，而不应该与"{"或"}"书写在同一行。

第三，建议采用向右缩进的方式书写if语句，以方便阅读。

合理安排"}"的位置是重要的。在向右缩进时，"}"的向右缩进位置应该与if或else关键词的缩进位置相同。

11.2 循环

11.2.1 foreach循环

（1）循环遍历通用列表：foreach…in

假如我们需要在auto.dta中根据rep78（汽车维修次数）的取值创建5个二元虚拟变量。则利用gen命令可以实现：

```
gen d1 = 0
replace d1 = 1 if rep == 1
gen d2 = 0
replace d2 = 1 if rep == 2
gen d3 = 0
replace d3 = 1 if rep == 3
gen d4 = 0
replace d4 = 1 if rep == 4
gen d5 = 0
replace d5 = 1 if rep == 5
```

显然，重复输入内容相似的语句是一件枯燥的事情。可以运用循环实现相同的目的：

```
foreach i in 1 2 3 4 5 {
    gen d`i' = 0
    replace d`i' = 1 if rep78 == `i'
}
```

在上面的循环语句中，foreach是循环语句的关键词，标志着循环的开始。括号"{ }"之内是需要反复执行多次的语句组——称为循环体。同样，"{"必须与foreach在同一行，且之后不能再有除注释之外的其他语句。"}"必须单独书写在一行且向右缩进。

in是该循环语句的另一个关键词，其后只能跟随以逐一罗列方式形成的简单数字列表或字符串列表。上述例子中，in后是1 2 3 4 5，这是一个简单数字列表。i是控制循环的宏名。每循环一次，宏的内容依次取数字列表中的一个数字，相当于定义一个名为i的宏。如第一次执行循环，宏i的内容被定义为1，即相当于执行：

```
local i 1
```

循环体中的宏i被引用后替换成1，因此相当于执行：

```
gen d1 = 0
replace d1 = 1 if rep78 == 1
```

循环体中的语句执行完后，遇到"}"，表示当次循环结束，返回到第一行的foreach语句。在新的循环中，数字列表中的下一个数字2被赋给宏i，然后再执行循环体。直到数字列表的最后一个数字被赋给宏i，再执行循环体后，循环结束。

再次强调，在foreach…in循环中，in后只能跟逐一罗列的简单表达的列表，如1 2 3 4 5，或者price mpg rep78 headroom。in后不能跟以其他方法生成的列表，如1/5，或price -headroom等。

（2）循环遍历指定类型列表：foreach…of

①循环遍历数字列表：foreach…of numlist。

在Stata中，除了采取逐一罗列数字形成简单数字列表外，还提供多种方式表达数字列表。在本书第2章介绍了各种数字列表的示例。这些示例展示了高效形成数字列表的方法。例如：简单数字列表1 2 3 4 5可以按照如下方式表达：

1/5

1 2 3/5

1(1)5

1 2 to 5

1 2: 5

1[1]5

上述形成列表的方式，其效率均高于简单数字列表1 2 3 4 5。因此，建议在可能的情况下，使用Stata允许的高效的方法生成数字列表。

在foreach循环中，只要通过添加关键词numlist，明确告诉Stata使用的是数字列表，则上述方法生成的列表都可以被识别。因此，上述循环可以改成：

```
foreach i of numlist 1/5 {
    gen d`i' = 0
    replace d`i' = 1 if rep78 == `i'
}
```

在这个循环中，使用了关键词numlist，因此可以使用任何一种表达数字列表1 2 3 4 5的方式。

Stata先将数字列表保存起来再执行foreach…of numlist循环语句。这在一定程度上提高了foreach…of numlist循环的执行速度。这种遍历数字列表的循环具有强大的功能，故经常在程序设计中采用。更重要的是，在所有的foreach循环中，遍历数字列表的循环具有最快的运行速度（Cox，2020）。然而，当数字列表较长时，这种循环会占用较多的存储空间，在这种情况下，建议使用forvalue循环语句。

②循环遍历宏的内容列表：foreach…of local。

这是foreach循环的又一种灵活的表达方式。在上述有关foreach…in循环的例子中，数字列表只有5个数字，因此可以直接书写在关键词in后面。但是，当数字列表较长时，如果在in后的数字列表中直接罗列列表内容，则显得冗长，不方便书写和阅读。此时，可考虑通过定义宏的方式将列表的内容赋给宏。则程序可改写如下：

```
local nlist 1 2 3 4 5
```

```
foreach i of local nlist {
    gen d`i' = 0
    replace d`i' = 1 if rep78 == `i'
}
```

注意，由于将数字列表赋给了局部宏nlist，因此在foreach语句中引用该局部宏之前必须添上关键词local，且local之前的关键词也改成了of。此外，在循环语句中引用局部宏nlist时不需要在宏名两侧使用引号`'。

③循环遍历观测变量名列表：foreach…of varlist。

有的时候需要对数据集中的各个观测变量做相同的处理，这时通过循环语句能够更高效地达到目的。例如，如果需要对数据集auto.dta中的多个数字变量做描述性统计，以了解该数据集的基本情况，则可以利用循环语句实现：

```
foreach var of varlist price mpg rep78 headroom {
    summarize `var'
}
```

在这个循环中，of后的关键词变成了varlist，表明varlist之后是一个由观测变量名形成的列表。由于使用了关键词varlist，因此可以使用相对复杂但可能更简洁的变量名列表表达方式。如果变量名是在数据集中按照price mpg rep78 headroom的顺序排列，则该变量名列表可简洁表达为price – headroom：

```
foreach var of varlist price -headroom {
    summarize `var'
}
```

当然，如果观测变量名列表是简单地逐一罗列形成的，则可以使用foreach…in循环：

```
foreach var in price mpg rep78 headroom {
    summarize `var'
}
```

④循环遍历自动生成的新变量名列表：foreach…of newlist

有时候需要一次生成多个变量，并对新生成的变量做各种计算和分析。如需要生成5个新变量，每个变量都用于保存通过随机生成得到的呈正态分布的随机数字，并绘出这5个变量的Q-Q图[1]。程序如下：

```
foreach var of newlist z1-z5 {
    gen `var' = runiform()
    qnorm `var'
    more
}
```

---

[1] 这个例子来自Cox(2020)。

Stata 首先生成 z1 z2 z3 z4 z5 共 5 个新变量名。然后在每次循环中，循环变量 *var*（宏）依次遍历这些变量名。在循环体中通过引用宏 *var*，得到相应的变量名，生成该变量并赋值为服从正态分布的随机数；最后绘制该变量的 Q-Q 图。more 命令的功能是在进行下一个显示时暂停，由用户敲击任意键后继续。

上述循环中的关键词 newlist 不能替换成 varlist，因为当前数据集中并不存在变量 z1～z5。但是，上述循环可以改成简单列表循环：

```
foreach var in z1 z2 z3 z4 z5 {
    gen `var' = runiform()
    qnorm `var'
    more
}
```

（3）小结

①在 foreach 循环中，使用者必须自己指定需要遍历的列表内容。这些列表的内容可以直接简单罗列，也可以采用 Stata 允许的效率更高的方式形成列表。"{"必须放在循环开始的第一行的末尾，而"}"必须单独放在循环体结束后的下一行。

②foreach… in 循环适用于需要循环遍历的列表内容较短且可以方便地逐一罗列出来的场景；foreach…of 循环适用于当循环遍历的列表内容较长或者难以逐一罗列出来的场景。在这种情况下，可以采用 Stata 允许的规则将较长的列表简洁地表达出来，形成 Stata 能够识别的数字列表、观测变量名列表以及新变量名列表，并在列表前分别以关键词 numlist、varlist 和 newlist 加以说明。在程序设计中，foreach…of 循环更为常用。

③foreach…of local 循环中的循环变量（宏）依次遍历保存在宏中的各元素。循环结束后，循环中的循环变量（宏）也随即消失。因此，循环变量（宏）不能和程序中的其他宏名重复，否则循环结束，该宏即消失，导致在后续程序中继续引用该宏无法得到正确结果。

11.2.2 forvalue 循环

forvalues 循环是 foreach 循环的补充。其基本语法格式是：

```
forvalues lname = range {
    循环体（包括引用宏 `lname' 的相关命令）
}
```

其中，range 是宏的取值范围，其表达方式只有四种：

①#1(#d)#2　　从数字 #1 以步长 #d 取值到数字 #2，

例如：2(2)10，取值范围为：2、4、6、8、10

②#1/#2　　　从数字 #1 以步长 1 取值到 #2，例如：

例如：1/5，取值范围为：1、2、3、4、5

③#1 #t to #2，从数字 #1 以步长 #t-#1 取值到数字 #2。

例如：1 4 to 10，取值范围为：1、4、7、10

④ #1 #t : #2 从数字#1以步长#t-#1取值到数字#2。与#1 #t to #2相同。

例如，计算 $n!$ 的程序

```
local k 1
forvalues i = 1/5 {
    local k = `k' * `i'
}
disp `k'
```

Cox（2021）提出了一个生成变量并为变量设置标签的例子。设数据集中有变量 x。现在需要生成三个新变量，分别取值 x^2、x^3 和 x^4。

```
forvalues p = 2/4 {
    generate xp`p' = x^`p'
}
```

上面的循环中，宏 p 的内容分别取2、3和4，在循环中依次生成 $xp2$、$xp3$ 和 $xp4$ 三个变量。注意，当生成新变量的同时，Stata也为每个变量设置了与变量名同名的变量标签。

11.3 while循环

while循环的基本语法格式是：

```
while exp {
        循环体
}
```

while循环执行的基本过程是：首先，Stata计算表达式exp的值；其次，当表达式exp的值为真（true），则执行循环体中的语句；然后，再一次计算表达式exp的值，为真就继续执行循环体。直到再循环过程中表达式exp的值为假，则退出循环，while循环结束。

注意，由于while循环没有明确要求用户指定用于循环控制的宏，因此，需要使用者自己设置循环控制的宏。上述计算 $n!$ 的程序可以改用while循环实现：

```
local k 1
local i 1
while (`i' <= 5) {
    local k = `k' * `i'
    local ++i
}
disp `k'
```

上述循环体中的第二个语句，local ++i，作用是让宏 i 的内容每循环一次自动增加1。

11.4 Stata命令的前缀子句

使用Stata的前缀子句可以多次重复执行同一个命令，在一定程度上可以代替循环语句的功能。合理地使用前缀子句能够减轻编程的复杂程度。尤其是在没有获得准确的需要重复执行命令的次数情况下，可以考虑使用前缀子句实现分析目的。毕竟，使用循环语句需要输入循环变量、列表等多个循环要素才能执行指定的一组命令。当然，前缀子句也有很大的局限性：只能多次重复执行一个Stata命令。但无论如何，在计划使用循环语句解决问题之前，考虑是否能够使用前缀子句是必要的。

常用的前缀子句有 by、statsby、xi、rolling 四个。

11.4.1 前缀子句 by

前缀子句的基本语法格式是：

by varlist1 [(varlist2)] [, sort rc0]: Stata_cmd

varlist1 中的变量一般是离散取值的分类变量或字符串变量。前缀 by 的基本功能是对 varlist1 中的变量（或变量组）的每一个取值都执行一次 Stata 命令（Stata_cmd）。使用 by 前缀能够实现分组统计。例如，在 auto.dta 中，如果需要统计维修次数不同的汽车的平均价格，则可以在 summarize 命令前使用 by 子句：

```
webuse auto.dta,clear
sort rep78
by rep78:summarize price
```

```
-> rep78 = 1

    Variable |     Obs        Mean    Std. Dev.       Min        Max
-------------+--------------------------------------------------------
       price |       2      4564.5     522.5519       4195       4934


-> rep78 = 2

    Variable |     Obs        Mean    Std. Dev.       Min        Max
-------------+--------------------------------------------------------
       price |       8     5967.625    3579.357       3667      14500

                            ............

-> rep78 = .

    Variable |     Obs        Mean    Std. Dev.       Min        Max
-------------+--------------------------------------------------------
       price |       5      6430.4    3804.322       3799      12990
```

summarize是对变量做描述性统计。当前面添加了by rep78子句后，则根据rep78的取值（rep78取值1、2、3、4、5以及缺失值）将观测记录分组，并按组对变量price做描述性统计。一共重复做了6次分组描述性统计。

值得注意的是，使用by子句前需要对分组变量排序。如果不排序，则应该在其后使用sort选项；或者，直接使用具有相同功能的bysort子句。

. bysort rep78: summarize price

当by后面跟多个变量时，则对多个变量组合形成的组做分组统计。例如，在auto中，变量rep78有6个取值（包括取值缺失的情况），变量foreign有两个取值，因此，按照rep78 foreign分组，则可以将全部记录分成12组。当需要知道这12组汽车价格的基本情况时，可以使用如下命令：

by rep78 foreign: summarize price

-> rep78 = 1, foreign = Domestic

Variable	Obs	Mean	Std. Dev.	Min	Max
price	2	4564.5	522.5519	4195	4934

....

-> rep78 = ., foreign = Foreign

Variable	Obs	Mean	Std. Dev.	Min	Max
price	1	12990	.	12990	12990

当在命令前添加了by子句后，summarize price共执行12次，对每一个类别的price做描述性统计。

by子句有rc0选项。rc0选项能够保证对所有类别都重复执行相同的命令，即使当对某些类别执行该命令会出错（比如有些类别的观测记录数太少，导致Stata命令无法执行）时，也会继续对其他类别执行该命令。rc0选项在编写do程序或ado程序时很有价值。

11.4.2　前缀子句statsby

通过by子句，可以实现对不同组做统计分析，如描述性统计。但是，如果不仅需要做描述性统计，而且需要保存每次描述性统计的结果，则通过使用by子句便不能达到目的。因为这至少需要两个步骤（命令）才能完成，而by子句只能重复执行一个命令。

前缀子句statsby进一步扩展了by子句的功能。通过使用statsby子句，并搭配必要选项，便能达到上述目的。statsby子句的基本语法格式是：

statsby [exp_list] [, options]: command

其中选项options中最重要的是by选项和saving选项。by选项能够实现对每个类别重复运行相同的命令command，而saving选项能够将重复运行的结果保存起来。

续前例。当需要将对由rep78 foreign两个变量形成的组分别做描述性统计，并将每组的观测个数、均值和标准差保存在文件pricestats.dta中。则可执行如下命令：

.statsby n=r(N) mean=r(mean) sd=r(sd), by(rep78 foreign) saving(pricestats.dta): summarize price

```
(running summarize on estimation sample)

command:  summarize price
      n:  r(N)
   mean:  r(mean)
     sd:  r(sd)
     by:  rep78 foreign
```

```
........
```

use pricestats.dta,clear
list

rep78	foreign	n	mean	sd
1	Domestic	2	4564.5	522.5519
2	Domestic	8	5967.625	3579.357
3	Domestic	27	6607.074	3661.267
3	Foreign	3	4828.667	1285.613
4	Domestic	9	5881.556	1592.019
4	Foreign	9	6261.444	1896.092
5	Domestic	2	4204.5	311.8341
5	Foreign	9	6292.667	2765.629

相对于by子句，statsby子句更复杂，它有更多的选项。通过这些选项，能够实现更多更复杂的功能。详情见[D] statsby。

11.4.3 前缀子句rolling

有时候，需要按时间滚动在不同的样本区间多次执行相同的命令。比如，在金融资产定价领域，有时候需要计算从当前时间开始，每90天内证券的beta系数。又如，需要根据证券的过去3年的月收益率计算证券beta系数以度量证券的风险。在这些场景中，使用rolling子句将会大大减轻我们的工作。

rolling [exp_list] [if] [in], window(#) [options] : command

rolling子句适用于对时间序列数据的统计分析。在使用rolling子句前，必须使用

tsset命令设置数据集为时间序列数据。rolling子句一般与具有e()或r()返回结果的reg命令一起使用。

例如，现在获取了IBM公司的股票日收益率数据，S&P500的日收益率数据以及三月期国债日收益率数据，均保存在ibm.dta中。根据资本资产定价模型（CAPM），可以通过线性回归估计IBM公司股票的beta系数。回归方程如下：

$$r_t = \alpha + \beta^* rmrf_t + \varepsilon_t$$

其中，r是IBM公司的股票日超额收益率，即IBM公司股票日收益率与国债日收益率之差；rmrf是S&P500的日超额收益率，即S&P500的日收益率与国债日收益率之差。β即是需要计算的IBM公司股票在一定时间内的beta系数。

可以使用rolling子句结合reg命令计算IBM公司股票的beta系数的时间序列数据。

首先，需要设置数据集为时间序列数据：

```
. webuse http://www.stata-press.com/data/r16/ibm.dta,clear
. tsset t
        time variable:  t, 1 to 494
                delta:  1 unit
```

其次，需要生成IBM公司股票日超额收益率ibmadj和S&P500的日超额收益率spxadj两个变量：

```
. generate ibmadj = ibm-irx
(1 missing value generated)
. generate spxadj = spx-irx
(1 missing value generated)
```

最后，我们使用reg命令并添加rolling子句计算IBM公司股票的beta系数的时间序列数据。

```
. rolling _b _se, window(200) saving(betas, replace) keep(date):
regress ibmadj spxadj
(running regress on estimation sample)
(note: file betas.dta not found)
Rolling replications (295)
----+--- 1 ---+--- 2 ---+--- 3 ---+--- 4 ---+--- 5
..................................................    50
..................................................   100
..................................................   150
..................................................   200
..................................................   250
.............................................
file betas.dta saved
```

在上面的命令中，rolling 后有表达式 _b _se，设定需要返回的结果是 β 的估计值和 β 的标准误；选项 window(200) 设定每次回归估计的样本区间长度为 200 天，即每次回归估计的观测值个数为 200 个；使用选项 saving(betas, replace) 将回归结果保存在数据集 betas.dta 中。

. use betas.dta

. l in 1/5

	start	end	date	_b_spx~j	_b_cons	_se_sp~j	_se_cons
1.	1	200	16oct2003	1.043422	-.0181504	.0658531	.0748295
2.	2	201	17oct2003	1.039024	-.0126876	.0656893	.074609
3.	3	202	20oct2003	1.038371	-.0235616	.0654591	.0743851
4.	4	203	21oct2003	1.037753	-.0247987	.0660744	.074351
5.	5	204	22oct2003	1.041412	-.0376943	.0640202	.0722977

也可使用 stepsize(#) 选项，实现每隔一定时间重复执行命令，其中 # 是时间长度。如：

. rolling _b _se, stepsize(21) window(200) saving(betas, replace) keep(date): regress ibmadj spxadj

上面的命令设定每隔 21 天（一个月平均的交易天数）计算的 beta 系数，每次计算使用的样本区间长度为 200 天。

. use betas.dta

. l in 1/5

	start	end	date	_b_spx~j	_b_cons	_se_sp~j	_se_cons
1.	1	200	16oct2003	1.043422	-.0181504	.0658531	.0748295
2.	22	221	14nov2003	1.012793	-.0273271	.0653726	.0695544
3.	43	242	16dec2003	1.030468	-.0318382	.068097	.0695987
4.	64	263	16jan2004	.9706892	-.04164	.0838739	.0726184
5.	85	284	18feb2004	.931536	-.036583	.0871358	.071929

11.4.4 前缀子句 xi

当作为前缀子句使用时，xi 的主要作用是在多重取值的分类变量基础上创建二元指示变量。例如，在 auto.dta 中，变量（维修次数）rep78 的取值有 1、2、3、4 和 5。当以 rep78 取值 1 为比较基数，可以生成四个二元指示变量：

. xi:reg price mpg i.rep78

i.rep78 _Irep78_1-5 (naturally coded; _Irep78_1 omitted)

Source	SS	df	MS			
Model	149020603	5	29804120.7	Number of obs	=	69
Residual	427776355	63	6790100.88	F(5, 63)	=	4.39
				Prob > F	=	0.0017
				R-squared	=	0.2584
				Adj R-squared	=	0.1995
Total	576796959	68	8482308.22	Root MSE	=	2605.8

price	Coef.	Std. Err.	t	P>|t|	[95% Conf. Interval]	
mpg	-280.2615	61.57666	-4.55	0.000	-403.3126	-157.2103
_Irep78_2	877.6347	2063.285	0.43	0.672	-3245.51	5000.78
_Irep78_3	1425.657	1905.438	0.75	0.457	-2382.057	5233.371
_Irep78_4	1693.841	1942.669	0.87	0.387	-2188.274	5575.956
_Irep78_5	3131.982	2041.049	1.53	0.130	-946.7282	7210.693
_cons	10449.99	2251.041	4.64	0.000	5951.646	14948.34

在上面的语句中使用了xi前缀。在执行reg命令时，以分类变量rep78为基础自动生成了5个二元指示变量_Irep78_1-5。其中_Irep78_1作为比较基础而被忽略，没有加入到回归的自变量中。

当需要执行的命令不能使用因子变量的表达方法时，可以使用xi前缀创建多个二元指示变量并用于该命令。

11.5 程序实例

11.5.1 数据分析实例4：自动检测并生成变量的描述性统计表

Stata的summarize和tabstat等命令都可以对变量做描述性统计分析。一般情况下，在使用这两个命令时需要在命令后面添加变量列表。summarize允许使用通配符*，对当前数据集中的所有数值变量做描述性统计。但是，当数据集中存在字符型变量时，describe所给出的结果中也包含了字符型变量的描述性统计结果（为缺失值）。显然，字符型变量不应该做描述性统计。此时，describe给出的结果并不是我们想要的理想结果。

我们需要编写一个程序，该程序能够自动侦测数据集中的数值变量，并给出对这些数字型变量做简单描述性统计分析的结果。程序如下：

```
! ****autodesc.do****
//自动侦测数据集中的数字型变量并作简单描述统计
foreach v of var * {
    local vartype : type `v'
    if substr("`vartype'",1,3)~="str" {
        local varlist `varlist' `v'
```

```
    }
}
su `varlist'
```

在上述程序的循环语句中，我们使用了通配符"*"获取当前数据集中的所有变量名称。循环变量——宏 v——依次取值各变量名。在循环体中，利用宏函数type获取代表每个变量数据类型的字符串，并利用字符串函数substr()提取数据类型字符串的前三个字符。如果数据类型字符串的前三个字符不等于"str"，表明该变量是数值型变量；随后，用定义宏的方法将各个数值型变量的名称赋给名为varlist的宏；最后，用summarize命令实现简单描述统计。

```
webuse auto.dta,clear
do autodesc.do
```

Variable	Obs	Mean	Std. Dev.	Min	Max
price	74	6165.257	2949.496	3291	15906
mpg	74	21.2973	5.785503	12	41
rep78	69	3.405797	.9899323	1	5
headroom	74	2.993243	.8459948	1.5	5
trunk	74	13.75676	4.277404	5	23
weight	74	3019.459	777.1936	1760	4840
length	74	187.9324	22.26634	142	233
turn	74	39.64865	4.399354	31	51
displacement	74	197.2973	91.83722	79	425
gear_ratio	74	3.014865	.4562871	2.19	3.89
foreign	74	.2972973	.4601885	0	1

11.5.2 数据分析实例5：比较中位数大小

假设我们根据一个二元分类变量将观测记录分成两组，逐一比较各数值变量中两组观测值中位数的大小，并输出该变量其中一组中位数大于另外一组中位数的概率[1]。例如，在数据集auto.dta中，可以根据foreign变量将所有的汽车分成国内生产的汽车和国外生产的汽车两组。现在需要分析产地不同的汽车在价格（price）、形式里程（mpg）、维修次数（rep78）等方面是否存在显著区别。比如我们需要知道，国外生产的汽车的价格高于国内生产的汽车价格的概率。我们使用ranksum命令，通过实施Wilcoxon-Mann-Whitney检验（秩和检验），计算变量中一组数据的中位数大于另外一组数据中位数的概率。程序如下：

```
!******mediancomp.do**********
webuse auto, clear
```

---

[1] 本例子来自Cox（2020）。

```
regress foreign price-gear_ratio
generate touse = e(sample)
foreach v of varlist price-gear_ratio {
    ranksum `v' if touse, by(foreign) porder
    matrix results = nullmat(results) \ (r(porder))
}
unab list : mpg-gear_ratio
matrix rownames results = `list'
matrix colnames results = P_order
matrix list results, format(%4.3f) noheader
```

在上面的程序中，首先做了foreign关于所有数值型变量的回归。做回归估计的目的不是想要得到这些变量之间数量上的关系。在回归估计中，Stata会自动删掉具有缺失值的观测记录，只针对没有缺失值的观测记录做回归，并返回e(sample)函数对用于回归估计的观测记录做出标记。用如下语句：

generate touse = e(sample)

生成一个标示变量touse。touse对那些参与回归的记录取值1，而对那些没有参与回归的记录（有缺失值的记录）取值0。

在循环语句中，我们给出了需要做分组比较的变量名列表，并在循环体中用ranksum做分组比较。注意，在ranksum中使用了选项porder。这个选项能够计算两组数据中一组数据的中位数大于另一组数据的概率，并将结果保存在标量r(porder)中。

变量分组比较的结果保存在矩阵results中的一列中。我们使用矩阵的行连接符"\"形成矩阵results。results中的每一行依次对应一个变量分组比较的结果。值得注意的是，在循环中使用了函数nullmatrix(results)。nullmatrix(results)能够确保在第一次循环中，当矩阵results不存在时生成一个空矩阵，确保r(porder)能够保存在矩阵results中。如果没有使用nullmatrix(results)，则程序在执行第一次循环时会出错。

在循环语句中采用了缩略的变量名列表price-gear_ratio。为了给出结果矩阵results中每一个概率所对应的进行分组比较的变量名，需要得到完整的变量名列表。因此，使用：

unab list : mpg-gear_ratio

unab将缩略的变量名列表mpg-gear_ratio展开成完整的变量名列表，即数据集中从变量mpg到变量gear_ratio的所有变量名组成的完整列表，并保存在宏list中[①]。随后采用matrix rownames将宏list的内容作为矩阵的行名。

. do mediancomp.do

---

① unab的使用详情见 [P] unab。

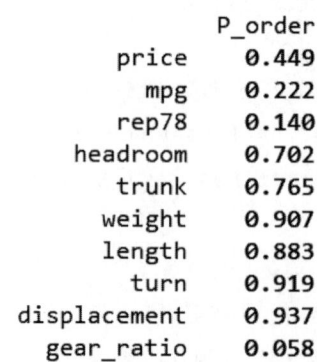

11.5.3 数据分析实例6：生成新变量并设置变量标签

Cox（2021）提出了一个生成变量并为变量设置标签的例子。设数据集中有变量 x。现在需要生成三个新变量，分别取值 x^2、x^3 和 x^4。可以考虑使用循环 foreach…of local 实现。

```
local names "xsq xcu xqu"
local labels `"square cube "fourth power""'
local p = 1
foreach name of local names {
    generate `name' = x^`++p'
    gettoken label labels : labels
    label var `name' "`label'"
}
```

程序中前两条语句分别定义了两个宏，即 names、labels，依次保存需要生成的变量名及其对应的标签。宏 p 保存 1，用作幂运算时的幂的初值。在循环中，宏 name 依次遍历保存变量名的宏 names，便生成一个新变量，并为其设置标签。注意，表达式 x^`++p' 中 '++p' 是先让宏 p 的内容加 1 再引用宏。此外，在为每个变量设置标签之前，通过 gettoken 命令获得该变量对应的标签。每次执行 gettoken 命令时，从宏 labels 中依次获取一个单词或单词词组（单词之间以空格分隔，单词词组"fourth power"以引号标识）保存在宏 label 中，并将剩余的内容保存在宏 labels 中。gettoken 命令是程序设计中常见的命令，详情见第 12 章或 [P] gettoken。

上述的程序也可以使用 tokenize，实现相同的目的：生成新变量并为新变量设置变量标签：

```
tokenize "xsq xcu xqu"
local labels `"square cube "fourth power""'
forvalues j = 1/3 {
    local p = `j' + 1
```

```
        local label : word `j' of `labels'
        generate "j" = x^`p'
        label var "j" "`label'"
}
```

上述程序中使用了 tokenize 命令。这是在程序中的常用命令。第一句 tokenize 将字符串"xsq xcu xqu"分拆为三个字串，并依次赋给三个名为1、2和3的宏，作为新生成的变量名。如宏1的内容是字符串"xsq"。在循环体中的语句：

```
local label : word `j' of `labels'
```

用到了宏函数 word，用于获得在宏 labels 中的特定位置上的单词。

注意，在程序中使用了宏的嵌套引用。当执行第一次循环时，宏 j 的内容是1，"j"即是`1'；而宏1的内容是"xsq"，因此，"j"即是 xsq，作为新生成的变量名。

关于 tokenize 的使用详情，请见 [p]tokenize。

第12章 do程序和ado程序设计

12.1 程序及其作用

12.1.1 程序及其作用

程序就是能够让计算机执行并实现特定功能的一组有序指令的集合。程序通过调用便可执行具有特定功能的一组指令。在数据分析过程中，通过程序处理数据具有更多的优势。这主要体现在以下几个方面：

（1）程序让数据处理过程更清晰，能够帮助用户重现数据处理过程

Stata通过交互式状态下依次输入命令也可以完成数据处理。然而，在交互式状态下处理数据，当用户需要重现数据处理过程时，只能逐个输入并执行之前已经输入并执行的各个命令。这不仅烦琐，而且很容易出现差错。此外，在交互式状态下处理数据，并不方便从整体上检查数据处理过程。程序包含了一组具有逻辑顺序和特定功能的命令，通过这些命令实现对数据的处理。程序可清楚地展现了数据处理的完整过程，大大方便重新检查和优化数据处理过程。更重要的是，当需要重现数据处理过程时，只需要重新运行程序即可，无需重复输入所需命令，大大方便了数据处理过程的重现。

（2）程序能够减少数据处理过程中的错误

在交互式状态下输入各种命令完成数据处理，很容易出现因输入错误导致的数据处理错误。程序包含了完成特定数据处理目的的所有命令，通过对程序的阅读和反复修改，能够大大减少各种因输入带来的细节错误。

（3）程序能够帮助用户检查更新数据处理过程

程序记录了所有对数据处理的过程。通过检查或修改程序，可以方便地检查和更改数据处理过程。

（4）程序能够在用户之间分享数据处理方法，丰富数据分析的工具库

一个程序能够实现特定功能。一种数据处理功能可能同时被多个用户需要。当一个程序被开发出来后，通过网络分享，能够大大方便其他需要相同数据处理任务的用户，大大提升数据处理的效率。特别是通过ado程序设计，能够将具有特定功能的程序安装在Stata中。用户可以像使用普通Stata命令一样使用这些程序，大大拓展了Stata的功能。

12.1.2 数据分析实例7——对变量做标准化处理

对变量做标准化处理,是聚类分析和回归分析等统计分析过程中的常见操作。变量标准化的处理方法有多种。z-score是最常见的变量标准化处理方法。这种方法将变量值减去其均值,再除以其标准差,即可得到标准化处理后的变量。例如,对于数据集auto.dta中的变量price,用下面三条命名即可完成标准化的处理:

. webuse auto.dta,clear
. egen price_mean = mean(price)
. egen price_sd = sd(price)
. gen price_norm=(price -price_mean) / sd(price)

上述三个命令用于对变量price做标准化处理。使用egen命令的函数mean(),得到变量price的均值,并保存在新生成的变量price_mean中;使用egen命令的函数sd(),得到变量price的标准差,并保存在新生成的变量price_std中。第三个命令对变量对price做标准化处理,并保存在新生成的变量price_norm中。

如果需要对其他变量做标准化处理,必须逐条修改上述语句才能实现。比如,需要对变量mpg做标准化处理,则需将三条命令中的变量名price改为mpg。也许有人认为逐条修改语句并不是难事,只需简单复制、修改即可。然而,如果需要做标准化处理的变量不是2个,而是10个甚至更多,反复的复制、修改操作就不是一件令人愉快的事情。而且还有可能出现更糟糕的事情。在多次复制、修改过程可能出现错误而难以察觉。例如,在对变量mpg做标准化处理时,在复制修改过程中,由于疏忽,将上述三条命令中的第2条只修改了等号左边的price为mpg,而没有修改等号右边的price,即第二条语句变成了egen mpg_sd = sd(price),该语句同样能执行,不会有任何错误信息提示。显然,即使只有这一次错误,最后得到的对变量mpg做标准化处理的结果是完全错误的!

我们可以将上述三条语句形成do程序。do程序免除了复制、修改命令等繁琐工作,具有更高的效率。当需要对特定变量做标准化操作,只需调出并执行程序即可。

12.2 do程序及其执行

12.2.1 编辑、保存do程序

(1) do程序的编辑与保存

我们可以使用文本编辑器编辑do程序。Stata自带有一个文本编辑器。对于一些小型甚至中型程序设计项目,这个文本编辑器基本可以满足用户编辑、调试程序的

需求①。

我们可以在Stata主界面的菜单选项中点击"新do-file编辑器"图标，即 ▦·，则可进入文本编辑器；在命令窗口中输入命令doedit，也可以进入文本编辑器。

在正式编辑程序前，合理设置Stata的文本编辑器的环境是必要的。在文本编辑器的菜单选项中，点击"编辑—首选项(p)"，可设置文本编辑器的环境参数。

我们可以文本编辑器中将上述三条语句组合起来，形成一个名为normalize1.do的do程序：

. type normalize1.do

egen price_mean = mean(price)

egen price_sd = sd(price)

gen price_norm=(price -price_mean) / price_sd

注意，do程序的扩展名为.do。这个程序虽然能够实现我们的目的，但是却并不具备一个规范的do程序应该具有的要素。例如，一个规范的do程序，首先需要设置程序的运行环境，以保证程序能够正常运行；同时，程序应该具有注释，对程序的关键语句及其作用做出解释，以确保程序更容易被理解，方便程序员之间的交流与沟通。

（2）为do程序设立运行环境

首先，在do程序中应该设置用于保存运行结果的日志文件。通过查看日志文件检查程序运行的结果是调试程序的经常性工作。do程序的结果可以显示在Stata的结果输出窗口。但在结果输出窗口输出的内容是滚动输出的，随着程序的运行有可能变得无法查看或消失。而保存在日志文件中的数据结果却可以随时打开查看。

. capture log close

. log using normalize, replace text

命令capture log close是一条由log close和capture两个命令组成的复合语句。log close的功能是关闭当前内存中的已有日志文件。但是，在执行log close时当前内存中可能没有任何日志文件，则执行log close会报错。而capture的功能是忽略其后的命令（log close）可能出现的任何输出（包括错误信息），命令capture在程序设计中经常使用。详情见capture（[P] capture）。

上面的第二条语句是建立名为normalize日志文件。选项replace的作用是在文件normalize存在时则替换已有文件。选项text的作用是将输出结果以文本文件保存。值得注意的是，当使用log using命令建立保存输出结果的日志文件后，在程序的最后务必添加log close命令关闭日志文件。如果程序结束前缺失这个命令，将会导致后续程序运行的结果继续输出到该日志文件中而出现混乱。

其次，在do程序中应该设置程序运行的Stata版本号。例如：

. version 16

---

① Stata可以允许用户使用其他文本编辑器编辑、调试程序。读者可参看有关程序编辑器有关的建议http://fmwww.bc.edu/repec/bocode/t/textEditors.html。

上述语句设定本程序开发和运行的 Stata 版本。在设定了 Stata 版本后，该程序在 Stata 后续任何一个版本中都能够正确运行。如果程序中没有设定版本号，当后续某个 Stata 版本中更改了当前程序中某个命令的语法规则，则该程序无法在后续版本的 Stata 中运行。例如，当前程序在 Stata 16 环境下开发，程序中使用的是在 Stata 16 版本中的 egen 命令。然而，在后续 Stata 版本中，egen 命令的语法规则可能会被修改。这会导致当前程序无法在新版本的 Stata 中运行。因此，设定版本号是在程序设计中保证程序向后兼容的重要操作。建议用户为编写的任何程序都设定版本号。

第三，在 do 程序中应该清空当前内存。

为了避免程序运行时受到意外干扰，应该清空当前内存中以前程序运行后留下的所有标量、宏等数据。

. scalar drop _all
. macro drop _all

最后，应该设定在显示输出结果时屏幕上每行显示的字符长度。每行显示的字符长度太小，输出结果不能在屏幕上一行内完成显示，导致输出结果显示混乱；而每行显示的字符长度太多，则输出结果不能在当前屏幕窗口中一次性完整显示，不便于观察结果。一般来讲，屏幕上每行显示的字符长度设为 80 较为合理。即：

. set linesize 80

（3）为 do 程序添加注释

do 程序中每一条命令都执行特定的功能。所有命令按照设计者的意图组织起来，运行后达到预定的目的。为了方便后期程序维护，也为了方便程序交流，程序设计者必须对程序中重要语句的作用及目的做出说明，即为程序书写注释。注释是程序的重要组成部分。设想一下，当需要修改一个两年前用户本人编写的长度多达几千行的程序时，如果程序没有注释，可能设计者自己也很难准确回忆、理解程序中每条命令、每个变量以及每个宏的具体含义及用途，导致用户本人也无法快速理解、修改自己的程序。如果在编写程序时，对程序中重要语句、命令、变量等的关键要素有详细的说明即注释，无疑将会大大降低理解、修改程序的难度，节约修改程序的时间。当程序需要提交给其他人使用时，注释是决定程序是否能够被他人接受的重要因素。记住：没有人愿意阅读没有注释的程序。

Stata 提供了四种为程序添加注释的方法：

①以 "*" 形成注释。

"*" 只能放在一行的开始位置。"*" 之后的内容均被视为注释不被执行。"*" 适用于单行注释。如果需要多行注释，则每行均以 "*" 开头。

②以 "/*" 开头，以 "*/" 结束形成注释。

"/*" 与 "*/" 之间的任何符号均被视为注释而不被执行。使用这种书写注释的方法可以方便地书写多行注释。

③以 "//" 形成注释。

同样，"//"放在一行的开始位置，形成单行注释。如果需要多行注释，则每行均以"//"开头。与"*"不同的是，"//"可以放在一行中的任何位置。在"//"之后的内容均被视为注释，不被执行。

④在"///"之后形成注释。

"///"的基本功能是将较长的Stata语句分拆为两行。Stata在执行程序时，一律不执行一条语句行中在"///"之后的任何命令。因此，可以利用"///"的这一特点在"///"之后书写注释。由于"///"的基本功能是分拆较长的语句，达到将较长的语句书写在两行或多行的目的。为了避免误解，在程序实践中不建议采用"///"书写注释。

当设置了程序运行环境并为程序添加注释后，程序变得更丰富、完整：

. type normalize2.do

```
*! normalize2.do 1.0.0 Changyou 2024.08.22
capture log close
log using normalize2, replace text
version 16
scalar drop _all
macro drop _all
set linesize 80
egen price_mean = mean(price)              //计算变量x的均值
egen price_sd = sd(price)
gen price_norm=(price -price_mean) / price_sd
log close
exit
```

上述程序重新名命名为normalize2.do。值得注意的是，在程序的第一行添加了注释："*! normalize2.do 1.0.0 Changyou 2024.08.22"。该注释的作用是对本程序的版本号、开发者以及开发日期做出说明。这是Stata编程者应该遵循的编程惯例（Cox，2005）。关于Cox（2005）建议的编程惯例请见本章第8节内容。

12.2.2　do程序的执行

当do程序完成后，就可以交付Stata运行。Stata提供了多种运行do程序的方法。

（1）在Stata的命令窗口里，通过do命令运行do程序

. do normalize2.do

. list make price price_mean price_sd price_norm in 1/5,noobs

```
make              price      price_~n    price_sd    price_n~m
AMC Concord       4,099      6165.257    2949.496    -.7005458
AMC Pacer         4,749      6165.257    2949.496    -.4801691
AMC Spirit        3,799      6165.257    2949.496    -.8022581
Buick Century     4,816      6165.257    2949.496    -.4574534
Buick Electra     7,827      6165.257    2949.496     .5633991
```

可以打开输出结果的日志文件,查看程序运行过程:

```
. type normalize2.log
      name:  <unnamed>
       log:  C:\...\File_data\normalize2.log
  log type:  text
 opened on:  17 Aug 2022, 18:28:42
. version 16
. scalar drop _all
. macro drop _all
. set linesize 80
. egen price_mean = mean(price)        //计算变量x的均值
. egen price_sd = sd(price)
. gen price_norm=(price -price_mean) / price_sd
. log close
      name:  <unnamed>
       log:  C:\...\File_data\normalize2.log
  log type:  text
 closed on:  17 Aug 2022, 18:28:42
```

(2)通过菜单选项 File > Do.... 运行 do 程序

(3)在 Stata 提供的程序编辑器中运行 do 程序

在程序编辑器中,点击图标 运行 do 程序。

(4)双击文件名运行 do 程序

在保存 do 程序的文件夹中,双击 do 程序文件名 "normalize2",即可运行 do 程序。

(5)在 windows 命令提示符下运行 do 程序

在 windows 命令提示符下,找到 Stata 系统可执行文件 Stata.exe 所在目录(默认的安装目录为:"C:\Program Files\Stata16"),在该目录下输入命令:

> Stata.exe do C:\Users\chang\do\normalize2

在运行上述命令时,被执行的程序文件 normalize2.do 前必须带有路径(C:\Users\chang\do)。否则,将无法找到并执行程序 normalize2.do。

12.3 do程序参数传递

12.3.1 传递单个参数的do程序

上述程序normalize2.do只能对变量price做标准化处理。例如，对变量mpg做标准化处理，需要修改程序normalize2.do。虽不用像在交互式状态下通过复制命令并修改来达到目的，但还是需要逐一修改程序中的部分命令。这样的工作仍然繁琐且易出错。显然，程序normalize2.do缺乏基本的灵活性。

在Stata中，do命令可以通过宏传递参数。当do命令在调用程序时给出参数，这些参数分别赋给名字为1、2、3、…的宏（注意：数字可作为宏名）。在程序中通过宏替换实现参数的引用。例如：

```
program corr_n
    correlate `1' `2'
end
```

此处使用program…end结构定义了一个名为corr_n的ado程序。关于ado程序的内容见12.4节。

调用程序corr_n可以计算两个变量如price和mpg之间的相关系数。例如：

```
. do corr_n price mpg
(obs=74)
```

	price	mpg
price	1.0000	
mpg	-0.4686	1.0000

在上述do命令中，程序corr_n带了两个参数，即price和mpg。第一个参数price被赋予名为1的宏，而第二个参数mpg被赋予名为2的宏。在程序中，当执行correlate `1' `2'时，宏`1'和宏`2'分别被替换为price和mpg，因此实际执行correlate price mpg。

注意，通过名为数字的宏传递参数时，每个参数被依次赋予数字分别为1、2、3、…的宏。其实，所有参数一起还被赋予了名为0的宏。改写corr_n程序可清楚看出通过名为数字的宏传递参数的过程。

```
program xyz
    disp "全部参数：`0'"
    disp "第一个参数：`1'"
    disp "第二个参数：`2'"
    correlate `1' `2'
end
. xyz price mpg
```

全部参数：price mpg
第一个参数：price
第二个参数：mpg
(obs=74)

	price	mpg
price	1.0000	
mpg	-0.4686	1.0000

通过设定程序的参数，将需要标准化的变量名通过参数传递给程序，大大提高程序的灵活性。当用户在调用程序时，同时给出程序的实际参数——需要标准化处理的变量——即可完成对变量的标准化处理。修改后的程序如下：

. type normalize3.do

```
*! normalize3.do 1.0.0 Changyou 2024.08.22
capture log close
log using normalize3, replace text
version 16
scalar drop _all
macro drop _all
set linesize 80
egen `1'_mean = mean(`1')     //计算变量x的均值
egen `1'_sd = sd(`1')
gen `1'_norm=(`1' -`1'_mean) / `1'_sd
log close
exit
```

当需要对price这个变量做标准化处理时，只需输入：

. do normalize3 price
. list make price price_mean price_sd price_norm in 1/5

（输出结果略）

在调用程序normalize3时，为这个程序输入了一个参数，即变量名price。在执行程序时，变量名price被赋给名为1的宏。因此，通过宏替换，程序中的最后三句命令即变成：

```
egen price_mean = mean(price)
egen price_sd = sd(price)
gen price_norm=(price -price_mean) / price_sd
```

这三句与normalize2.do中的对应语句完全相同。

在运行程序normalize3.do时以参数的形式给出需要做标准化处理的变量名，则可以对任何数字型变量进行标准化处理。例如：

. do normalize3 mpg

. do normalize3 rep78

. do normalize3 weight

12.3.2 传递多个参数的do程序

程序normalize3.do运行一次只能对一个变量做标准化处理，而不能同时对多个变量做标准化处理。能不能修改程序实现一次对多个变量的标准化处理呢？在程序中使用通过循环语句可以实现这个要求。将normalize3.do修改为normalize4.do：

. type normalize4.do

```
*! normalize4.do 1.0.0 Changyou 2024.08.22
capture log close
log using normalize4, replace text
version 16
scalar drop _all
macro drop _all
set linesize 80
local i  1
while "``i''"!= "" {
   egen ``i''_mean = mean(``i'')     //计算变量``i''的均值
   egen ``i''_sd = sd(``i'')
   gen ``i''_norm=(``i'' -``i''_mean) / ``i''_sd
   local ++i
}
log close
exit
```

通过执行程序normalize4.do，一次性实现对多个变量进行标准化处理：

. do normalize4 price mpg rep78 weight

. list make price_norm mpg_norm rep78_norm weight_norm in 1/5

（输出结果略）

程序normalize4.do中使用了宏的嵌套定义。首先，由于最初定义宏i的内容是1，`i'被替换为1，因此，``i''即是`1'；其次，根据do命令的功能，do后面的参数被依次赋给名字为数字1、2、3、…的宏。因此，通过循环，`1'被替换为price，`2'被替换为mpg，`3'被替换为rep78，`4'被替换为weight，依次完成对四个变量的标准化处理。

12.3.3　参数规范化命令 syntax

程序 normalize4.do 允许将多个变量名作为程序的参数，实现一次对多个变量的标准化处理。但是，normalize4.do 也存在不足。

第一，在调用程序时如果没有给出参数，将会出现错误。因此，需要在用户没有输入参数时停止执行程序，并给用户提示信息，以增加程序容错能力；

第二，将变量名赋给名字为数字的宏，增加了理解程序的难度；

第三，大多数 Stata 命令都带有 if 或 in 等对观测记录进行过滤、删选的选项，以实现对指定观测记录进行操作。但程序 normalize4.do 无法使用 if 或 in 等选项对观测记录进行过滤、删选，以实现只对符合条件的观测记录做标准化处理的目的。

syntax 命令可以设置调用程序时参数的内容。例如，可以规定调用程序时给出的变量个数、变量的类型，还可以在调用程序时对观测值进行筛选。当调用程序时给出的实际参数与 syntax 命令设定的参数不匹配时，将会出现出错提示信息。

syntax 的语法格式如下：

syntax *description_of_syntax*

其中，*description_of_syntax* 用于设置调用 do 程序时的参数内容。

syntax 规定了调用程序时参数的书写规则。通过 do 命令调用程序时，Stata 按照 syntax 设置的参数内容检查、解释并引用被调用程序的参数。syntax 语法较为复杂，具体细节可参考 syntax（[P] syntax）。

（1）syntax 设定输入的变量及其类型

syntax 命令可以规定程序被调用时作为参数的变量名个数及其变量的数据类型。

type normalize5.do

```
*! normalize5.do 1.0.0 Changyou 2024.08.22
capture log close
log using normalize5, replace text
version 16
scalar drop _all
macro drop _all
set linesize 80
syntax varlist(min=1 max=99 numeric)
foreach var in `varlist' {
    egen `var'_mean = mean(`var')    //计算变量`var'的均值
    egen `var'_sd = sd(`var')
    gen `var'_norm=(`var' -`var'_mean) / `var'_sd
}
log close
```

```
exit
```

执行程序normalize5.do时给出参数，同样可以一次对多个变量标准化处理：

. do normalize5 price mpg rep78 weight

. list make price_norm mpg_norm rep78_norm weight_norm in 1/5

（输出结果略）

在syntax语句中，关键词varlist设定在调用程序normalize5时，给出的参数必须是数据集的观测变量名；括号中的min=1 max=99设定至少输入1个变量名，最多99个变量名，numeric设定输入的变量必须是数值型变量。

当执行do normalize5 price mpg rep78 weight时，Stata会自动检查程序的参数是否为当前数据集中的变量名，这些变量是否为数字型变量，变量名的个数是否超出了规定数目。如果参数内容符合syntax设定要求，则变量名列表price mpg rep78 weight被整体赋给名为varlist的宏。在foreach循环中，\`varlist'的内容被依次读出并赋给名为var的宏，从而实现对\`varlist'的内容中每个变量做标准化处理。

例如，在调用程序normalize5时，输入的变量名不是数字型变量，则Stata会给出出错提示信息。例如：

. do "normalize5" make

. *! normalize5.do 1.0.0 Changyou 2022.08.22

. version 16

. syntax varlist(min=1 max=99 numeric)

string variables not allowed in varlist;

make is a string variable

r(109);

end of do-file

程序normalize5要求参数必须为数字型变量。而在调用程序时，给出的参数为make，而数据集中make是字符型变量，与sytax语句设定的参数内容不一致，因此给出出错信息。

（2）syntax实现对观测记录的过滤、删选

利用syntax命令设置程序的参数内容，可以允许用户像使用普通Stata命令一样，在调用程序时使用if或in等对观测记录进行过滤、删选，从而让被调用的程序仅对指定的观测记录进行操作。

. type normalize6.do

*! normalize6.do 1.0.0 Changyou 2024.08.22

version 16

```
syntax varlist(min=1 max=99 numeric) [if] [in]
foreach var in `varlist' {
    tempvar mean sd
    quietly egen `mean'_`var' = mean(`var') `if' `in'
    quietly egen `sd'_`var' = sd(`var') `if' `in'
    quietly gen `var'_norm=(`var' -`mean'_`var') / `sd'_`var' `if' `in'
}
```

当 syntax 后跟带有 [if] [in] 时，表明在调用程序 normalize6.do 时，可以像普通 Stata 命令一样使用 if 和 in 选项，实现对观测记录的过滤、删选，即只对符合条件的记录做标准化处理。如：

. do normalize6 price mpg rep78 weight if rep78<=3 in 1/60

调用程序时，变量名列表 price mpg rep78 weight 整体被赋给名为 varlist 的宏。筛选条件 if rep78<=3 被赋给名为 if 的宏，而筛选条件 in 1/60 被赋给名为 in 的宏。在程序中，经过宏替换，实现了对每个变量的符合条件的记录进行标准化处理。例如，当对变量 price 做标准化处理时，实际执行时循环体中的三个语句为：

egen price_mean = mean(price) if rep78<=3 in 1/60
egen price_sd = sd(price) if rep78<=3 in 1/60
gen price_norm=(price -price_mean) / price_sd if rep78<=3 in 1/60

在上面的程序里，循环体中的每个命令后添加宏引用 `if' `in' 实现对观测记录的过滤、删选。

当 syntax 后跟带有 [if] [in] 时，在程序中可以使用 marksample touse 命令，并配合使用 if `touse' 实现对记录的筛选。marksample touse 命令的功能是创建一个二元虚拟变量，变量名（该变量名对用户不可见，由 Stata 系统自动分配）被赋给名为 touse 的宏。该变量对满足调用程序时给出的筛选条件的记录取值 1，否则取值 0。例如，上面的程序可改写为：

type normalize6_1.do

```
*! normalize6_1.do 1.0.0 Changyou 2024.08.22
version 16
syntax varlist(min=1 max=99 numeric) [if] [in]
marksample touse
tempvar mean sd
foreach var in `varlist' {
    quietly egen `mean'_`var' = mean(`var')  if `touse'
    quietly egen `sd'_`var' = sd(`var')  if `touse'
```

```
    quietly gen `var'_norm=(`var' -`var'_mean) / `var'_sd if `touse'
}
```

normalize6_1.do 程序与 normalize6.do 相同的功能相同，但可能更方便阅读。建议读者在编写程序时使用 marksample touse 实现对观测记录的筛选。

值得注意的是，在 normalize6.do 和 normalize6_1.do 使用了定义临时变量名的语句 tempvar mean sd。这个语句定义了两个临时变量名，分别保存在名为 mean 和 sd 的宏中。临时变量名对用户不可见，由 Stata 系统自动分配。临时变量名在程序运行结束时自动消失而不会持续占用内存。比较程序 normalize5.do 和 normalize6.do 的运行结果会发现，程序 normalize5.do 除了生成标准化变量如 price_norm，还会生成中间变量 price_mean 和 price_sd。在程序中使用语句 tempvar mean sd 后，normalize6.do 的运行结果里不会生成中间变量 price_mean 和 price_sd，只生成所需要的做了标准化处理后的变量。这是因为，在用 egen 函数生成中间变量时，中间变量名中使用了临时变量名。当程序结束时，这些中间变量随着临时变量名的消失而自动消失。

12.4 从 do 程序到 ado 程序

到目前为止，我们已经编写了若干个不同的 do 程序。这些 do 程序有三个特点：第一，都包含若干条语句，这些语句共同实现特定功能；第二，这些程序都以文本文件的形式保存，程序文件的扩展名是 .do；第三，本质上仍然需要通过 do 命令调用并执行程序。而在使用 Stata 命令时，只需输入命令名即可调用该命令执行运算，无需使用 do 命令调用。能不能像使用普通的 Stata 命令一样使用自己编写的程序呢？这需要我们把 do 程序升级到 ado 程序。

12.4.1 ado 程序

Stata 的 ado 程序具有简单的、固定的 program…end 结构。ado 程序以 program 开始，以 end 结束。program 必须和 end 配对使用。在 do 程序 normalize6_1.do 中添加 program…end 结构，并在存储该程序文件时选择扩展名为 .ado，便得到了 ado 程序：

```
type normalize7.ado

*! normalize7.ado 1.0.0 Changyou 2024.08.22
program normalize7
version 16
syntax varlist(min=1 max=99 numeric) [if] [in] [, by(varlist)]
marksample touse
foreach var in `varlist' {
    tempvar mean sd
```

```
    quietly egen `mean'_`var' = mean(`var'), by(`by'), if `touse'
//计算变量`var'的均值
    quietly egen `sd'_`var' = sd(`var'), by(`by'),  if `touse'
    quietly gen `var'_norm=(`var' -`mean'_`var') / `sd'_`var' if `touse'
    }
end
```

normalize7.ado 程序中的 program normalize7 是定义一个名为 normalize7 的 ado 命令。

将 normalize7.ado 文件存放在 Stata 能够自动搜索到的目录，如 "C:\Users\chang\ado\personal"，或者当前工作目录中（见第 1 章有关 Stata 文件目录的说明），则可以像使用普通的 Stata 命令一样调用并执行程序 normalize7.ado：

```
. normalize7 price mpg rep78 weight
```

（输出结果略）

注意：此处没有使用 do 命令调用 normalize7.ado，而是直接输入了 ado 程序名 normalize7（同时也是该 ado 程序内部定义的命令名）。当 Stata 遇到 normalize7 时，会按照如下规定的目录搜索顺序检索名为 normalize7 的 Stata 命令：

```
    [1]   (BASE)      "C:\Program Files\Stata16\ado\base/"
    [2]   (SITE)      "C:\Program Files\Stata16\ado\site/"
    [3]               "."
    [4]   (PERSONAL)  "C:\Users\chang\ado\personal/"
    [5]   (PLUS)      "C:\Users\chang\ado\plus/"
    [6]   (OLDPLACE)  "c:\ado/"
```

如果 normalize7.ado 程序存放在第 4 个目录 "C:\Users\chang\ado\personal/" 中，则 Stata 搜索到第 4 个目录时，发现并执行 normalize7.ado 程序。

当 ado 程序成功执行后，当前内存中便存在该程序。可以通过如下命令显示当前内存中的所有 ado 程序：

```
. program dir
    ado        682  _gsd
    ado        553  _gmean
    ado       2034  egen
    ado        607  normalize7
    ado       1385  findfile
    ado       1280  sysuse.DisplayInCols
    ado       1131  sysuse.sysusedir
    ado        805  sysuse
```

8477

当再一次运行normalize7程序时，Stata就会自动从内存中执行normalize7程序。也可以从内存中删除ado程序。例如：

. program drop normalize7

此时，如果再次执行normalize7.ado程序，Stata就会按照上述规定的目录搜索顺序检索并执行名为normalize7.ado的程序。

关于ado程序，需要注意以下几点：

①ado程序的文件名一般应该与程序中program语句定义的命令名一致，否则无法正确执行ado命令。

例如，程序normalize7_2.ado中定义了命令normalize7_22，并保存在目录"C:\Users\chang\ado\personal\"中：

. type normalize7_2.ado

```
*! normalize7_2.ado 1.0.0 Changyou 2024.08.22
program normalize7_22
version 16
syntax varlist(min=1 max=99 numeric) [if] [in] [, by(varlist)]
marksample touse
foreach var in `varlist' {
    tempvar mean sd
    quietly egen  `mean'_`var' = mean(`var') , by(`by'), if `touse' //计算变量`var'的均值
    quietly egen `sd'_`var' = sd(`var'), by(`by'), if `touse'
    quietly gen `var'_norm=(`var' -`mean'_`var') / `sd'_`var' if `touse'
}
end
```

上面的程序文件名为normalize7_2.ado，程序内定义了名为normalize7_22命令。程序文件名normalize7_2.ado与程序内部定义的命令名normalize7_22不同。此时，如果在Stata的命令窗口中输入：

. normalize7_2 price mpg rep78 weight
command normalize7_2 not defined by normalize7_2.ado
r(199);

显然，虽然检索到了normalize7_2.ado程序，但这个程序内部定义的是

normalize7_22命令，并未定义normalize7_2这个命令。

如果在Stata的命令窗口中输入：

. normalize7_22 price mpg rep78 weight

command normalize7_2 is unrecognized

r(199);

Stata无法在各个目录检索到normalize7_22.ado程序，因此，运行normalize7_22命令失败。

如果ado程序的文件名与程序中program定义的命令名不一致，则应该先用do命令执行该ado程序文件，再执行ado命令。

. do "normalize7_2.ado"

. normalize7_22 price mpg rep78 weight

可见，normalize7_22命令被正确创建，运行命令后实现了对指定变量的标准化处理。为了避免执行命令出现问题，在建立ado程序时，ado程序文件名和程序内部定义的命令名必须保持一致。

②ado程序的文件名不能与Stata已有ado程序名（包括官方命令名和已经安装的由其他用户编写的ado程序名）重复。否则，Stata将首先执行官方命令名或者已经安装的由其他用户写的ado程序，用户自己编写的ado程序（命令）不能被执行[①]。

因此，在命名自己编写的ado程序前，必须使用which命令查询自己的程序名是否已经被Stata官方使用：

. which normalize7

command normalize7 not found as either built-in or ado-file

r(111);

值得注意的是，自己命名的ado程序名即是没有被Stata官方使用，也有可能已经被ssc库中提供扩展命令的其他用户使用。因此，必须查询ssc：

. ssc type normalize7

ssc type: "normalize" not found at SSC, type search normalize

用户自己的ado程序名也有可能被其他用户使用，因此，必须继续搜寻：

. search normalize7

当通过上述查询过程均发现自己命名的ado程序名没有被使用，则该程序名（命令名）可用于命名自己的ado程序。

③当ado程序被执行后，该程序就会保留在内存中。当下次执行该程序时，Stata直接从内存中调用，而不会重新自动搜寻目录再执行该程序。因此，当对自己编写ado程序做了修改并保存后，如果需要运行修改后的ado程序，则必须将内存中上次执行后保留的相同名称的程序清除。Stata中有多个命令可以清除当前内存中的程序。例如，清

---

① 当然，如果用户认为自己编写的ado程序的功能比Stata提供的类似命令具有更好的功能，用户可以用自己的ado程序替换Stata系统或其他用户提供的命令。

除内存中指定的程序可以使用program drop命令。

. program drop normalize7

. program drop _all

上述第二个语句的作用是清除当前内存中所有的ado程序。使用discard不但能够清除当前内存中所有的ado程序，也能够清除程序的运行结果：

. discard

④在定义程序时，一般应该指定程序的类型。关于程序类型，请见本章第5节。

12.4.2　syntax设定程序的其他参数选项

利用sytnax语句除了给程序设定诸如变量名列表（varlist）、记录筛选（if和in）等参数外，也可以利用syntax语句给程序设定任何所需要的参数。例如，在程序normalize7.ado中使用了egen函数。可以给egen函数添加by选项（注意，并不是所有的egen函数都可以使用by选项）。此外，对变量做标准化处理的方法有多种，可以通过syntax设定程序的参数，在程序被调用时，可以根据需要选择所需要的标准化处理方法。

（1）为egen函数添加by选项

在程序normalize7.ado中，可以在syntax语句后面，添加选项by(varlist)，可以给egen命令使用的函数mean()和sd()添加by选项，在分组计算变量的均值或标准差的基础上，按组对变量做标准化处理。

type normalize8.ado

```
*! normalize8.ado 1.0.0 Changyou 2024.08.22
program nomalize8
version 16
syntax varlist(min=1 max=99 numeric) [if] [in] [, by(varlist)]
marksample touse
foreach var in `varlist' {
  tempvar mean sd
  quietly bys `by' :egen `mean'_`var' = mean(`var') if `touse'   //计算变量`var'的均值
  quietly bys `by' :egen `sd'_`var' = sd(`var') if `touse'
  quietly gen `var'_norm=(`var'-`mean'_`var') / `sd'_`var' if `touse'
}
end
```

在调用这个程序时，使用by选项，可实现按组对变量做标准化处理，例如：

. normalize8 price, by(rep78)

在程序 normalize8.ado 中，syntax 语句添加了 [, by(varlist)]。因此，调用程序 normalize8.ado 时可以使用 by 选项（注意，这个 by 选项是可选项，不是必选项），如 by(rep78)。在程序中 rep78 被保存在名为 by 的宏中。在 egen 命令中使用了两个函数，即 mean() 和 sd()，配合 egen 命令的 by 选项，实现对变量分组计算均值和标准差。

（2）设定参数允许用户选择选择标准化处理的方法

对标准化的处理方法有多种，最常用的有四种，分别是 z-score 方法（zee）、极差标准化法（mmx）、Softmax 标准化方法以及 Sigmoid 标准化方法。在 syntax 语句增加新的参数选项，让调用 ado 程序时可以通过参数选择所需要的标准化方法对变量做标准化处理。程序 normalize9.do 允许在上述四种方法中选择一种标准化方法。

. type normalize9.ado

```
*! normalize9.ado 1.0.0 Changyou 2024.08.22
program normalize9
program drop _all
program define norm
version 9
syntax varlist(min=1) [if] [in][, by(varlist) method(string)]
marksample touse
tokenize `if' `in'
if "`method'"~="zee" & "`method'"~="mmx" & "`method'"~="softmax" & "`method'"~="sigmoid" {
    di as err "Please select appropriate normalization method from available options zee, mmx, softmax & sigmoid"
    exit 198
}

if "`method'"=="zee" {
   foreach var of local varlist  {
        tempvar mean sd
        qui egen `mean'_`var' = mean(`var'), by(`by'), `if' `in'
        qui egen `sd'_`var' = sd(`var'), by(`by'), `if' `in'
        qui gen zee_`var' = (`var' -`mean'_`var') / `sd'_`var' `if' `in'
    }
```

```
    }

    if "`method'"=="mmx" {

        foreach var of local varlist {
            tempvar min max
            qui egen `min'_`var' = min(`var'), by(`by'), `if' `in'
            qui egen `max'_`var' = max(`var'), by(`by'), `if' `in'
            qui gen mmx_`var' = ((`var'-`min'_`var') / (`max'_`var' -`min'_`var')) `if' `in'
        }
    }

    if "`method'"=="softmax" {

    foreach var of local varlist  {
      tempvar mean sd x
            qui egen `mean'_`var' = mean(`var'), by(`by'), `if' `in'
            qui egen `sd'_`var' = sd(`var'), by(`by'), `if' `in'
            qui gen `x'_`var' = (`var' -`mean'_`var') / `sd'_`var' `if' `in'
            qui gen softmax_`var' = 1/(1+exp(-`x'_`var')) `if' `in'
    }
    }

    if "`method'"=="sigmoid" {

       foreach var of local varlist  {
            tempvar mean sd z
            qui egen `mean'_`var' = mean(`var'), by(`by'), `if' `in'
            qui egen `sd'_`var' = sd(`var'), by(`by'), `if' `in'
            qui gen `z'_`var' = (`var' -`mean'_`var') / `sd'_`var' `if' `in'
            qui gen sigmoid_`var' = (1-exp(-`z'_`var')) /(1+exp(-`z'_`var')) `if' `in'
        }
    }
    end
```

在上面程序的sytax语句中增加了一个可选项method(string)。这个选项能够让用户在调用程序normalize9.do时，可以增加选择标准化方法的参数method(string)。其中，string必须是"zee""mmx""Softmax"以及"Sigmoid"中的一个字符串，分别对应四种变量标准化处理方法中的一个方法的名称。例如，如果需要用z-score方法对变量price做标准化处理，则可输入：

. normalize9 price, method(zee)

（输出结果略）

到此为止，变量做标准化处理的ado程序的已经完成。值得说明的是，程序nomalize9.ado是由Stata用户贡献的一个ado程序(本书稍作修改)，原ado程序名为norm，可以通过ssc命令安装。

. ssc install norm

12.5 ado程序的类型、返回值与前缀

12.5.1 ado程序的类型

在Stata中，ado程序被分为四种类型，即nclass、rclass、eclass和sclass。不同类型的程序在执行后返回不同类型的值。在定义ado程序时，一般需要声明程序的类型。

当一个程序被定义为nclass类型，则该类程序不允许有返回值。在定义程序时如果没有声明程序类型，Stata默认程序为nclass类型。rclass和eclass类型的程序允许有返回值。sclass类型程序用于文本释义，使用较少。大多数ado程序都属于rclass和eclass类型。

rclass类型的程序允许用户在程序中使用return命令设定返回值。这些返回值保存在宏、标量和矩阵中。这些宏、标量和矩阵统一以"r(*)"命名，即每个宏、标量和矩阵的名字中均有"r()"，仅以"*"区分。程序运行后，用户可以通过命令return list显示所有的返回值。

例如，summarize是一个rclass类型的ado程序。当执行：

. summarize price
. return list
scalars:
                r(N) = 74
            r(sum_w) = 74
             r(mean) = 6165.256756756757
              r(Var) = 8699525.974268788
               r(sd) = 2949.495884768919
              r(min) = 3291

```
             r(max) =    15906
             r(sum) =   456229
```

summarize命令的这些返回值可以通过标量名如r(N)等引用，在其他程序或函数中做进一步处理。

eclass类型的程序运行后允许用户使用ereturn命令获得该程序的返回值，并保存在宏、标量和矩阵中。这些宏、标量和矩阵统一以"e(*)"命名，仅以"*"区分。用户可以通过命令ereturn list显示所有的返回值。

有的命令既是rclass命令，也是eclass命令，如用于回归估计的命令regress。这类程序运行后，既返回以"r(*)"命名的返回值，也返回以"e(*)"命名的返回值。

```
. reg price mpg rep78 displacement foreign
. return list

scalars:
             r(level) =   95
matrices:
             r(table) : 9 x 5


. ereturn list

scalars:
                  e(N) =  69
               e(df_m) =  4
               e(df_r) =  64
                  e(F) =  15.67533780231027
                 e(r2) =  .4948751580848799
               e(rmse) =  2133.638590625879
                e(mss) =  285442486.2034541
                e(rss) =  291354472.6661112
               e(r2_a) =  .463304855465185
                 e(ll) =  -624.2368508845724
               e(ll_0) =  -647.7986144493904
               e(rank) =  5

macros:
            e(cmdline) : "regress price mpg rep78 displacement foreign"
              e(title) : "Linear regression"
```

```
         e(marginsok) : "XB default"
                e(vce) : "ols"
             e(depvar) : "price"
                e(cmd) : "regress"
         e(properties) : "b V"
             e(predict) : "regres_p"
              e(model) : "ols"
          e(estat_cmd) : "regress_estat"

matrices:
                 e(b) :  1 x 5
                 e(V) :  5 x 5

functions:
              e(sample)
```

ado程序的类型可以通过在program语句后添加相应选项如nclass、rclass、eclass和sclass设定。例如：

```
program nomalize10, rclass
………
end
```

则nomalize10被设定为类型为rclass的程序。

12.5.2 设定ado程序返回值

大多数Stata命令在运行后都会显示相关结果信息，并给出返回值。在调用normalize9.ado过程中，程序没有给出任何提示信息，运行结束后也没有给出任何返回值。程序运行后没有提示信息，用户无法立即知道程序是否正确运行，变量是否已经被标准化处理；程序没有返回值，用户不能使用该程序的运算结果以做进一步的处理。为了完善程序normalize9.ado的功能，现在要求在程序运行结束后，给出被标准化的变量名单及个数，以及已经生成的新变量名单及个数。在程序中可以利用display或list命令增加信息显示，并用return和ereturn两个命令给程序设定返回值。改写后的程序normalize10.ado的内容如下：

```
. type normalize10.ado

*! normalize10.ado 1.0.0 Changyou 2024.08.22
program nomalize10, rclass
………
disp as text "变量'varlist'已被标准化处理。"
```

```
return local name `varlist'
return local method `method'
end
```

在定义 ado 命令的 program 语句中，加上了选项 rclass，定义程序 nomalize10 为 rclass 类型。这样就可以允许在程序中使用 return 命令设定程序的返回值。

在程序的 return 语句中，我们将两个宏的内容 `varlist' 和 `method' 分别作为返回值赋给宏 r(name) 和 r(method)。执行 normalize10.ado 后，便可以查看并使用该程序的返回值：

```
. normalize10 price rep78 length,method(zee)
```

变量 price rep78 length 已被标准化处理。

```
. return list
macros:
        r(method) : "zee"
        r(name) : "price rep78 length"
```

12.5.3 设定 ado 程序的前缀子句 by

部分 Stata 命令可以使用前缀子句 by。添加了 by 子句的 Stata 命令可以实现分组统计。尽管在使用 normalize10 命令时可以在命令后添加 by 选项，实现对变量按分组做标准化处理。然而，也可以在定义 ado 程序（命令）时，在 program 语句中，通过添加前缀子句 byable(recall) 达到相同的目的。

```
. type normalize11.ado

*! normalize11.ado 1.0.0 Changyou 2022.08.22
program nomalize11,rclass byable(recall)
.........


end
```

运行程序 normalize11.ado 后，可以像普通 Stata 命令一样，通过加上 by 前缀子句实现按分组对变量做标准化处理：

```
. sort rep78
. by rep78: normalize11 price, method(zee)
```

注意，由于程序中 syntax 语句中添加了 by(varlist) 选项，该选项能够实现按组对变量做标准化处理。因此，在 program 命令后添加 byable(recall) 已无必要。

此外，为了确保在调用时程序，变量名表可以包含具有时间序列操作符的变量，如 L.price 或 L.price，可在 syntax 语句中添上 ts 子选项：

```
syntax varlist(min=1,numeric ts) [if] [in][, by(varlist) method(string)]
```

12.6 子程序及egen适用函数的设计

12.6.1 子程序

在程序中可以使用Stata官方命令和函数，也可使用其他用户编写的命令和函数。在Stata程序中也可定义和调用子程序。例如：

```
*!=====================main.ado=======================
program main
   ……
   subgram1 …
   ……
   subgram2 …
   ……
end

program subgram1
   ……
end
program subgram2
   ……
end
```

main是主程序，在运行时调用了子程序subgram1和subgram2完成程序的功能。子程序的定义和调用方法与一般的ado程序完全一样。上述程序中的定义的两个子程序其实就是定义了两个实现特定功能的主程序专用的命令。因此，在主程序中可以像使用普通Stata命令一样使用这些专用命令。

值得注意的是，子程序subgram1和subgram2出现在main.ado文件中，并没有单独以ado文件保存。因此，子程序subgram1和subgram2对main以外的其他程序是不可见的，即子程序subgram1和subgram2不能够被主程序main以外的其他程序调用。

12.6.2 设计egen命令适用的函数

egen命令带有仅供egen命令自身使用的函数，这些函数能够让用户实现复杂的计算。如前所述，用户可以通过编写ado程序，设计与普通Stata命令类似的命令。我们也可以自己设计仅供egen使用的函数，扩展egen命令的功能。

供egen使用的函数本质上也是一个特殊的ado程序。这种特殊性主要表现在ado程序的命名必须以_g开始，如_gnormalize()

例如，通过改写normalize7.ado，将其转换成为一个能够用于egen命令的函数。

```
. type _gnomalize.ado

*! _gnomalize.ado 1.0.0 Changyou 2024.08.22
program _gnomalize
version 16
syntax newvarname = /exp [if] [in]
marksample touse
tempvar mean sd
quietly egen `mean'_`var' = mean(`var') if `touse'    //计算变量x的均值
quietly egen `sd'_`var' = sd(`var') if `touse'
quietly gen `var'_norm=(`var' -`mean'_`var') / `sd'_`var' if `touse'
end
```

12.7 程序设计的常用命令

Stata提供丰富的用于程序设计的命令，包括定义程序和设置程序返回值等基本命令，还包括程序流程控制以及版本控制等命令等。限于篇幅，本节仅阐述在Stata程序设计中常用且重要的命令。详情请见[P] program。

12.7.1 命令gettoken和tokenize

（1）命令gettoken

命令gettoken是一个用于程序设计的Stata文本释义低级命令，多用于在调用程序时解释用户输入的程序参数。gettoken的功能是将保存在宏中的字符串按照指定的分隔符（默认分隔符是空格，即""）拆解成两部分，依次分别赋给指定的宏。其基本语法格式为：

gettoken emname1 [emname2]: emname3 [, parse("pchars") quotes]

gettoken按照选项parse("pchars")提供的分隔符"pchars"从emname3中从最左边开始提取一项内容保存在emname1，并将剩余内容保存在emname2（如果使用了选项emname2）。例如：

```
. local 0 `"by x : cmd if sex=="male""'
. gettoken left1 0: 0
. disp " `left1'"
by
```

. disp `"`0'"'

 x : cmd if sex=="male"

在名为0的宏中，从左至右第一个空格前的字符串是"by"，因此，第一次使用gettoken后，宏 left1 中的内容为字符串"by"，名为0的宏中其余内容被再一次赋给名为0的宏。继续使用gettoken命令提取宏0中的内容，则保存在宏0 中的内容再次从左边被依次提取出来：

. gettoken left2 0: 0

此时，宏 left2 和 0 中的内容依次为

　　　`left2' 的内容为：`"x"'

　　　　`0' 的内容为：`": cmd if sex=="male""'

继续使用gettoken命令提取宏0中的内容：

. gettoken left3 0: 0

此时，宏 left3 和 0 中的内容依次为

　　　`left3' 的内容为：`":"'

　　　　`0' 的内容为：`"cmd if sex=="male""'

在有关回归估计ado程序设计中，常需要将用户输入的变量名列表拆分为两部分，一部分作为被解释变量，一部分作为解释变量。则可以使用gettoken命令

. local varlist "price mpg rep78 displacement foreign"

. gettoken depvar indepvar: varlist

. disp "`depvar'"

price

. disp "`indepvar'"

 mpg rep78 displacement foreign

上述的gettoken将名为varlist的宏中的字符串分拆为两部分："price"和"mpg rep78 displacement foreign"，并分别赋给名为depvar和indepvar的宏。

注意，gettoken命令中，":"后直接跟的是宏名varlist，而不是引用宏`varlist'。

（2）命令tokenize

tokenize的基本语法格式为：

tokenize [[`]"][string]["[']] [, parse("pchars")]

tokenize将字符串按照指定的分隔符拆分成子串，并分别保存在名为1，2，3等的宏里。

. local str "A strange string"

. tokenize `str'

. di "1=|`1'|, 2=|`2'|, 3=|`3'|, 4=|`4'|, 5=|`5'|, 6=|`6'|"

1=|A|, 2=|strange|, 3=|string|, 4=||, 5=||, 6=||

当tokenize没有添加选项parse("pchars")指定分隔符时，则默认按照空格分拆字符

串，并保存到名为1，2，3等的宏里。tokenize也可以按照指定的分隔符拆分字符串。例如：

```
. local str "A+strange+string"
. tokenize `str', parse("+")
.disp "1=|`1'|, 2=|`2'|, 3=|`3'|, 4=|`4'|, 5=|`5'|, 6=|`6'|"
1=|A|, 2=|+|, 3=|strange|, 4=|+|, 5=|string|, 6=||
```

当tokenize添加选项parse("+")，指定分隔符为"+"时，则按照"+"分拆字符串，并保存到名为1，2，3等的宏里。注意，指定分隔符"+"也被作为拆分出来的字符串，依次保存在宏里。

由上述可见，gettoken和tokenize存在明显区别。第一，gettoken命令处理的是包含字符串的宏，而tokenize命令处理的对象是字符串；第二，gettoken命令将宏中的字符串总是分拆为两部分，分别保存在两个用户指定名字的宏中。tokenize命令将字符串按照指定的分隔符分拆为多个字符串，然后依顺序分别保存在名字为1、3等不同的宏中。

12.7.2 命令levelsof

命令levelsof提取一个变量的不重复具体取值，并保存在宏中。该命令的语法各式为：

levelsof varname [if] [in] [, options]

例如：

```
. levelsof rep78
1 2 3 4 5
. disp "`r(levels)'"
1 2 3 4 5
```

在默认情况下，变量的取值列表保存在名为r(levels)的宏中。结合tokenize命令，可对变量的取值做进一步处理：

```
. tokenize "`r(levels)'"
. disp "1=|`1'|, 2=|`2'|, 3=|`3'|, 4=|`4'|, 5=|`5'|, 6=|`6'|"
1=|1|, 2=|2|, 3=|3|, 4=|4|, 5=|5|, 6=||
```

命令levelsof有个重要的选项local(macname)。利用该选项可以将变量的取值保存在指定的宏中。例如：

```
. levelsof make, local(makes)
```

命令levelsof和循环语句配合使用，能够方便地实现在变量不同取值的情况下进行多种计算。例如，在数据集auto.dta中，假设要针对每个汽车品牌型号做多种计算，这些计算通过单个命令如sumarize、ci等的by选项无法实现，则配合使用命令levelsof和循环结构可以实现计算目的。

```
levelsof make, local(makes)
```

```
foreach m of local makes {
    disp "`m'"
……
}
```

可见，在程序中结合tokenize等命令以及循环结构，命令levelsof能够大大增强程序的灵活性，提高数据处理的效率

命令levelsof的详情见（[P] levelsof）。

12.7.3 命令numlist

命令numlist展开以字符串形式出现的数字列表的具体内容，并按照指定的规则检查数字列表是否符合要求。例如：

. numlist "1(2)9"
. display "`r(numlist)'"
1 3 5 7 9

数字列表1(2)9展开后的内容包含1 3 5 7 9共5个数字。numlist逐一展开数字列表1(2)9的内容，并保存在宏r(numlist)中。

. numlist "1 5 8/12 15", integer ascending
. display "`r(numlist)'"
1 5 8 9 10 11 12 15

上述numlist命令中的选项integer ascending首先检查数字列表中的数字是否为整数，并检查数字列表中的数字是否按升序排列。显然，数字列表1 5 8/12 15中的数字均为整数且按照升序排列。如果数字列表的内容与选项一致，则展开数字列表，并将展开后的数字列表保存在宏r(numlist)中。否则就会出现错误信息。例如：

. numlist "1 5 8/12 15", integer descending
invalid numlist has elements out of order
r(124);

通过使用选项，numlist命令还可以对数字列表中的数字个数、是否有缺失值等进行检查。例如：

. numlist "3 5 . 28 -3(2)5", missingokay min(3) max(25)
. display "`r(numlist)'"
3 5 . 28 -3 -1 1 3 5

选项min(3) max(25)表示数字列表的数字个数最少为3个，最大为25个，且数字列表允许有缺失值。

更多详情见numlist（[P] numlist）。

12.7.4 命令pause

命令pause暂停程序执行，以便分析程序运行至当前的结果，并判断程序是否运行

正常。例如，程序中有如下片段：

......

gen `tmp'=exp(`1')/`2'

summarize `tmp'

local mean=r(mean)

......

现在不确定程序是否成功创建了临时变量`tmp'。因此，在gen语句之后使用pause命令暂停程序的运行，程序设计者可以检查临时变量`tmp'是否给成功创建。程序可修改为：

......

gen `tmp'=exp(`1')/`2'

pause Just created tmp   /* 增加的语句 */

summarize `tmp'

local mean=r(mean)

......

新增加的语句pause Just created tmp暂停程序运行，并给出提示信息Just created tmp。此时，程序设计者可以执行诸如descrbie等命令检查程序当前运行结果。如需继续执行程序，可以输入命令end或q，返回当前程序继续执行。

详情见pause（[P]pause）

12.8 ado程序设计风格指南

在Stata程序设计中，必须遵循Stata的语法规则，只有这样才能够保证程序正常运行。除此之外，程序设计者应该坚持按照合理的习惯和一贯的风格编写程序，这样有助于减少程序设计中可能出现的错误，节约程序开发和调试的时间，有利于程序的交流和运用。Cox（2005）提出了程序设计中应该坚持的编程习惯和风格，主要包括以下几个方面：

12.8.1 程序书写的注意事项

（1）标注程序的版本号以及开发者等信息

在程序中应该写上一条包含程序版本号、开发者姓名以及最后修改日期的注释，以方便程序的识别与交流。

（2）合理命名程序、变量以及宏

在为ado程序命名前，通过which、ssc以及search命令查询该名字是否已经被Stata或其他用户使用，确保程序名称的唯一性，从而避免同名的其他程序被执行。

关于程序、变量以及宏的命名的注意事项，请见本书第二章和第三章。

（3）表达式应该清晰易读

在书写表达式时，一般情况下二元运算符（不包括运算符"^"）的前后均应该添加空格。如：

gen z = x + y

运算符"*"和"/"前后是否添加空格，在不同的场景可以有不同的选择。如表达式num / den相比表达式num/den更清晰易读。因为后者的"/"与前后变量名之间没有空格，有可能将"/"看作是变量名的组成符号，导致误解。而下述两个表达式中：

hours + minutes / 60 + seconds / 3600
hours + minutes/60 + seconds/3600

由于"/"后是数字，因此第二个表达式可能更易阅读，而第一个表达式显得有一点奇怪。

此外，为了减少由于未能准确记忆运算符的优先级所导致的误解，在书写表达式时应该可多用"()"增加表达式的可理解性。

（4）合理安排Stata中条件控制语句与循环语句的书写格式

与大多数的程序设计语言一样，Stata具有条件控制语句if…else和循环语句while、foreach以及forvalues。一般应该使用tab键形成的空格（一般是8个空格）形成结构化的书写格式，即将if…else中的语句（组）和循环体向右缩进，方便阅读和理解。一般的书写格式如下：

```
if ... {
    ...
    ...
}
else {
    ...
    ...
}
while ... {
    ...
    ...
}
foreach ... {
    ...
    ...
}
```

在上面的条件控制结构中，if中字母i应该和else中的字母e以及括号"}"对齐。在循环结构中，while循环中的字母w应该和括号"}"对齐；foreach循环中的字母f应

223

该和括号"}"对齐。

在Stata中，一般使用"{"和"}"来形成语句组。在"{"和"}"所在行，"{"和"}"之后均不应该再有任何符号出现（注释可以例外）。

（5）合理设定程序中每行的字符长度

在书写程序时，建议每行容纳的字符数设为80个。在屏幕大小给定条件下，每行容纳的字符数太多，虽然可以在一行上显示更长的语句，但会导致显示的字符太小影响阅读；而每行容纳的字符数太少，无法显示更长的语句。此时需使用符号"////"将较长的语句分拆书写在两行。然而较多的语句被分拆在两行显示也可能影响阅读。因此，合理设定程序中每行的字符长度对于增加程序的可读性非常重要。

12.8.2 充分发挥Stata的特色

每种程序设计语言都有自己的特色。充分利用、发挥Stata的特色，能够提高编程效率。Cox（2005）主要建议如下。

（1）使用Stata最新版本开发程序

尽管通过版本控制命令version，Stata能够实现程序的向后兼容，即在旧版本Stata软件下开发的软件也能够在新版本下运行。但是，为了提高程序运行效率，建议在当前最新版本下开发程序。Stata软件大约每两年升级一次。充分利用Stata软件的最新功能与特色，能够降低编程的难度，提高程序的效能。

（2）熟练使用syntax命令

命令sytax可以设置程序的参数内容。通过命令sytax可以增加程序参数，扩展程序的功能。熟练使用syntax命令，可以在一定程度上降低程序的复杂度，却能够让程序实现更多的功能选项。

（3）充分利用Stata命令的返回信息

大多数Stata命令在完成特定功能后都会返回信息。程序设计者应该充分利用Stata命令的返回信息，并在此基础上做进一步的数据处理。利用Stata命令的返回信息，程序设计者可以避免自己另行编写程序以获得相应结果，从而节约时间。当然，这要求程序设计者自己熟悉Stata命令的功能及其返回信息。另一方面，程序设计者自己编写的程序也应该返回尽可能更多的信息以备使用。

（4）使用Stata提供的常量符号获得常量，确保精度

在程序设计中会经常使用各种常数，如圆周率、欧拉常数等。对常见的常数，Stata都设计了相应的常量符号以保存这些常数。程序设计者应该使用Stata提供的常量符号以获得这些常数，而不应该使用对应的具体数字。使用常数对应的具体数字有时候可能达不到需要的精度要求。例如，对于圆周率，我们可以使用Stata提供的符号_pi或c(pi)，而不应该使用具体数字3.1415。

12.8.3　有关数据集使用的建议

除非必要，应该避免在数据集中创建永久性的变量，或者改变变量的数据类型，或者改变数据集的排序。简而言之，除非有必要，不应改变当前使用的数据集。

在定义标量、宏以及矩阵时，也不应该使用与现有数据集中观测变量相同的名字。当然，记住数据集中的所有变量名可能是困难的。因此，使用命令 tempvar, tempname 和 tempfile 创建临时宏总是有用的。

12.8.4　提高程序运行速度与效率的技巧

（1）避免基于数据集观测值的循环操作

一个数据集有多个观测变量，每个变量有多个观测值。一般情况下，应该避免通过循环对变量观测值的处理操作。这样的操作通常速度缓慢，效率较低。事实上，总是可以找到更好的方法，避免通过循环操作对数据集的观测值进行操作。

（2）避免用变量来保存一个常数

如果用一个变量来保存常数，则这个常数会在数据集中占据一列，即这一列的每个观测值的取值都是这个常数。显然，这浪费了存储空间。相反，用标量或宏来保存某个常数更为合理。

（3）foreach 和 forvalues 循环的运行速度快于 while 循环

Stata 在第 8 版之前还提供了 for 循环。Stata 第 8 版开始提供的 foreach and forvalues 循环的运行速度远快于旧版的 for 循环。因此，不应该使用旧版 Stata 提供的 for 循环。注意，Mata 中也有 for 循环，和旧版的 Stata 的 for 循环是完全不同的。

Stata 中有三种循环语句，即 foreach 循环、forvalues 循环以及 while 循环。在这三种循环中，while 循环的运行速度最慢。考虑到 Stata 中宏、数字列表的大量使用，在程序设计中使用 foreach 循环和 forvalues 循环是更好的选择。

（4）macro shift 的运行耗时较多，运行缓慢

因此，当要遍历变量列表时，使用 foreach and forvalues 遍历宏将会有更快的速度。macro shift 的运行速度较慢。

（5）避免在程序中使用 egen 命令

egen 命令的运行速度通常较慢。当需要用到 egen 命令时，可以使用替代的命令，或者自己编写相应的程序段实现预定功能。

（6）避免使用 preserve 命令

当数据集较大时，使用 preserve 将会占用更多的内存，从而影响运行速度。在多数情况下，可以使用 marksample 命令实现对数据集观测记录的筛选，从而避免使用 preserve 命令。

第13章 Mata基础

13.1 为什么需要Mata？

13.1.1 Mata具有丰富的矩阵运算功能

在Stata第8版中，Stata公司第一次推出了Mata。Mata最初是作为一种矩阵运算语言被推出的。经过多年的发展，现在的Mata已经成为了一种跨平台的轻便灵活的编译程序设计语言。除了矩阵运算功能外，Mata还发展出了诸如结构（structure）、类（class）、以及指针（point）等数据类型，大大提升了和扩展了Mata的运用范围。

13.1.2 Mata程序可编译，运算速度快

Mata程序经过编译后执行。这是Mata程序区别于Stata程序最重要的特征之一。目前，大多数Stata命令都用Mata语言编写，主要的原因是Mata程序具有较快的执行速度。而Stata程序是通过解释方式执行的程序，运行速度相对较慢。Mata程序的运算速度比Stata的ado程序快10~40倍（Gould，2018）。除此以外，Mata程序具有编程难度相对较低、不容易出错以及易于调试等优点。

13.1.3 Mata可与Stata实现数据高效交换

Mata提供了多个将Stata数据集转换为Mata矩阵的命令，同时，Mata也提供了多个将Mata矩阵转换为Stata数据集的命令。Mata还提供了多个能够使用Stata中的宏、标量和矩阵的命令。正因为Mata提供了丰富的数据转换命令，因此，程序设计者可以方便地在Mata和Stata中进行切换，选择更有效率的方法完成数据处理工作。

13.2 Mata程序（函数）的结构

在Mata中，单独的程序都被称为函数。一个程序的基本结构如下：
函数返回值数据类型　函数名(参数)
{
　　数据类型声明
　　程序主体
　　函数返回值

}

例如，计算圆面积的函数：
real scalar area(real scalar x)
{
   real scalar s
   s = _pi * x * x
   return(s)
}

其中，area 是函数名，函数名之前的 real scalar 是对函数返回值数据类型的设定。函数参数是 x，x 之前的 real scalar 是对函数参数数据类型的设定；括号内的内容包括三个方面的内容。首先是变量申明，设定变量 s 的数据类型；变量申明之后的内容是函数体，这是函数的主要构成部分；最后的语句 return(s) 设定函数的返回值。

由此可见，Mata 程序由五个要素构成：函数名、函数参数、变量数据类型申明、函数主体以及函数返回值。

13.2.1 函数名

Mata 函数名的取名规则与 Stata 的普通变量的取名规则一致。关于 Stata 的普通变量的取名规则，请见第二章。

13.2.2 函数参数及其数据类型

大多数 Mata 函数都需要输入参数。对于每个参数，必须定义其数据类型。在调用函数时，如果输入参数的数据类型与函数中定义的参数类型不一致，将出现函数调用错误，无法调用函数。在上例中，函数 area 的参数被定义为实数标量。在调用该函数时，如果函数参数是一个复数或者是一个实数矩阵，则会出现函数调用错误。例如：

: area (3+2i)
area():　　3253　　<tmp>[1,1] found where real required
<istmt>:　　　-　function returned error

由于调用函数 area 时，实际输入的参数是一个复数（3+2i），与定义时申明的参数类型（real scalar）不一致，因此在调用时出现错误。

关于 Mata 中的数据类型，具体内容请见本章第 3 节。

13.2.3 申明变量数据类型

对于在函数中使用的每个变量、函数等对象，一般应该事先做出定义。Mata 程序中允许使用没有事先定义的变量，但这会增加程序出现错误的可能性。更重要的是，在编译 Mata 程序时，编译器需要对未经定义的变量做更多的处理，以适应可能的使用该变量的各种情形。因此，使用未经定义的变量会降低程序的运行速度。

在上面的程序中需要使用到变量s，用于保存计算结果。则在使用前应该定义其数据类型，如实数标量：

real scalar s

13.2.4 函数主体

函数的主体包括为了达到预定功能而书写的各种表达式、条件控制语句、循环语句等。在上面的程序中，函数主体只有一个语句，即计算圆的面积：

s = _pi * x * x

关于Mata表达式、控制语句以及循环语句的细节，见本章第4节。

13.2.5 函数的返回值

Mata函数可以提供返回值。函数的返回值是执行函数主体后提供的返回信息。如：

: x = area(3)

上述命令将函数area()的返回值保存在变量x中。

如果函数没有返回值，则应该声明函数返回值的数据类型为void。例如：

void show(real scalar x)
{
   printf("a=%f",x)
}

13.3 Mata的变量类型

Mata是一种面向对象编程的语言。Mata将所有的变量、函数、结构、类视作一种对象（object）。对象是将具体数据元素按照一定规则组织起来形成的整体。例如，9个实数按照3行、3列的规则组织起来，形成了一个元素为实数的矩阵；3个字符串按行组织起来形成一个字符串行向量。因此，在定义或描述一个对象时，必须定义或描述对象的数据元素类型以及元素组织规则两个方面。

13.3.1 数据元素类型

Mata的数据元素类型有8种，分别是实数、复数、字符串、指针、结构、类、数字以及可变类型，如表13-1所示。

（1）实数（real）

Mata的实数指实数数字，与Stata的双精度数字类型一致。Mata能够处理的实数数字的范围为（-8.988e-307，8.988e-307），能够处理的整数最大值和最小值为±9,007,199,254,740,992。

表13-1　　　　　　　　　　　　　　Stata数据元素类型

元素类型名	类型	元素类型名	类型
real	实数	struct name	结构对象
complex	复数	Class name	类对象
string	字符串	numeric	实数或复数
pointer	指针	transmorphic	可变类型

实数也包括缺失值。与Stata一样，缺失值的类型有27种，这27种缺失值的大小关系是：

. ＜ .a ＜ .b ＜ … ＜ .z

（2）复数（complex）

统计数据分析都是针对现实世界中的变量以及变量与变量之间的关系而展开的。因此，在统计数据分析中，复数一般较少使用。

（3）字符串（string）

Mata具有强大的字符串处理功能。Mata能够处理的字符串最大长度可达20亿个字符。Mata提供了六大类各种不同的字符串函数，包括字符串释义函数、长度与定位函数、编辑函数、Stata应用函数、文本转换函数以及unicode应用函数。这些函数能够处理各种不同编码的字符串。

（4）指针（pointer）

指针是一种非常有用的数据元素类型。在复杂的程序中经常会用到指针这种数据。指针的本质是包含了另一个变量的地址的变量。如：

: a = 2

: p = &a

: p

0x2d697380

变量p保存的是变量a在内存中以16进制数表示的存储地址，即0x2d697380。一般来讲，一个变量所在的地址并不会成为关注重点，变量所保存的内容才是关注的重点。*p是一个指针，指向并取出地址为p的存储单元保存的内容。符号"*"是与乘号相同的符号，其作用是取出一个地址所存储的内容。例如：

*p

2

当定义了变量a和p后，在程序中，使用a和*p都能够得到相同的结果，即数字2。如果改变了地址为p的存储单元所存储的值，则变量a的值也相应发生改变：

: *p = 4

: a

4

（5）结构（structure）

一个结构是包含多种数据类型变量的复合型数据类型。通过关键词struct可以定义结构。例如：

```
struct coord {
    real scalar x
    real scalar y
}
```

结构coord里包含了两个成员变量，实数标量x和实数标量y。一旦定义了名为coord的结构，在程序中就可以去定义数据元素类型为结构的变量。如：

```
real scalar foo {
    struct coord scalar c
    …
    …
    c.x = …
    c.y = …
    d = sqrt(c.x^2+c.y^2)
    …
}
```

函数foo定义了一个变量c。变量c是一个结构标量，其内部数据元素类型由结构coord定义。一旦定义了结构标量c，c有两个成员变量——实数标量$c.x$和实数标量$c.y$，在随后的语句种就可以像使用其他实数标量一样使用$c.x$和$c.y$。例如，可以给$c.x$和$c.y$赋值，让$c.x$和$c.y$加入各种运算等。

（6）类（class）

类是一种广义上的结构，但具有更丰富的特性，如类可以继承，具有多态性等。类通过关键词class定义。如：

```
class regression {
    public:
    private:
}
```

上面的语句定义了类regression。关于类更多的细节，请见第15章。

（7）数字（numeric）

数字是一种可变数据元素类型。这种数据类型的变量既可以保存实数，也可以保存复数。当事前不能确定具体运算结果应该是实数还是复数时，可使用数字这种数据类型定义变量，以该变量保存计算结果。

（8）多态（transmorphic）

多态也是一种可变数据元素类型。前已述及的六种数据元素类型，即实数（real）、复数（complex）、字符串（string）、指针（pointer）、结构（structure）、类（class）均属于特定的数据元素类型。而数字（numeric）和多态（transmorphic）属于可变数据元素类型。当一个变量被定义为numeric，则既可以用来保存实数，也可以保存复数。而当一个变量定义为transmorphic时，该变量可以保存实数、复数、字符串、指针、结构以及类共六种数据中的任何一种数据。

在定义函数参数的数据类型时经常会使用transmorphic类。当函数参数允许接收多种不同数据元素类型的数据时，可以定义函数参数的数据类型是transmorphic类。使用transmorphic类的参数，可以大大提高函数的灵活性。

13.3.2 数据元素的组织类型

数据元素类型共有8种。数据元素可以按照不同的方式组织起来。数据元素共有5种组织方式，如表13-2所示。

表13-2　　　　　　　　　　数据元素的组织类型

组织类型名	类型	组织类型名	类型
matrix	矩阵（$r \times c$）	colvector	列向量（$r \times 1$）
vector	向量（$r \times 1$ or $1 \times c$）	scalar	标量（1×1）
rowvector	行向量（$1 \times c$）		

上述五种元素组织形式本质上都是矩阵。标量scalar可以看作是1×1的矩阵；rowvector和colvector是只有一行或一列的特殊矩阵；因此，当一个变量被定义为矩阵后，用户可以给该变量赋值一个向量甚至标量。

13.3.3 变量的数据类型

变量的数据类型需要从数据元素类型和数据元素的组织类型两个方面定义。8种数据元素类型和5种元素组织类型的组合，便形成了40种变量数据类型。在程序设计中，用户可以根据自己的需要定义变量的数据类型。如：

real matrix A
string scalar B

前者定义元素为实数矩阵，后者定义一个字符串标量。

当对一个变量的数据类型做出定义时，Mata同时也对该变量的取值做了初始化。在上面两个例子中，矩阵A被初始化为一个0×0的空矩阵，而B被初始化为一个由空串组成的标量。一般来讲，对于一个标量，当其数据元素类型为实数和复数时，该标量的初始化值为缺失值；当数据元素类型为字符串时，该标量的初始化值为空串；当数据元素类型为指针时，该标量的初始化值为NULL。

当变量或函数的数据元素类型或组织类型没有定义时，Mata自动将其定义为默认类型。当变量的数据元素类型没有定义时，Mata默认的类型为transmorphic；当变量的组织类型没有定义时，Mata默认的类型为矩阵。

通过设定函数参数的数据类型和返回值的数据类型，可以避免在传递参数和返回值的过程中引起错误。因此，在定义函数时，程序设计者也应该对函数参数的数据类型加以定义，也应对函数的返回值的数据类型进行定义。例如：

```
real scalar foo(real matrix A, real matrix B)
{
……
}
```

上述函数的参数为两个实数矩阵，函数返回值的数据类型定义为实数标量。

值得注意的是，函数的返回值类型除了前面介绍的40种之外，有的函数没有返回值。对于这种函数，可以定义函数的数据类型为void。因此，函数返回值共有41种数据类型。

13.4 Mata的表达式与运算符

13.4.1 表达式

（1）表达式

由数字、字符串以及各种运算符按照规则组织起来就形成了表达式。表达式可以出现在赋值语句中：

```
i = i + 1
y = sqrt(6)
```

调用函数本身也是一个表达式：

```
myfunction(i,y)
```

Mata条件控制语句和循环结构等也经常会出现表达式：

```
if (i<=10)
for (i=1, i<20,i++)
do … while (i<100)
return(x/y)
```

（2）表达式的例子

Mata提供灵活的书写表达式的方法。Gould(2018)提供了多个表达式的例子。从这些表达式可以体会Mata表达式的含义及其书写方法。例如：

$$\text{fraction} = (++i) / n \tag{1}$$

```
a = ( b = sqrt(x^2 + y^2) ) / sqrt(X^2 + Y^2)        （2）
ratio = (numer = s1 + s2) / (denom = n1 + n2)        （3）
pos = (a>0) + (b>0) + (c>0)                          （4）
if (i) ...                                           （5）
while (abs(err = x^2 -2) > 1e-12)                    （6）
```

上述表达式的具体含义如下。

①表达式（1）。

表达式 fraction = (++i)/n 可以分拆成两个语句：

```
i = i + 1
fraction = i/n
```

②表达式（2）。

表达式 a = (b = sqrt(x^2 + y^2)) / sqrt(x^2 + y^2) 等同于下面两个语句：

```
b = sqrt(x^2 + y^2)
a = b / sqrt(x^2 + y^2)
```

③表达式（3）。

表达式 ratio = (numer = s1 + s2) / (denom = n1 + n2) 等同于如下三个语句：

```
numer = s1 + s2
denom = n1 + n2
ratio = numer / denom
```

④表达式（4）。

表达式 pos = (a>0) + (b>0) + (c>0) 将三个变量 a、b、c 中大于零的个数赋值给 pos。这个表达式巧妙地将变量取值判断与计数结合起来。因为在 Mata 中，当表达式为真时，其返回值是1。

⑤表达式（5）。

if (i) 等同于 if (i!=0)

当 i 的值只要不等于0，如 i = 2，逻辑表达式 i!=0 的值为1；而对于语句 if (i)，当 i 的值不等于0时，if 语句后的条件表达式 (i) 的值始终为1。因此，if (i) 等同于 if (i!=0)。

⑥表达式（6）。

while (abs(err = x^2 -2) > 1e-12) 等同于：

```
err=x^2 -2
while (abs(err) > 1e-12){
   ...
   err=x^2-2
}
```

要正确书写并理解表达式的含义，必须首先理解数字、字符串以及各种运算符的功能。Mata 有多种可用于各种计算的运算符。本节稍后将阐述 Mata 运算符。

（3）数字与字符串

①数字。

根据记数方法的不同，数字有十进制数、二进制数、八进制数以及16进制数等不同的类型。

十进制数易读，容易理解。当数字较大或较小时，可以采用科学计数法表达十进制数例如，25,000,000 的科学计数法表达为 2.5e+7 或 2.5E+7；0.0000052 的科学计数法表达式为 5.2e-6 或 5.2E-6[①]。当数字缺失时，可用 ".''或 ".a'' ".b'' ".c''…".z''表达。Mata规定，所有的数字都小于缺失值 "."。如：表达式 100 < . 的返回结果为真。各缺失值之间也有大小顺序：

． < .a < .b < .c < .z

在Mata内部，十进制数都会被自动转换为二进制数保存。

人一般不易阅读二进制数，但计算机却只能识别二进制数。尽管Mata能够自动将十进制数转换为二进制数，但是并不是所有的数字都能精确转换为对应的二进制数，可能存在误差。例如，十进制数 1e-8 转换为二进制数存在误差，1e-8 在Mata内部保存时实际保存的数约等于 $10^{-8}+5.17*10^{-24}$。尽管只有微小差别，但是，这些微小差别在运算过程中可能会产生累积效应，从而影响最终计算结果的准确性。为了尽可能减少这种影响，Gould（2018）建议，当使用较小的数时，尽可能在小数点后保留更多的0。

如果对计算精度有更高的要求，建议采用Mata提供的X记数方法。关于X记数方法的细节，见Gould（2018）。

②字符串。

当字符以引号标注时，便形成了字符串。Mata一般使用双引号来标注字符串。当字符串中也包含双引号时，便需使用复合引号。Mata中的复合引号与Stata中的复合引号是相同的，例如：

s = "中国"

s1 = `"他说，"中国是一个伟大的国家""'

13.4.2 运算符

（1）赋值运算符

赋值运算符，即 "="，用于对变量赋值。例如：

x = 5

sr = "这里是中国"

y = sqrt(2 * x + 10)

在Mata中，可以进行多重变量赋值，即在一个表达式中同时对多个变量赋值。例如：

[①] 当使用科学计数法时，符号e或E可以替换为d或D。如25000000的科学计数法表达可表达为2.5D+7或2.5d+7。

```
a = b = c = 2
z= (x = y + 5)/a
```

上面第一条语句相当于分别将2赋值给变量a, b, c; 而第二条语句同时给变量x和z两个变量赋值。第二条语句等同于下面两条语句:

```
x = y+5
z = x / a
```

（2）算术运算符

Mata的算数运算符共有8个。这8个算术运算符在表达式中参与运算时，其运算优先级按照由高到低的顺序分为是：矩阵转置符（'）、幂运算符（^）、取相反数（-）、除号（/）、Kronecker矩阵乘积符（#）、乘号（*）、减号（−）和加号（−）。具体见表13-3。

表13-3　　　　　　　　Mata的算数运算符（运算优先级从高到低）

A'	矩阵转置符；如果A是复数，则是共轭转置符	$A\#B$	Kronecker乘积符（#）
$a\^b$	幂运算符	$A*B$	乘号
$-A$	取相反数	$A-B$	减号
A/b	除号	$A+B$	加号

在表13-3中，运算符前后的字母有大小写之分。大写字母表示标量、向量和矩阵，而小写字母表示标量。运算符前后字母的大小写用于区分该运算符的运算对象。如$a\^b$，运算符两侧都是小写字母，表示该运算符"^"只适用于标量。而$A*B$两侧的运算符都是大写字母，表示该运算符既可以用于标量，也可以用于向量或矩阵的运算。A/b表示运算符"/"的分子可以是标量、向量或矩阵，而分母只可以是标量。

（3）自增运算符与自减运算符

Mata的自增运算符（++）与自减运算符（--）只能用于实数标量。这两个运算符既可以用于实数标量之前也可以用于实数标量之后。但是，这两个运算符的位置不同，功能却有很大差异。

表13-4　　　　　　　　自增运算符与自减运算符

a++	先使用a的值，再将a的值加1	++a	先将a的值加1，再使用a的值
a--	先使用a的值，再将a的值减1	--a	先将a的值减1，再使用a的值

a++表示在a被使用后自行增加1。a--表示在a被使用后自行减少1。++a表示在a被使用前自行增加1，--a表示在a被使用前自行减少1。

自增运算符与自减运算符在循环语句中出现较多。如:

```
sum = 0
i = n
while (i>=1)    {
   sum = sum + a[i]
   --i
}
```

上面的程序实现将 $a[n]$ 到 $a[1]$ 的值连续累加到 sum 中。循环体中 --i 与下面的语句等价：

```
I = i-1
```

也可以将上面的程序改写为：

```
sum = 0
i = n
while (i<n)    {
   sum = sum + a[i--]
}
```

但是，不能将上面循环体中的语句写为：

```
sum = sum + a[--i]
```

这是因为，--i 是先将 i 中的值减去 1，再使用 i，然后将 $a[i]$ 的值累加到变量 sum 中。这会导致上面的程序无法将 $a[n]$ 这一项累加到 sum 中，最终不能得到正确结果。

（4）逻辑运算符

逻辑运算符实现逻辑运算。逻辑表达式的运算结果为 1（真）或 0（假）。各种逻辑运算符及其功能如表 13-5 所示。

表 13-5　　　　　　　　逻辑运算符（运算优先级从高到低）

!A	逻辑非；当 A 是标量时，如果 A==0，则 !A 的结果为 1（真）；当 A 是向量或矩阵时，则对向量或矩阵的每个元素做逻辑非运算
A!=B	当 A 不等于 B 时，结果为 1（真）
a>b	当 a 大于 b 时，结果为 1（真）
a<b	当 a 小于 b 时，结果为 1（真）
a<=b	当 a 小于等于 b 时，结果为 1（真）
a>=b	当 a 大于等于 b 时，结果为 1（真）
A==B	当 A 等于 B 时，结果为 1（真）
a&b	当 a 不等于 0 同时 b 不等于 0，则结果为 1（真）
a|b	当 a 不等于 0 或者 b 不等于 0，则结果为 1（真）

同样，在表13-5中，逻辑运算符前后的字母有大小写之分。大写字母表示标量、向量和矩阵，而小写字母表示标量。运算符前后字母的大小写用于区分该运算符的运算对象。如$A != B$是判断两个矩阵A和B是否相等，而$a > b$则是判断标量a是否大于标量b。

值得注意的是，逻辑运算符"!="和"=="可以用于比较两个不同的数据类型数据。如：

"America" == 2

0

显然，左边是字符串，右边是数字2，两者不等，因此返回的逻辑运算结果为0。同样，矩阵$I(2)$和向量$(1,0)$也是不相等的：

: I(2) == (1,0)

0

注意，当一个实数和一个复数进行逻辑比较时，比较的结果取决于实数和复数的实际结果，而不是取决于其数据类型：

: (1 + 0i) == 1

1

而逻辑运算符">""<"">=""<="却不能用于不同数据类型的数据之间的比较。如：

: "America" > 2

type mismatch: string > real not allowed

r(3000);

当逻辑运算符">""<"用于复数之间的比较时，比较结果取决于两个复数各自的长度：

: z1 = (1 + 1i)

: z1 < -z1

0

: z1 > -z1

0

: z1 == -z1

0

: z1/2 <= -z1

1

当逻辑运算符">""<"用于字符串之间的比较时，比较结果取决于两个字符串逐字符比较的结果：

: "a" > "b"

0

```
: "alpha" > "alphb"
0
: "alpha" > "alph"
1
```

（5）三元条件运算符

三元条件运算符由两个运算符（? 和：）共同组成。三元运算符的一般表达形式为 $a ? B : C$。其中，a 是表达式，a 的运算结果必须为标量。B 和 C 既可以是标量，也可以是矩阵或向量。三元条件运算符的功能与 Stata 中函数 condition() 的功能类似。当表达式 a 的值为真时，返回值为 B，否则返回值为 C。如：

```
: x = 2
: (x > 5 ? 0:1)
1
```

（6）向量和矩阵运算符

①矩阵行和列的连接运算符（表 13-6）。

表 13-6　　矩阵行和列的连接运算符（运算优先级从高到低）

$a \ldotp\ldotp b$	行计数填充运算符	$A :: b$	列计数填充运算符
A , B	列连接符	$A \backslash B$	行连接符

a. 列连接符：

```
: v1 = (1,2,3)
: v2 = (4,5,6)
: v3 =v1 , v2
: v3
         1  2  3  4  5  6
      1  1  2  3  4  5  6
```

b. 行连接符：

```
: v4 = v1\v2
: v4
         1  2  3
      1  1  2  3
      2  4  5  6
```

c. 行连接符和列连接符的混合使用：

: v5 = v5 = (v1,v2) \ (10,11,12,13,14,15)
: v5

```
         1    2    3    4    5    6
    1    1    2    3    4    5    6
    2   10   11   12   13   14   15
```

注意，列连接符","的运算优先级别高于行运算符"\"。上述表达式等价于：

: v5 = v1,v2 \ 10,11,12,13,14,15

d. 行填充运算符"::"和列填充运算符".."

这两个运算符用于生成由一定范围内的实数序列构成的行向量或列向量。$a..b$ 生成由从 a 开始计数到 b 为止的但不超过 b 的数组成的行向量。$a::b$ 生成由从 a 开始计数到 b 为止的但不超过 b 的数组成的列向量。如果 $b>a$，则向量内的数字依次递增 1，直到小于等于 b 为止；如果 $b<a$，则向量内的数字依次递减 1，直到大于等于 b 为止。例如：

: x=1::4
: x

```
         1
    1    1
    2    2
    3    3
    4    4
```

: y = 1 .. 7
: y

```
         1    2    3    4    5    6    7
    1    1    2    3    4    5    6    7
```

: z = 1.5 .. 4.5
: z

```
         1     2     3     4
    1   1.5   2.5   3.5   4.5
```

: z = 1.5 .. 4.4
: z

```
        1    2    3
    ┌─────────────────┐
  1 │ 1.5  2.5  3.5   │
    └─────────────────┘
```

②冒号运算符（:）。

冒号运算符与其后的其他运算符（如幂运算符、加、减、乘、除以及逻辑运算符等）一起构成新的运算符。这种运算符仅用于矩阵或向量运算。

表 13-7　　　　　　　　　　　冒号运算符（:）

$A :\wedge B$	power		$A :< B$	less than
$A :/ B$	division		$A :>= B$	greater than or equal to
$A :* B$	multiplication		$A :<= B$	less than or equal to
$A :- B$	subtraction		$A := B$	equality
$A :+ B$	addition		$A :\& B$	logical and
$A :!= B$	not equal		$A :\| B$	logical or
$A :> B$	greater than			

冒号运算符：和其后的运算符一起表示对矩阵的每一个元素做特定运算。如：

: v6 = v4 :+ 10

上述表达式等号右边为 $v4 :+ 10$，其中运算符":+"表示对矩阵 $v4$ 的每个元素做加法运算，加数为10。

: v6

```
        1    2    3
    ┌─────────────────┐
  1 │ 11   12   13    │
  2 │ 14   15   16    │
    └─────────────────┘
```

: v7 = v4 :+ v6

上述表达式等号右边为 $v4 :+ v6$，其中运算符":+"表示对矩阵 $v4$ 的每个元素做加法运算，加数为矩阵 $v6$ 中对应的元素。

: v7

```
        1    2    3
    ┌─────────────────┐
  1 │ 12   14   16    │
  2 │ 18   20   22    │
    └─────────────────┘
```

涉及向量时，冒号运算符有基本的运算规则。下面以":+"为例，阐述冒号运算符涉及到向量时的运算规则。

第一，如果冒号运算符":+"左边是一个矩阵，右边是一个行向量，则该行向量的每个元素与左边矩阵每一行的对应元素相加：

: v8 = v7 :+ (1,2,3)
: v8

	1	2	3
1	13	16	19
2	19	22	25

第二，如果冒号运算符":+"左边是一个矩阵，右边是一个列向量，则该列向量的每个元素与左边矩阵每一列的对应元素相加：

: v9 = v7 :+ (1\2)
: v9

	1	2	3
1	13	15	17
2	20	22	24

值得注意的是，当冒号运算符":+"左右两边都是矩阵时，则实现对两个矩阵按对应元素逐个相加，所得结果与普通矩阵的加法（"+"）运算是相同的。如：

: v10 = v8 :+ v9
: v10

	1	2	3
1	26	31	36
2	39	44	49

: v11 = v8 + v9
: v11

	1	2	3
1	26	31	36
2	39	44	49

但是，当两个矩阵做":*"运算时，则着对两个矩阵按对应元素相乘，所得结果与两个矩阵的乘法运算的结果不同。如：

: v12 = v8 :* v9
: v12

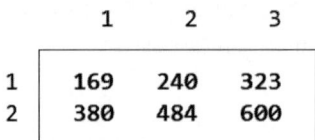

: v13 = v9 \ (1,2,3)
: v14 = v8 * v13
: v14

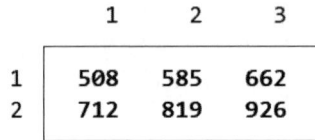

注意：由于矩阵 v8 的行、列数和矩阵 v9 的行、列数相同，因此，两个矩阵不能执行 "*" 运算，但可以执行 ":*" 运算。

13.4.3 向量和矩阵的下标访问

Mata 提供了丰富的用于获取矩阵内容的下标访问功能。矩阵的下标访问分三种情况，即访问矩阵元素、按列表访问矩阵特定区域的元素和提取子矩阵。具体见表 13-8。

表 13-8　　　　　　　　　　向量和矩阵的下标访问

访问矩阵元素：	
$A[r,c]$	获取矩阵 A 中位置 (r,c) 的元素
$A[r,.]$	获取矩阵 A 的第 r 行
$A[.,c]$	获取矩阵 A 的第 r 列
$A[r,]$	与 $A[r,.]$ 相同
$A[,c]$	与 $A[.,c]$ 相同
$V[i]$	获取向量 V 的第 i 个元素
访问矩阵指定行或列：	
$A[V,W]$	按 V 指定的行和按 W 指定的列获取矩阵 A 的内容（V 和 W 是向量或标量）
$V[W]$	按向量 W 中的元素指定的位置获取向量 V 中的内容（W 是向量）
提取子矩阵：	
$A[\|X\|]$	获取从 A 的左上 $(X[1,1], X[1,2])$ 位置到右下 $(X[2,1], X[2,2])$ 位置的子矩阵，X 是 2×2 矩阵
$V[\|W\|]$	获取向量 V 的从位置 $W[1]$ 到 $W[2]$ 的元素（W 是 2×1 列矩阵）

（1）访问矩阵元素

这是按照给出的矩阵行列信息访问矩阵的元素。例如：

: v1 = (1,2,3)

: v1[2]

2

: A = (1,2,3) \ (4,5,6) \ (7,8,9) \ (10,11,12)

: A

```
       1   2   3
   1   1   2   3
   2   4   5   6
   3   7   8   9
   4  10  11  12
```

: x = A[3,2]

8

也可以通过赋值符号"="改变矩阵的某个元素的值。例如：

: A[2,1] = 20

: A

```
       1   2   3
   1   1   2   3
   2  20   5   6
   3   7   8   9
   4  10  11  12
```

可以提取矩阵的行或列：

: A[(1,2),(2,3)]

```
       1   2
   1   2   3
   2   5   6
```

当要提取的行或列的信息缺失时，则提取所有的行或列。例如：

: A[.,2]

```
        1
   1    2
   2    5
   3    8
   4   11
```

: A[(1,3),.]

	1	2	3
1	1	2	3
2	7	8	9

A[.,.]提取矩阵的所有行和所有列，即是矩阵本身。

注意：在程序设计中，如下两条语句是有区别的：

: A = B * C

: A[.,.] = B * C

语句 A = B * C 是将 B * C 的运算结果赋值给矩阵 A。即使 B * C 的行和列与现有矩阵 A 的行和列完全不同，也能够顺利执行。执行后 A 变成了一个全新的矩阵。

语句 A[.,.] = B * C 是将 B * C 的运算结果——也是一个矩阵——的每个元素填充矩阵 A 对应位置。因此，如果 B * C 的结果矩阵的行和列与矩阵 A 的行和列存在不同，则该语句执行时会出现错误。值得注意的是，将一个矩阵的所有元素逐个复制到另外一个矩阵，相对于将一个矩阵整体复制到另外一个矩阵需要更多的时间，即运算速度更慢。（详情见本书第14章有关 st_view() 函数的论述）

（2）按列表访问矩阵特定区域的元素。

在矩阵下标索引时，下标可以是向量。Mata 能够根据用户给出的行号列表（向量）和列号列表（向量）提取矩阵指定行和列的元素。例如：

: i = (1,3)

: j = (2,3)

: A[i,j]

	1	2
1	2	3
2	8	9

在使用下标索引 A[i,j] 提取矩阵内容时，向量 i 给出了要提取的行的位置信息，即提取 A 的第 1，3 行；向量 j 给出了要提取的列的位置，即提取 A 的第 2，3 列。最终得到了一个 2*2 的矩阵。

提取矩阵内容时，当行或的列的信息缺失时，则提取所有的行或列。例如：

: A[(1,2),.]

	1	2	3
1	1	2	3
2	20	5	6

可以在行信息或列信息的列表中出现重复的行号或列号，实现对矩阵行或列的重复提取。例如：

: A[.,(1,2,3,1)]

	1	2	3	4
1	1	2	3	1
2	20	5	6	20
3	7	8	9	7
4	10	11	12	10

可以通过Mata的函数随机生成行向量或列向量，实现对矩阵行或列的有放回的重复随机抽样Gould（2007）。例如：

:rseed(6465)

: rownums = ceil(4*runiform(4,1))

	1
1	2
2	2
3	1
4	3

: A[rownums,.]

	1	2	3
1	40	50	60
2	40	50	60
3	10	20	30
4	7	8	9

: colnums = ceil(3*runiform(3,1))

	1
1	1
2	2
3	3

: A[.,colnums]

	1	2	3
1	10	20	30
2	40	50	60
3	7	8	9
4	10	11	12

rownums 和 colnums 的元素都是随机生成的列向量。因此，A[rownums,.] 按照向量 rownums 中的序号对矩阵 A 的行做有放回的重复随机抽样；A[.,colnums] 按照向量 colnums 中的序号对矩阵 A 的列做有放回的重复随机抽样。注意，向量 rownums 和 colnums 中的元素均存在重复，表明在提取矩阵 A 的行或列时可以重复提取某行或某列。此外，在提取矩阵的行或列时，rownums 和 colnums 是既可以是行向量，也可以是列向量，不会影响到提取的结果。

通过按列表下标访问矩阵可以实现对矩阵的行（或列）按降序或升序重新排列。例如：

: A

```
          1    2    3
      ┌─────────────────┐
   1  │  1    2    3   │
   2  │ 20    5    6   │
   3  │  7    8    9   │
   4  │ 10   11   12   │
      └─────────────────┘
```

: p = order(A, -1)

```
          1
      ┌─────┐
   1  │  2  │
   2  │  4  │
   3  │  3  │
   4  │  1  │
      └─────┘
```

p = order(A, -1) 对矩阵 A 的第一列按照降序排列，并将排序后新矩阵的各行在原矩阵 A 的行号保存在向量 p 中。如 p 中的第 1 个元素为 2，表明新矩阵中第一行对应原矩阵 A 的第 2 行；p 中的第二个元素为 4，表明新矩阵中第 2 行对应原矩阵 A 的第 4 行。余类推。例如：

: C = A[p, .]
: C

```
          1    2    3
      ┌─────────────────┐
   1  │ 20    5    6   │
   2  │ 10   11   12   │
   3  │  7    8    9   │
   4  │  1    2    3   │
      └─────────────────┘
```

对比矩阵 C 和矩阵 A。显然，矩阵 C 是矩阵 A 按第一列降序排列后形成的矩阵。

注意，函数 order(B, -1) 函数返回对矩阵 B 的指定列（第 1 列）排序后的行序号，其中的第二个参数是指定需要排序的列号。当列号是正数时，对矩阵的指定列做升序排列；当列号是负数时，对矩阵的指定列做降序排列。B[p,.] 对矩阵 B 按列表（列向量）

访问，实现对矩阵的降序排列。

结合 order() 函数实现对矩阵的指定列排序在 Mata 程序设计中具有重要用途。

关于矩阵的下标访问，更多内容可见 Gould（2007）。

（3）矩阵元素的修改。

还可以通过下标实现对矩阵部分内容的修改或替换。例如：

```
: B = I(4,4)
: B
```
[symmetric]

	1	2	3	4
1	1			
2	0	1		
3	0	0	1	
4	0	0	0	1

```
: C = ((20,30) \ (10,20))
: C
```

	1	2
1	20	30
2	10	20

```
: B[(3,4),(1,2)] = C
: B
```

	1	2	3	4
1	1	0	0	0
2	0	1	0	0
3	20	30	1	0
4	10	20	0	1

语句 $B[(3,4),(1,2)] = C$ 用矩阵 C 替换了矩阵 B 的左下方第 2、4 两行和 1、2 两列的对应元素，修改了矩阵 B 指定位置的元素。

（4）提取子矩阵。

$A[|X|]$ 能够从矩阵 A 中提取指定位置的子矩阵。矩阵 A 的子矩阵可以通过子矩阵在矩阵 A 中的开始位置（行号和列号）和结束位置（行号和列号）来确定。例如：

```
: A[|2,2 \ 3,3|]
```

	1	2
1	5	6
2	8	9

```
: A[|1,1 \ 2,3|]
```

	1	2	3
1	1	2	3
2	20	5	6

同样，利用上述提取指定位置的子矩阵的方法，可以修改矩阵A中指定位置的子矩阵的内容。如：

```
: d = ((10,20,30)\(40,50,60))
: A[|1,1\2,3|] = d
: A
```

	1	2	3
1	10	20	30
2	40	50	60
3	7	8	9
4	10	11	12

13.4.4 指针和地址操作符

Mata的指针的是包含了另一个变量的地址的变量。*p是一个指针，指向并取出地址为p的存储单元保存的内容。符号"*"是与乘号相同的指针引用符号，其作用是取出一个地址所存储的内容。当指针指向一个结构或一个类时，指针引用符"*"往往用"->"替代。

Mata的"&"是地址操作符。通过地址操作符可以获得变量或函数的地址。例如：

```
: A
```

	1	2	3
1	10	20	30
2	40	50	60
3	7	8	9
4	10	11	12

```
: p = &A
: *p
```

	1	2	3
1	10	20	30
2	40	50	60
3	7	8	9
4	10	11	12

: (*p)[2,2]
  50

: V = A[2,.]

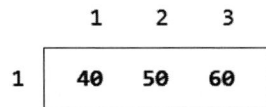

: p = &V[2]

此处的地址操作符&获取向量V的第二个元素的地址。

: *p
  50

可见，地址操作符可以获取向量或矩阵的某个元素的地址，并通过指针引用符号获取向量或矩阵的某个元素。

注意，符号"*"既可以是指针引用符号也可以是乘号。但是，"*"作为指针引用符号的运算优先级高于乘号；符号"&"既可以作为地址操作符可以作为逻辑运算符。但是，"&"作为地址操作符的运算优先级高于逻辑运算符。

13.4.5 各种运算符的优先级别

上面介绍了Mata各种不同的运算符。这些运算符包括自增自减运算符、矩阵和向量的下标运算符、指针和地址操作符、算数运算符、逻辑运算符、矩阵行和列的填充符、三元条件运算符以及赋值运算符等。这些运算的优先顺序如表13-9所示。

表13-9　　　　　　　　　各种运算符的优先级别

矩阵和向量的下标运算符	[ ]	列连接符号	,
自增自减运算符	--, ++	矩阵列填充符号	::
结构和类的元素操作符	->, .	行连接符	\
指针操作符和地址操作符	*, &	三元条件运算符	?:
算数运算符	,^, -(negation), /, #, *,-, +	空	(void)
逻辑运算符	!, !=, >, <, >=, <=, ==, &, |	赋值运算符	=
矩阵行填充符号	..		

从表13-9可见，在各种运算符中，矩阵下标运算符的运算级别最高，其次是自增自减运算符（"+"和"-"），接下来是有关结构、类和指针运算符；再次是算术运算

符和逻辑运算符。值得注意的是，算术运算符的优先级别高于逻辑运算符。接着是矩阵行填充符、列连接符，最后是赋值运算符。

13.5 条件控制与循环

13.5.1 条件控制语句

Mata 的条件控制语句主要有两种形式：

if (expr) stmt1

以及：

if (expr) stmt1
else stmt2

在程序设计过程中，为了减少程序出错的可能性，方便阅读程序，应该尽可能将条件表达式放在括号"()"之内，并将 stmt1 或 stmt2 放在"{}"之内。例如：

```
if (x != 0) {
    x = x + 10
    y = x^2
}
```

或者：

```
if (x != 0) {
    x = x + 10
    y = x^2
}
else {
    x = x -10
    y = x ^ 2
}
```

当然，如果 if 语句后的条件在为真时只需执行一条语句，往往可以省略掉括号"{}"。例如：

```
if (x != 0) y = (x = x + 10)^2
else y = (x = x -10)^2
```

由于逻辑表达式的返回值只有 1 或者 0，因此，上述条件语句可以进一步简洁书写为：

```
if (x) y = (x = x + 10)^2
else y = (x = x -10 )^2
```

13.5.2 循环

Mata 的循环语句有三种，即 for 循环、while 循环和 do…while 循环。for 循环、while 循环在检查了循环条件后判断是否再执行循环体；而 do…while 循环是先执行循环体再做循环条件的检查。

（1） for 循环

for 循环语句的基本语法格式为：

```
for (exp1; exp2; exp3) {
    stmts
}
```

例如：

```
sum = 0
for (i = 0; i <= 100; i++) {
   sum = sum + i
}
```

上述程序实现将 1 到 100 之间的整数累加。其中，exp1，即上例中的 $i=0$，用于设定循环变量（i）的初值。当然，exp1 是可选的，循环变量的初值可以 for 语句之前的语句设定。

exp2，即上例中的 $i<=100$，是一个表达式，称作循环条件。当循环条件为真即返回值为 1 时，则执行循环体。

stmts，即循环体，由一个或多个语句组成。循环体一般放在括号"{}"之内。只要循环条件为真，便执行循环体；否则，循环体被忽略而执行循环语句之后的语句。

exp3，即上例中的 i++，是执行循环体之后随即执行的表达式，一般用于改变循环变量的值。本例中即是将 i 的值增加 1。当然，循环变量的改变也可以在循环体内完成，因此，exp3 也是可选的。

上述例子中循环语句的功能是：第一步，设定 i 的初值为 1；第二步，计算表达式 $i <= 100$ 的值；当 $i <= 100$ 为真时，执行 *sum = sum + i*，并执行 i++；第三步，反复执行第二步，直到 $i <= 100$ 为假时，则退出循环，执行 for 循环语句的下一条语句。

当循环体中只有一条语句时，可以在一行之内书写循环语句。例如：

```
sum = 0
for (i = 0; i <= 100; i++)   sum = sum + i
```

此时，上述程序还可以做如下改写：

```
sum = 0
for (i = 0; i <= 100; sum = sum + (i++)) {}
```

或者改写为：

```
sum = 0
for (i = 0; i <= 100; sum = sum + (i++));
```

也可以将上述循环写成如下形式：

```
sum = 0
i=0
for (;i<=100;)  {
   sum = sum +i
   i++
}
```

在上面最后一个程序中，循环变量的初始值在循环语句之前设定，并将改变循环变量取值的语句 i++ 放在循环体中。

从上面的例子中可以看出，设定循环变量的初值及改变循环变量的取值有多种选择，Mata 的 for 循环语句具有很强的灵活性，易于使用。

（2）while 循环

while 循环的基本语法格式为：

```
while (exp) {
    stmts
}
```

例如，上述实现将 1 到 100 之间的整数累加的程序可以改写如下：

```
i = 1
sum = 0
while (i <= 100) {
   sum = sum + i
   i++
}
```

while 循环的执行流程如下：第一步，执行表达式 $i <= 100$。如果表达式的值为真，即表达式的返回值为 1，则执行循环体 $sum = sum + i$；第二步，反复执行第一步，直到表达式 $i <= 100$ 的返回值为 0，则终止循环的执行，转到执行循环语句的下一条语句。

与 for 循环不同的是，while 循环没有明确指定用户改变循环变量的位置。为了保证循环能够正常结束，不至于陷入无限循环，应在循环体中设置改变循环变量取值的语句。

（3）do…while 循环

do…while 循环的功能与 while 循环的功能一致，区别就在于 do…while 循环对循环条件的检查放在循环体之后。例如，上述实现将 1 到 100 之间的整数累加的程序可以改写如下：

```
i = 1
sum = 0
```

```
do {
    sum = sum +i
    i++
} while (i <= 100)
```

下面的程序来可以获知在 Mata 中被视作和 0 相等的最大的数（eps），即使表达式 eps == 0 成立的 eps 的取值：

```
a = 4/3
do      {
    b = a -1
    c = b + b + b
    eps = abs(c -1)
} while (eps == 0)
printf("maximum number equal to 0 : %12.10e\n", eps)
```

上述程序运行后的结果为：

```
maximum number equal to 0 :  2.22045e-16
```

上述结果表明，在 Mata 中，2.22045e-16 被视作与 0 相等，2.22045e-16 以及比 2.22045e-16 小的数都被 Mata 当作 0 处理。

（4）continue 和 break

continue 和 break 用于循环体中的两条语句。当循环体中出现 continue 时，则循环体中 continue 之后的语句均被忽略，转而重新检查循环条件；当循环体中执行到 break 语句时，则当前循环被终止，转而执行循环语句的下一条语句。例如，可以使用 break 语句重新改写上述使用循环语句的程序。第一个使用 for 循环的语句改写如下：

```
sum = 0
for (i = 0 ; ; i++)  {
    sum = sum + i
    if i > 100 break
    else continue
}
```

在这个 for 循环中，没有在循环表达式中设定循环条件，而是在循环体中设定一个条件分支语句。如果 $i > 100$，则利用 break 语句终止循环。

第二个使用 while 循环语句的程序改写如下：

```
i=1
while (1) {
    sum = sum + i
    i++
    if i > 100 break
```

        else continue
    }

在这个while循环中,循环条件始终为真,这是一个本来会导致无限循环的条件。但是,在循环体中增加了一个条件分支语句,在 $i <= 100$ 时,继续执行循环体;在 $i>100$ 时利用break终止循环。

上述程序也可以使用do…while循环实现:

do {
    sum = sum + i
    i++
    if i > 100 break
    else continue
} while (1)

由于在上面三个程序中,else continue位于循环体中的最后一个语句,因此,else continue都可以去掉,如:

i=1
while (1) {
    sum = sum + i
    i++
    if i > 100 break
    }

第14章 Mata与Stata的数据交换

14.1 Mata获取与修改Stata数据集

Stata有数据集、变量、宏以及标量等各种不同类型的数据。作为一种矩阵运算语言，Mata提供了丰富的函数使得程序员能够方便地获取并修改Stata的各种数据。

14.1.1 Mata获取Stata数据集

毫无疑问，扩展名为dta的数据集（data set）是Stata最重要的数据文件。Mata有两种获得Stata数据集内容的方法。这两种方法在处理过程以及效率存在很大的差别。程序设计者需要根据自己的目的选择合适的方法。

（1）复制Stata数据集并形成矩阵

这种方法是通过函数st_data()和st_sdata()实现的。具体语法格式为：

①复制Stata中数字型变量到Mata矩阵。

real matrix st_data(real matrix i, rowvector j)

②复制Stata中字符型变量到Mata矩阵。

real matrix st_sdata(real matrix i, rowvector j)

其中 i 是需要复制的Stata数据集的观测记录号。如果需要提取多个观测记录的数据，则 i 可以是观测记录号组成的列向量。j 是需要复制的数据集的变量序号。如果需要提取多个变量的数据，则 j 可以是变量序号（或者是变量名）组成的行向量。

利用上述函数，可以方便地把Stata数据中的数字型数据复制到Mata中，以供进一步处理。例如：

```
. webuse auto
. list make price mpg rep78 headroom trunk weight in 1/5
```

	make	price	mpg	rep78	headroom	trunk	weight
1.	AMC Concord	4,099	22	3	2.5	11	2,930
2.	AMC Pacer	4,749	17	3	3.0	11	3,350
3.	AMC Spirit	3,799	22	.	3.0	12	2,640
4.	Buick Century	4,816	20	3	4.5	16	3,250
5.	Buick Electra	7,827	15	4	4.0	20	4,080

如需在Mata中获得当前数据集（auto.dta）中第2行第2列的观测值，即变量price的第2个观测记录，则：

```
. mata
: A = st_data(2, 2)
  4,749
```

如需在Mata中获得当前数据集（auto.dta）中第1、2、3、7、8行第2、3、4列的观测值，即变量price、mpg、rep78的第1、2、3、7、8个观测记录：

```
: A = st_data((1,2,3,7,8)', (2,3,4))
```

	1	2	3
1	4099	22	3
2	4749	17	3
3	3799	22	.
4	4453	26	.
5	5189	20	3

也可以获得当前数据集（auto.dta）中第2、3、4列的观测值，即变量price、mpg、rep78的所有观测记录：

```
: A = st_data(., (2,3,4))
```

（输出结果略）

当前数据集中变量的序号可以直接用变量名替代：

```
: A = st_data(., ("price", "mpg", "rep78"))
```

（输出结果略）

上述语句复制变量"mpg""weight"和"rep78"的所有观测数据，并存入矩阵A。在矩阵A中保存与Stata中变量"mpg""weight"和"rep78"完全一样的观测数据。

也可以将数据集中的字符型变量的数据复制到Mata矩阵中：

```
: M = st_sdata(., 1)
```

或者：

```
: M = st_sdata(., ("make"))
```

（2）镜像Stata数据集并形成矩阵

函数st_view()可以将Stata数据集中的数据镜像到Mata中的矩阵。镜像后形成的矩阵仅保存Stata数据集的必要信息，并不保存Stata中数据集的内容。因此，通过st_view()镜像形成的矩阵只占用很小的存储空间。其语法格式为：

①镜像Stata中数字型变量到Mata矩阵：

void st_view(V, real matrix i, rowvector j)

②镜像Stata中字符型变量到Mata矩阵

void st_sview(V, real matrix i, rowvector j)

其中，V是一个镜像矩阵，V使用前必须先定义。i，j的含义与函数st_data()中的i，j含义完全一样。访问该矩阵V即可实现对Stata数据集的访问。例如：

```
: V = .
```

```
: st_view(V,(1,3,7,8)', ("price","mpg", "rep78"))
: V
```

	1	2	3
1	4099	22	3
2	3799	22	.
3	4453	26	.
4	5189	20	3

注意，由于 V 是一个镜像矩阵，所以当 Stata 数据集的内容发生改变时，镜像矩阵的内容也随之改变。例如：

```
. replace mpg = 30 in 1
(1 real change made)
. mata
: V
```

	1	2	3
1	4099	30	3
2	3799	22	.
3	4453	26	.
4	5189	20	3

注意，保存 Stata 数据集镜像内容的矩阵必须先定义。当然，也可在数据集镜像的同时完成定义：

```
: st_view(V = .,(1,3,7,8)', ("mpg","price","weight"))
```

一般情况下，可以将 Stata 数据集中变量的所有观测记录镜像到 Mata 矩阵保存起来以备处理。

```
: st_view(V = .,., .)
```

当 i 或 j 的值都设置为缺省时，则意味着 Stata 数据集所有观测记录（或变量）值都镜像到矩阵 V 中。然而，如果数据集中既有字符型变量也有数字型变量，则通过镜像形成的矩阵中，字符型变量对应的列的值为缺失值。例：

```
: st_view(V = .,., ("make","mpg","price","weight"))
```

变量 "make" 是字符串变量，因此，对应的矩阵 V 中第一列的值均为缺失值。

在 ado 程序设计中，当使用了语句 marksample touse 标记了观测记录时，可以只将 Stata 数据集中复合条件的记录转为 Mata 矩阵。在这种情况下，可以在 st_view() 或 st_data() 中增加一个 "touse" 参数，便可实现目的。例如：

```
: A = st_data(., ("price","mpg", "rep78"), touse)
: st_view(V = ., ., ("mpg","price","weight"),touse)
```

关于 marksample touse 的使用方法，请见第 12 章 3 节。

(3) 函数 st_data() 和 st_view() 的区别

函数 st_data() 和 st_view() 都能实现将 Stata 数据集中的内容转到 Mata 中的矩阵。但是，这两个函数的功能却具有重大区别。主要有以下三个方面：

第一，复制 Stata 数据集的函数（st_data() 和 st_sdata()）是将 Stata 数据集中的内容复制到 Mata 的某个矩阵。这个矩阵与 Stata 数据集再无其他联系。因此，修改 Stata 数据集不会改变 Mata 中矩阵的内容；而镜像 Stata 数据集的函数（st_view() 和 st_sview()）则是将 Stata 数据集的内容镜像到 Mata 中的一个矩阵，这个矩阵的内容和 Stata 数据集中的对应变量依然存在联系，改变 Stata 数据集中的内容将会同时改变镜像矩阵中对应内容，改变 Mata 中镜像矩阵的内容也会同时改变 Stata 数据集中的对应内容。

第二，镜像形成的 Mata 矩阵只保存 Stata 数据集的基本信息，因而占用存储空间较少；而复制 Stata 数据集形成的 Mata 矩阵占用的空间较多。例如：将当前数据集中的数据分别通过复制和镜像两种方法，在 Mata 中形成矩阵 A 和 V：

: A = st_data(., .)

: st_view(V,., .)

: Mata describe A V

# bytes	type	name and extent
7,104	real matrix	A[74,12]
264	real matrix	V[74,12]

可见，当把数据集的全部内容复制到 Mata 中的矩阵 A 时，A 占用的空间是 7104 字节；而当把数据集的全部内容镜像到 Mata 中的矩阵 V 时，V 占用的空间只有 264 字节。两者存在巨大的差异。在编程实践中，节约存储空间是程序设计者采用镜像方式获取 Stata 数据集内容的重要理由（Gould，2005）。

第三，通过镜像 Stata 数据集形成的 Mata 矩阵，在访问矩阵的元素或进行矩阵运算时，运算速度相对较低。然而，这种情况下，相对较低的运算速度不会对程序的运行效率产生太大影响。

14.1.2 Mata 修改 Stata 数据集

(1) Mata 修改 Stata 数据集的观测值

前文所述，可以将 Stata 数据集中的内容镜像到 Mata 矩阵。当 Stata 数据集中的内容改变时，镜像后形成的矩阵中的内容也随之改变。反过来，当在 Mata 中修改镜像矩阵中的内容时，Stata 数据集中的内容也会被随之修改。

: st_view(V = .,(1,3,7,8)', ("mpg","price","weight"))

: V[2,1] = 5000

: end

```
. l price mpg rep78 in 1/5
```

	price	mpg	rep78
1.	4,099	30	3
2.	4,749	17	3
3.	5,000	22	.
4.	4,816	20	3
5.	7,827	15	4

下面的操作实现对Stata数据集中的mpg变量做去均值处理:

```
: st_view(V = .,., ("mpg","price","weight"))
: mean = colsum(V[.,2])/rows(V[.,2])
: V[.,2] = V[.,2] :-mean
: V[(1..3),(1::3)]
```

	1	2	3
1	22	-2066	2930
2	17	-1416	3350
3	22	-2366	2640

```
: end
. list mpg price weight in 1/3
```

	mpg	price	weight
1.	22	-2,066	2,930
2.	17	-1,416	3,350
3.	22	-2,366	2,640

如果通过函数st_data()或st_sdata()将Stata数据集复制到Mata的矩阵中,则修改Mata中的复制矩阵不能同时修改Stata数据集的内容。在这种情况下,也可以通过st_store()实现对Stata数据集内容的修改。比如需要对auto数据集中的weight做取均值处理:

```
: A = st_data(., ("mpg","price","weight"))
: mean2 = colsum(A[.,3])/rows(A[.,3])
: mean2
  3019.459459
: A[.,3] = A[.,3]:-mean2
: st_store(., "weight", A[.,3])
: end
. list mpg  price  weight in 1/5
```

```
        mpg    price   weight
  1.    22    -2,066      -89
  2.    17    -1,416      330
  3.    22    -2,366     -379
  4.    20    -1,349      230
  5.    15     1,661    1,060
```

命令st_store()的主要功能是用Mata矩阵中的指定内容（指定列）替换当前数据集中指定变量的内容。例如：st_store(., "weight", A[.,3])的作用是用矩阵A中的第三列替换Stata数据集中"weight"变量的观测值。因此，通过命令st_store()实现了对Stata中数据集内容的修改。

（2）Mata为Stata数据集添加变量及观测值

①在Mata中为当前Stata数据集中添加新变量。

Mata可以为Stata中现有数据集增加变量或增加变量的观测值，也可以创建全新的Stata数据集。例如，如需要在auto数据集中增加一个变量price_norm，用于保存对变量price标准化处理的结果。具体有三个步骤：

第一步，在Mata中对price做标准化处理，结果保存在向量x中：

```
. webuse auto
. mata
: st_view(V = .,., ("mpg","price","weight"))
: x = (V[.,2]:-(colsum(V[.,2])/rows(V[.,2])))/sqrt(variance(V[.,2]))
```

第二步，利用函数st_addvar()在数据集中创建新的变量，该函数返回新生成变量在现有Stata数据集中位置序号，并保存在idx。

```
: idx = st_addvar("float", "price_norm")
```

其中，"price_norm"是在Stata数据集中生成的变量名，"float"指定生成变量名的数据类型。数据集auto.dta原本有12个观测变量，函数st_addvar()为数据集增加第13个变量。因此，变量idx的值为13：

```
: idx
  13
```

第三步，根据新生成变量的序号idx，将向量x的值注入为该变量的观测值。

```
: st_store(., idx, x)
```

当利用st_addvar()函数在Stata数据集中创建了新变量后，在向变量注入数据时，在st_store()函数中，可以将新变量的位置序号idx直接换成需要生成的变量名"price_norm"：

```
: st_store(., "price_norm", x)
```

上述最后两步可以在一起完成：

```
: st_store(., st_addvar("float", "price_norm"), x)
```

但是，值得注意的是，st_store()的功能仅是将Mata向量（或矩阵）的内容注入到已经生成的Stata新变量中而已。在运用st_store()给变量注入数据时，必须先用st_addvar()函数在Stata数据集中为这个变量确定变量名，并确定这个变量在数据集中的位置。如果在使用st_store()为变量注入数据时，Stata数据集中没有该变量，如漏掉上述的第二步，则会出错。

```
: st_store(., "price_norm2", x)
variable price_norm3 not found
            st_store():  3500  invalid Stata variable name
            <istmt>:      -  function returned error
r(3500);
```

②将Mata矩阵转换成一个新的Stata数据集。

假设现在Stata中没有数据集，在Mata中有一个矩阵A。现在需要把这个矩阵转换成Stata数据集A.dta，以作进一步处理。具体步骤如下：

```
.clear
.mata
: A = (1,2,3,4,5) \ (6,7,8,9,10) \ (11,12,13,14,15) \ (16,17,18,19,20)\(21,22,23,34,25)
: A
```

	1	2	3	4	5
1	1	2	3	4	5
2	6	7	8	9	10
3	11	12	13	14	15
4	16	17	18	19	20
5	21	22	23	34	25

利用st_addvar()和st_store()函数，可以将矩阵转A换成Stata中的数据集。A中的每一列形成的Stata中数据集的一个变量。

首先，必须在确定矩阵A中的每列要转换成的变量名称（a1，a2，a3，a4，a5）、变量的数据类型及位置序号。

```
: idx1 = st_addvar("double", "a1")
: idx2 = st_addvar("double", "a2")
: idx3 = st_addvar("double", "a3")
: idx4 = st_addvar("double", "a4")
: idx5 = st_addvar("double", "a5")
```

idx1～idx5分别是函数st_addvar()返回的新变量a1～a5在新的Stata数据集中位置序号。当然，也可以利用st_addvar()同时创建Stata数据集中的多个变量：

```
: idxes = st_addvar("double", ("a1","a2","a3","a4","a5"))
```

此时，*idxes* 是一个行向量，保存了新生成变量a1~a5在数据集中的位置序号：
: idxes

```
              1    2    3    4    5
         1   13   14   15   16   17
```

此时返回到Stata中，可以发现已经创建了一个包含5个变量的数据集。这个数据集并无观测值。

其次，设定将要生成的Stata数据集的观测值个数：
: st_addobs(rows(A))
: end
. d

```
Contains data
  obs:             5
  vars:            5

              storage   display    value
variable name   type    format     label    variable label
-----------------------------------------------------------
a1             double   %10.0g
a2             double   %10.0g
a3             double   %10.0g
a4             double   %10.0g
a5             double   %10.0g
-----------------------------------------------------------
Sorted by:
     Note: Dataset has changed since last saved.
```

最后，将矩阵*A*的内容注入到上述Stata数据集中：
: st_store(., (idx1,idx2,idx3,idx4,idx5), A)
或者：
: st_store(., idxes, A)
: end
list

```
        a1   a2   a3   a4   a5
   1.    1    2    3    4    5
   2.    6    7    8    9   10
   3.   11   12   13   14   15
   4.   16   17   18   19   20
   5.   21   22   23   34   25
```

注意，在将矩阵*A*的内容注入数据集之前，必须利用 *st_addobs*(5)设定Stata数据集中观测值的个数。否则，由于矩阵的行数与Stata数据集的观测记录数不一致，在执行

st_store(., idxes, A)会出现错误:

  st_store(): 3200 conformability error
        <istmt>:   - function returned error

在向Stata数据集注入矩阵中的数据时，也可以不使用st_store()函数：

```
: st_view(B, ., .)
: B[.,.] = A
```

这种方式是将已经创建的没有观测记录的Stata数据集镜像成Mata中的矩阵B，然后通过修改镜像矩阵的内容，达到修改Stata数据集中的内容，最终生成具有观测记录的Stata数据集。

将创建的数据集保存为A.dta：

```
. save "A.dta"
```

为了减少错误，提高效率，可以将上述步骤用一个Mata函数来实现：

```
*! ==create_dt.mata==在Mata中Building a Stata数据集====
Mata:
function create_dta(real matrix A)
{
  real scalar i
  real matrix data
  st_dropvar(.)
  for (i=1; i<=cols(A); i++) {
     (void) st_addvar("float", sprintf("a%g",i))
  }
  st_addobs(rows(A))
  st_view(data, ., .)
  data[.,.] = A
}
end
```

在上面的程序中，sprintf()以字符串的形式返回显示在屏幕上的字符。如：

```
: i = 5
: x = sprintf("a%g",i)
: x
  a5
```

在Mata中除了可以创建Stata中的变量，还可以删除Stata数据集中的变量。例如，st_dropvar()的功能是删除Stata中的当前数据集中的所有变量，st_keepvar()的功能是保留Stata中的指定变量，删除其余变量。此外，在Mata中也可以利用诸如函数st_dropobsin()、void st_dropobsif()等函数对Stata中的变量的观测值做出筛选。

详情见st_dropvar（[M-5] st_dropvar()）。

14.2 Mata获取与修改Stata的宏、标量与矩阵

在Stata程序设计中，宏扮演了非常重要的角色。没有宏，Stata无法成为一门程序设计语言。但是，在Mata中，宏的作用却很小。事实上，不使用宏，只用Mata中的变量，Mata也同样可以完成各种程序设计。

然而，鉴于宏在Stata中的重要性，在Mata编程中，也需要经常获取或修改Stata中宏的内容。函数st_local()和st_global()能够帮助我们获取或修改Stata中的宏的内容。

14.2.1 Mata中引用Stata宏的内容

在Mata中引用和修改Stata宏的内容需要用到命令st_local()和st_global()，其语法规则是：

string scalar st_local(string scalar name)

string scalar st_global(string scalar name)

例如：

```
. local i 20
. local sk price mpg weight
: st_local("i")
  20
: strtoreal(st_local("i")) +100
  120
: st_local("sk")
  price mpg weight
: skkt = st_local("sk")+" "+"trunk"
: skkt
  price mpg weight trunk
```

这里有两点值得注意。

①在引用Stata中宏的内容时，宏的名称必须以引号标注，但不需要使用Stata中引用宏的符号。

②在Mata中，通过函数st_local()和st_global()获得的Stata中宏的内容均是字符串。因此，当Stata中宏的内容是数字时，在Mata中获得的这个宏的内容必须转换为数字才可以参与数字有关的运算，如strtoreal(st_local("i")) +100。

14.2.2 Mata中修改Stata宏的内容

在Mata中修改Stata宏的内容同样使用函数st_local()和st_global()实现。具体语法规则如下：

void st_local(string scalar name, string scalar contents)

void st_global(string scalar name, string scalar contents)

例如：

: st_local("i","30")

: st_local("sk","price mpg weight trunk")

: end

. disp `i' " " "`sk'"

30   price mpg weight trunk

注意：st_local()和st_global()函数中第二个参数的数据类型必须是字符串标量类型。可参见（Gould，2008）。

可见，st_local()和st_global()在只有一个参数时，实现在Mata中引用Stata中宏的内容；而同时使用两个参数时，可以修改Stata中宏的内容。

14.2.3　Mata中引用与修改Stata的标量

根据标量具体保存的内容不同，Mata中引用和修改Stata中的标量主要需要两个函数，即st_numscalar()和string st_strscalar()。

在Mata中，函数st_numscalar()可以引用Stata中数字标量的内容，而函数st_strscalar()可以引用一个内容为字符串的标量的内容。例如：

. scalar k = 20

. scalar regname = "regress price mpg rep78 foreign"

. mata

: st_numscalar("k") + 20

   40

: st_strscalar("regname")+" " + "weight"

regress price mpg rep78 foreign weight

这里需要注意的是，与在Mata里引用宏不同，通过st_numscalar()函数得到的标量内容是直接可以进行数字运算的数字，而不是字符串。

在函数st_numscalar()和string st_strscalar()中，增加一个参数即可以实现对Stata中标量内容的修改：例如：

: st_numscalar("k", 50)

: st_strscalar("regname","regress price mpg rep78")

end

. disp "scalar k: ", k ";   " "string regname: ", regname

scalar k: 50;   string regname: regress price mpg rep78

可见，在函数中将第二个参数设置为修改后的标量的值，即可实现对Stata中标量内容得修改。

值得注意的是，在函数中将第二个参数设置为0x0的矩阵，则可以删除Stata中的标量。例如：

```
: st_numscalar("k",J(0,0,.))
: st_strscalar("regname",J(0,0,""))
end
. disp "scalar k: ",k
scalar k:   k not found
r(111);
. disp "string regname: ", regname
string regname:   regname not found
r(111);
```

其中，J(0,0,.)创建一个0x0矩阵。关于在Mata中引用与修改Stata的标量得具体内容，可见st_numscalar()（[M-5] st_numscalar()）。

14.2.4　Mata中引用与修改Stata的矩阵

在Mata中引用与修改Stata中的矩阵主要用到三个函数，即st_matrix()、st_matrixrowstripe()和st_matrixcolstripe()。

第一个命令st_matrix()用于引用与修改Stata中矩阵的内容，而后两个函数用于引用和修改Stata中的矩阵的行名和列名。

（1）引用与修改Stata中矩阵的内容

a. 引用Stata中矩阵的内容

st_matrix()用于引用与修改Stata中矩阵的内容。例如：

```
. regress price mpg rep78  foreign
```
（回归结果略）
```
. ereturn list
……
matrices:
               e(b) :  1 x 4
               e(V) :  4 x 4
……
```

执行ereturn list会返回保存各种回归结果的宏和矩阵。其中，回归系数保存在矩阵$e(b)$中，回归系数的方差-协方差矩阵保存在$e(V)$中。

```
. mat list e(V)

symmetric e(V)[4,4]
                   mpg         rep78       foreign          _cons
    mpg       3627.3363
  rep78      -4422.0716     155792.06
foreign     -15242.198    -171657.82     750104.22
  _cons     -57525.856     -384207.2     680843.32     2420341.3
```

当需要对Stata中得矩阵做进一步计算时，可以在Mata中引用这些矩阵。例如：

. matrix A = e(V)

. matrix B = e(V)

. mata

: C = st_matrix("A")

: C

[symmetric]

	1	2	3	4
1	3627.336317			
2	-4422.071556	155792.0612		
3	-15242.19845	-171657.8211	750104.2221	
4	-57525.85603	-384207.2032	680843.3163	2420341.343

b. 修改Stata中矩阵的内容

首先，在Mata中修改矩阵C:

: C[2,2] = 200000.1111

利用st_matrix()将Mata中的矩阵C替换Stata中的矩阵B，从而完成对B的修改。例如：

: st_matrix("B", C)

: end

. mat list B

	c1	c2	c3	c4
r1	3627.3363			
r2	-4422.0716	200000.11		
r3	-15242.198	-171657.82	750104.22	
r4	-57525.856	-384207.2	680843.32	2420341.3

如果利用st_matrix()将Mata中的矩阵替换Stata中并未存在的矩阵，则会在Stata中创建一个新矩阵。例如：

: st_matrix("D", C)

Stata中并未存在矩阵D，因此，执行上述语句时，创建一个新矩阵D。

在st_matrix("B", C)中，如果矩阵C是0x0矩阵，则删除Stata中的矩阵B。例如：

: st_matrix("B", J(0,0,.))

（2）引用或修改Stata中矩阵的行名和列名

在Mata中，可以利用函数st_matrixrowstripe()和st_matrixcolstripe()引用Stata中矩阵的行名和列名。注意，这两个函数返回都是列向量。例如：

: v_row = st_matrixrowstripe("A")

: v_row

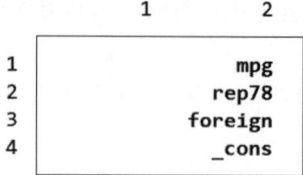

: v_col = st_matrixcolstripe("A")
: v_col

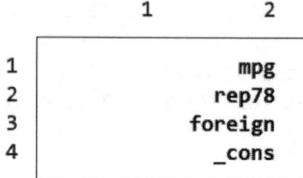

还可以利用函数 st_matrixrowstripe() 和 st_matrixcolstripe() 修改 Stata 中矩阵的行名和列名。例如：

: v_row[4,2] = "_constant"
: v_row
: v_col[4,2] = "_constant"
: v_col
: st_matrixrowstripe("D",v_row)
: st_matrixcolstripe("D",v_col)
: end
. matrix list D

```
symmetric D[4,4]
                    mpg         rep78       foreign    _constant
      mpg     3627.3363
    rep78    -4422.0716     200000.11
  foreign    -15242.198    -171657.82     750104.22
_constant    -57525.856     -384207.2     680843.32    2420341.3
```

14.3 Mata 中获取与修改 Stata 数据集的变量标签与取值标签

14.3.1 Mata 中获取与修改 Stata 数据集的变量标签与取值标签

Mata 获取及修改 Stata 数据集中变量的标签可使用函数 st_varlabel()。具体语法规则如下：

```
string scalar st_varlabel(scalar var)
void st_varlabel(scalar var, string scalar label)
```
利用函数 st_varlabel() 可以获取 Stata 数据集中的变量标签。例如：
```
: st_varlabel("make")
  Make and Model
```
也可以修改 Stata 数据集中的变量标签。例如：
```
: st_varlabel("make","Producer and Model")
```
Mata 获取及修改 Stata 数据集中变量的取值标签可使用函数 st_varvaluelabel()。具体语法规则如下：
```
string scalar st_varvaluelabel(scalar var)
void st_varvaluelabel(scalar var, string scalar labelname)
```
利用函数 st_varvaluelabel() 可以获取 Stata 数据集中变量的取值标签。例如：
```
: st_varvaluelabel("foreign")
  origin
```
也可以修改 Stata 数据集中变量的取值标签。例如：
```
: st_varvaluelabel("foreign","car_origin")
: end
. d
```
（输出结果略）

14.3.2 Mata 中获取与修改 Stata 数据集中变量的显示格式

Mata 获取及修改 Stata 数据集中变量的显示格式可使用函数 st_varformat()。具体语法规则如下：
```
string scalar st_varformat(scalar var)
void st_varformat(scalar var, string scalar fmt)
```
首先，利用函数 st_varformat() 可以获取 Stata 数据集中变量的显示格式。例如：
```
: st_varformat("make")
  %-18s
: st_varformat("headroom")
  %6.1f
```
也可以修改 Stata 数据集中变量的显示格式。例如：
```
: st_varformat("make","%18s")
: st_varformat("headroom","%8.2f")
: end
. d
```

```
Contains data from C:\Program Files\Stata16\ado\base/a/auto.dta
  obs:            74                          1978 Automobile Data
 vars:            12                          13 Apr 2018 17:45
                                              (_dta has notes)

              storage   display    value
variable name   type    format     label      variable label

make           str18    %18s                  Poducer and Model
price          int      %8.0gc                Price
mpg            int      %8.0g                 Mileage (mpg)
rep78          int      %8.0g                 Repair Record 1978
headroom       float    %8.2f                 Headroom (in.)
trunk          int      %8.0g                 Trunk space (cu. ft.)
weight         int      %8.0gc                Weight (lbs.)
length         int      %8.0g                 Length (in.)
turn           int      %8.0g                 Turn Circle (ft.)
displacement   int      %8.0g                 Displacement (cu. in.)
gear_ratio     float    %6.2f                 Gear Ratio
foreign        byte     %8.0g      car_origin
                                              Car type

Sorted by: foreign
```

14.4 显示与删除当前内存中的数据

14.4.1 Mata 清除 Stata 中的返回值

Mata 中经过计算后的数据可以传递给 Stata，并以 r()、e() 和 s() 等不同类别的返回值保存。在调试程序中，当多次从 Mata 中传递数据给 Stata 时，需要删除以前传递给 Stata 并保存在当前内存中的返回值。

首先，在 Stata 中可以用命令显示当前内存中存在的 Stata 命令运行后的返回值或者 Mata 传递给 Stata 的返回值。

```
. return list

        scalars:
                  r(changed) = 0
                    r(width) = 43
                        r(k) = 12
                        r(N) = 74

        macros:
              r(datalabel) : "1978 Automobile Data"


. ereturn list
```

```
scalars:
                  e(N) =  69
               e(df_m) =  3
               e(df_r) =  65
                  e(F) =  7.880448984585435
                 e(r2) =  .2667078938465349
               e(rmse) =  2550.899258609605
                e(mss) =  153836302.0771882
                e(rss) =  422960656.7923772
               e(r2_a) =  .2328636427932981
                 e(ll) =  -637.0963298169697
               e(ll_0) =  -647.7986144493904
               e(rank) =  4

macros:
             e(cmdline) : "regress price mpg rep78  foreign"
               e(title) : "Linear regression"
           e(marginsok) : "XB default"
                 e(vce) : "ols"
              e(depvar) : "price"
                 e(cmd) : "regress"
          e(properties) : "b V"
             e(predict) : "regres_p"
               e(model) : "ols"
           e(estat_cmd) : "regress_estat"
```

```
. sreturn list

macros:
           s(width_col1) : "13"
                s(width) : "78"
```

在 Mata 中，可以用如下命令删除 Stata 命令运行后的返回值或者 Mata 传递给 Stata 的返回值：

void st_rclear()：删除当前内存中的 r() 类返回值；

void st_eclear()：删除当前内存中的 e() 类返回值；

void st_sclear()：删除当前内存中的 s() 类返回值；

注意，这三个函数都没有返回值。

14.4.2　显示当前内存的 Mata 矩阵与函数

命令 mata describe 可以显示当前内存中所有的矩阵与函数，以及这些数据占据的内存空间。例如：

```
: mata describe

        # bytes    type                  name and extent

            128    real matrix           C[4,4]
             88    string matrix         v_col[4,2]
             88    string matrix         v_row[4,2]
```

14.4.3 清除当前内存中Mata的数据

命令Mata drop清除当前内存中的矩阵和函数。例如：

: mata drop C

命令mata clear清除内存中所有的矩阵与函数。

: mata clear

在Stata中也可以清除Mata中的所有矩阵与函数：

. clear mata

14.5 数据分析实例8——Stata与Mata的数据交换

Gould (2008)给出了一个将Stata数据集中将变量减去100或减去变量均值的简单程序。程序内容如下：

```
*!====myfixvars1.ado====V1.0.0=========
program myfixvars1
   syntax varlist [, means]
   mata: fixvars("`varlist'", "`means'")
end
mata:
function fixvars(string scalar varnames, string scalar means)
{
   real matrix X
   real scalar tosub
   st_view(X, ., tokenize(varnames))
   tosub = (means=="" ? 100 : sum(X)/nonmissing(X))
   X[.,.] = X :-tosub
}
end
```

这个ado程序由一个Stata主程序myfixvars1和一个Mata函数fixvars()构成。Stata主程序中通过syntax语句定义了一个必选参数varlist和一个可选参数means。在执行程序myfixvars1时，用户提供的参数保存在宏名分别为varlist和means的宏中。在调用Mata函数fixvars()时，通过宏替换，fixvars()获得参数。例如：

. myfixvars1 price mpg rep78 headroom, mean

在调用主程序myfixvars1时，字符串"price mpg rep78 headroom"保存在宏varlist中，字符串"mean"保存在宏mean中。当在Stata中调用mata函数fixvars("`varlist'", "`means'")时，宏的内容被展开，即执行fixvars("price mpg rep78 headroom", "means")。随后，通过Mata函数的参数传递，Mata函数内的参数varnames被赋予字符

串"price mpg rep78 headroom",函数 tokenize(varnames) 返回行向量 ("price", "mpg", "rep78", "headroom")。最后,利用 st_view() 函数,将 Stata 中指定变量转换为 Mata 中的矩阵,并完成将矩阵中每个元素减去均值的计算,同时修改 Stata 中数据集的内容。

但上面的程序存在一个值得优化的问题。在主程序调用 Mata 函数 fixvars() 时,需要先通过宏替换将参数传递给 Mata 函数 fixvars()。如果调用主程序时用户提供的参数太长,比如:

. myfixvars surveyquestion1-surveyquestion2000, mean

即需要给 2000 个变量的每个观测值做减去均值的计算。当把这个参数传递给 Mata 函数 fixvars(),通过宏替换,Mata 函数 fixvars() 的参数将会变得异常冗长。虽然这并不影响 fixvars() 的运行,但是可以有更好的解决办法。Gould and Cox (2011) 提出将上述程序修改如下:

```
program myfixvars2
    syntax varlist [, means]
    mata: fixvars("varlist", "`means'")
end
mata:
function fixvars(string scalar varnames, string scalar means)
{
    real matrix X
    real scalar tosub
    st_view(X, ., tokenize(st_local(varnames)))
    tosub = (means=="" ? 100 : sum(X)/nonmissing(X:<=.))
    X[.,.] = X :-tosub
}
end
```

上述程序有两个地方做了修改。首先,在 myfixvars2 中调用 fixvars() 时,将语句:

mata: fixvars("`varlist'", "`means'")

改为了:

mata: fixvars("varlist", "`means'")

修改后,函数参数的传递内容发生了变化。原来的程序中,将宏 varlist 的内容展开后传递给函数 fixvars(),因此,函数 fixvars() 中的参数 varnames 被赋值为变量名组成的字符串;而在修改后的程序中,直接将宏名 varlist 传递给函数 fixvars(),函数 fixvars() 中的参数 varnames 的值是字符串 "varlist"。原来的程序中,将宏 varlist 的内容展开后传递给函数 fixvars(),因此,函数 fixvars() 中的参数 varnames 被赋值为变量名组成的字符串,这个字符串异常冗长;而在修改后的程序中,直接将宏名 varlist 传递给函数 fixvars(),函数 fixvars() 中的参数 varnames 的值是字符串 "varlist"。函数 fixvars() 中的参数的长度大大减小。

其次，将语句：

st_view(X, ., tokenize(varnames))

修改为：

st_view(X, ., tokenize(st_local(varnames)))

由于在修改后的程序中，变量 varnames 的内容是字符串 "varlist"，根据 st_local() 的功能，st_local("varlist") 直接获得 Stata 中宏名为 varlist 的内容，再通过函数 tokenize() 生成字符串组成的向量，最后实现将 Stata 中的数据转到 Mata 中的矩阵并完成计算。由于在修改后的程序中，变量 varnames 的内容是字符串 "varlist"，是一个宏的名字。根据 st_local() 的功能，st_local("varlist") 直接获得 Stata 中宏名为 varlist 的内容，再通过函数 tokenize() 生成字符串组成的向量，最后实现将 Stata 中的数据转到 Mata 中的矩阵并完成计算。

第15章 Mata程序设计

15.1 Mata程序的结构

在Mata中，单独的程序都被称为函数。一个程序的基本结构如下：

函数返回值数据类型　函数名(参数)
{
　　数据类型声明
　　程序主体
　　函数返回值
}

例如，计算圆面积的函数：

```
real scalar area(real scalar x)
{
    real scalar s
    s = _pi * x * x
    return(s)
}
```

其中，area是函数名，函数名之前的real scalar是设定函数返回值的数据类型。函数参数是x，x之前的real scalar是设定函数参数的数据类型；括号"{}"内的内容包括三个方面的内容。首先是变量及其数据类型的申明，这部分语句设定变量s及其数据类型；变量及其数据类型申明之后的内容是函数主体，这是函数的主要构成部分；最后，语句return(s)设定函数的返回值。

由此可见，Mata程序由五个要素构成：函数名、函数参数、变量及其数据类型申明、函数主体以及函数返回值。

15.1.1 函数名

Mata函数名的取名规则与Stata普通变量的取名规则一致。关于Stata的普通变量的取名规则，请见第二章。

15.1.2 函数参数及其数据类型

大多数Mata函数都需要输入参数。对于每个参数，必须定义其名字和数据类型。在调用函数时，如果输入参数的数据类型与函数中定义的参数类型不一致，将出现函数调用错误，无法调用函数。在上例中，函数area的参数被定义为实数标量。在调用该函数时，如果函数参数是一个复数或者是一个实数矩阵，则会出现函数调用错误。例如：

: area (3+2i)

area(): 3253 <tmp>[1,1] found where real required

<istmt>: - function returned error

由于调用函数area时，输入的实际参数是一个复数（3+2i），与定义时申明的参数类型（real scalar）不一致，因此在调用时出现错误。

关于Mata中的数据类型，具体内容请见本章第13节。

15.1.3 申明变量数据类型

对于在函数中使用的每个变量、函数等对象，一般应该事先做出定义。Mata程序中允许使用没有首先定义的变量，但这会增加程序出现错误的可能性。更重要的是，在编译Mata程序时，由于编译器需要对未经定义的变量做更多的处理，以适应可能的使用该变量的各种情形，因此，使用未经定义的变量会降低程序的运行速度。

在上面的程序中需要使用到变量s，用于保存计算结果。则在使用前应该定义其数据类型，如实数标量：

real scalar s

15.1.4 函数主体

函数的主体包括为了达到预定功能而书写的各种表达式、条件控制语句、循环语句等。在上面的程序中，函数主体只有一个语句，即计算圆的面积：

s = _pi * x * x

关于Mata表达式、控制语句以及循环语句的细节，见第13章第5节。

15.1.5 函数的返回值

Mata函数可以提供返回值。函数的返回值是执行函数主体后提供的返回信息。如：

: x = area(3)

上述命令将函数area()的返回值保存在变量x中。

如果函数没有返回值，则应该声明函数返回值的数据类型为void；例如：

void show(real scalar x)
{
    printf("a=%f",x)
}

运用Mata编写的代码既可以出现在do程序中，也可以出现在ado程序中，还可以将Mata代码编译后保存在库（library）中，作为公共函数供其他程序调用。

15.2 do程序中定义并调用Mata函数

15.2.1 定义Mata函数

当需要一个Mata函数解决特定问题时，则可以编写一个Mata函数，并以do程序的形式保存（即扩展名为.do）。

例如，当需要利用最小二乘法计算回归模型的系数估计值、系数估计值的方差-协方差矩阵、回归标准误以及残差等，可以编写一个包含Mata函数的do程序ols.do：

```
!*======V1.0===ols.do(包含Mata函数的do程序)===============
version 16
set matastrict on
mata:
void m_ols(string scalar varlist, string scalar touse)
{
   real matrix M, X, V,XX,Xy
   real colvector y, b,e
   real scalar n, k, s2
   M = X = y = .
   st_view(M, ., tokens(varlist), touse)
   st_subview(y, M, ., 1)
   st_subview(X, M, ., (2\.))
   n = rows(X)
   k = cols(X)
   XX = cross(X,1,X,1)
   if (rank(XX) < k+1) {
       errprintf("near singular matrix\n")
       exit(499)
   }
   Xy = cross(X,1,y,0)
   b = cholsolve(XX,Xy)
   e = y -(X, J(n,1,1))*b
   s2 = (e'e)/(n-k)
   V = v_cov(s2,XX)
   st_eclear()
   st_matrix("r(b)", b)
   st_matrix("r(V)", V)
   st_numscalar("r(N)", n)
```

```
        st_numscalar("r(s2)", s2)
        st_matrix("r(e)", e)
}
real matrix v_cov(real scalar s2, real matrix X)
{
    real matrix v
    v = s2 * invsym(X)
    return(v)
}
end
```

程序ols.do定义了两个Mata函数，即m_ols()和v_cov()。当运行ols.do后，函数m_ols()和v_cov()即可被调用以实现其功能。

15.2.2 调用Mata函数

在Stata交互式命令窗口运行上述程序ols.do：

```
. do ols.do
```

则可以发现，在当前内存中存在名为m_ols()和v_cov()的两个Mata函数：

```
. mata: mata d

        # bytes    type                   name and extent

         1,224    void                   m_ols()
           124    real matrix            v_cov()
```

现在，可以编写do程序，调用当前内存中的m_ols()和v_cov()函数，实现回归参数估计：

```
!*===========my_ols.do(调用Mata函数的do程序)==========
version 16.0
syntax varlist(numeric) [if] [in]
gettoken depvar indepvar: varlist
marksample touse
mata: m_ols("`varlist'", "`touse'")
mat b = r(b)'
mat V = r(V)
local N = r(N)
matname b "`indepvar'" _cons, c(.)
matname V "`indepvar'" _cons
```

运行上述my_ols.do程序，可得到所需要的各种计算结果：

```
. sysuse auto
. do my_ols.do price mpg rep78 displacement foreign
. mat list b

b[1,5]
            mpg        rep78   displacement       foreign          _cons
c1   -52.047956     267.4183      25.980093     3184.3267      230.16306

. mat list V

symmetric V[5,5]
                     mpg         rep78   displacement       foreign          _cons
        mpg     4466.7929
      rep78    -4400.1595     108248.19
displacement    212.70732    -146.33941      22.988649
    foreign     7194.2507    -130418.73      1912.2794      675776.14
      _cons   -124416.93    -206324.75     -9163.8562     -293287.14      5320185.4

. disp "Number of obs:"  `N'
Number of obs:69


. disp "s2: " r(s2)
s2: 4482376.5
```

在 ols.do 程序中定义了两个 Mata 函数：m_ols() 和 v_cov()。运行 ols.do 程序后，当前内存中便有函数 m_ols() 和 v_cov() 可供调用。随后，在运行程序 my_ols.do 时，调用 Mata 函数 m_ols()，而函数 m_ols() 进一步调用函数 v_cov()，最终完成回归系数估计。当然，程序 ols.do 中只写一个函数也可实现预定功能。此处在回归估计程序 ols.do 中单独定义函数 v_cov()，主要目的有两个。第一，在估计回归系数的标准差时，方差-协方差矩阵可以有不同的估计方法。当需要改变估计方法时，只需修改 v_cov()，而无需修改其他函数；第二，函数 v_cov() 的存在，可以更方便展示 Mata 函数之间的调用关系，理解程序结构。

15.2.3 set matastrict on 的功能

程序 ols.do 中的第二条语句 set matastrict on 用于设定 Mata 在严谨语法模式下运行。在这种运行环境下，函数中所有变量、结构或类都应该在使用前进行定义。如果函数中使用了一个没有定义的变量、结构或类，则程序在编译时会报错。如在 ols.do 中，编写如下函数 v_cov()：

```
real matrix v_cov(real scalar s2, real matrix X)
{
    v = s2*cholinv(X)
    return(v)
}
```

其中，v 在使用前没有定义，则在编译时出现报错信息：

variable v undeclared

(0 lines skipped)

因此，在编程中，通过使用 set matastrict on 语句可以强制要求对需要使用的每一个变量在使用前都被定义。采取这种方式，有利于发现程序中的错误。例如，假如编写如下程序：

real matrix v_cov(real scalar s2, real matrix X)
{
   real matrix v
   V = s2*cholinv(X)
   return(v)
}

由于疏忽，程序中将小写的 v 错误地写成了大写的 V。在编译时，出现错误信息：

variable V undeclared

(0 lines skipped)

在检查程序时，程序中已经对变量 v 做出了定义。当出现上述信息时，很容易发现语句 $V = s2*cholinv(X)$ 中的 V 书写错误。

此外，如果在 Mata 函数中定义了一个变量，而这个变量在函数中又没有被使用时，Mata 同样会报出提示信息。例如，在函数 m_ols() 中定义了标量 $s2$ 和向量 e，如果忘记了计算 $s2$，即漏掉了如下语句：

s2 = (e'e)/(n-k)
st_numscalar("r(s2)", s2)
st_matrix("r(e)", e)

则在编译时会出现如下信息：

note: variable s2 may be used before set

note: variable e set but not used

这里同时出现了两条信息。第一条信息告诉我们，$s2$ 被定义但没有赋值（计算）；第二条信息告诉我们，标量 e 被定义并赋值，但是在随后的程序里并没有使用标量 e 的计算结果。程序中只有在计算 $s2$ 时使用了标量 e，当没有计算 $s2$ 时，导致了标量 e 的结果没有被使用，因此出现上述提示信息。

当然，也可以通过 set matastrict off 改变 Mata 的运行环境模式。在这种环境模式下，变量未经定义也可以使用，Mata 不会出现报错信息。

然而，推荐在 set matastrict on 模式下编写 Mata 程序。这主要有两个好处：

第一，如前所述，有利于发现程序中的错误；

第二，在未经定义的情况下使用变量，Mata 以最宽松的方式设定变量的数据类型，确保程序能够被执行。这可能导致程序在运行时会占用更多的内存空间，降低了程序

15.2.4 do程序中的Mata函数是公开的

值得注意的是，保存在do文件中的Mata函数被编译运行后都是公开的。也就是说，do程序中的Mata函数都可以被单独调用。例如，在运行ols.do后，可以直接调用ols.do中的函数m_ols()实现参数估计：

```
. do ols.do
. mata: m_ols("price mpg foreign weight")
. mat list r(b)
```
（数据结果省略）
```
. mat list r(V)
```
（数据结果省略）

v_cov()是在函数m_ols()中被调用的函数。当运行ols.do后，v_cov()也可以被单独调用。从一般意义上讲，v_cov()的功能是计算一个变量和一个正定矩阵的乘积。如：

```
: A = (1,2,3\4,5,6\7,8,9)
: B = A*A
: v_cov(2,B)
[symmetric]
                     1              2              3
    1      .1429824561
    2     -.0666666667    .1333333333
    3      .0026315789   -.0666666667    .0552631579
```

此处，利用函数v_cov()计算了标量2和正定矩阵B的乘积。

15.3 在ado程序中定义并调用Mata函数

15.3.1 在ado程序中定义Mata函数

在do程序中定义Mata函数时，必须先使用do命令运行该do程序，然后再调用其中包含的Mata函数完成预定的目的。当然，也可以将Mata函数整合进调用Mata函数的ado程序中，就可以像使用普通的Stata命令一样，调用该ado程序就能完成任务。因此，上一节中的定义Mata函数的ols.do程序和调用Mata函数的程序my_ols.do可以改写成如下的ado程序my_ols.ado：

```stata
*!======V1.1====my_ols.ado========
program my_ols, eclass
    version 16.0
    syntax varlist(numeric) [if] [in]
    gettoken depvar indepvar: varlist
    marksample touse
    mata: m_ols("`varlist'", "`touse'")
    tempname b V
    matrix `b' = r(b)'
    matrix `V' = r(V)
    local N = r(N)
    matname `b' `indepvar' _cons, c(.)
    matname `V' `indepvar' _cons
    ereturn post `b' `V', depname(`depvar') obs(`N') esample(`touse')
    ereturn local cmd = "ols"
    ereturn display
end

version 16
set matastrict on
mata:
void m_ols(string scalar varlist, string scalar touse)
{
    real matrix M, X, V,XX,Xy
    real colvector y, b,e
    real scalar n, k, s2
    M = X = y = .
    st_view(M, ., tokens(varlist), touse)
    st_subview(y, M, ., 1)
    st_subview(X, M, ., (2\.))
    n = rows(X)
    k = cols(X)
    XX = cross(X,1,X,1)
    if (rank(XX) < k+1) {
        errprintf("near singular matrix\n")
        exit(499)
    }
```

```
        Xy = cross(X,1,y,0)
        b = cholsolve(XX,Xy)
        e = y -(X, J(n,1,1))*b
        s2 = (e'e)/(n-k)
        V = v_cov(s2,XX)
        st_eclear()
        st_matrix("r(b)", b)
        st_matrix("r(V)", V)
        st_numscalar("r(N)", n)
    }
    real matrix v_cov(real scalar s2, real matrix X)
    {
        real matrix v
        v = s2*cholinv(X)
        return(v)
    }
    end
```

在这个ado程序中，从program开始到第一个end语句的程序段是定义主程序my_ols，剩余程序段是定义Mata函数，定义的方法与在do程序中定义Mata函数的方法完全一致。

运行上述ado程序，即命令my_ols时，通过调用Mata函数ols()，而ols()又调用Mata函数v_cov()，最终完成程序预定功能。Stata主程序和Mata函数都整合在同一个ado程序文件my_ols.ado中。

15.3.2 在ado程序中调用Mata函数

当把上述ado程序my_ols.ado保存在Stata能够自动搜索的目录内，则可以像使用普通Stata命令一样运行程序my_ols.ado，例如：

```
. my_ols price mpg rep78 displacement foreign
```

price	Coef.	Std. Err.	z	P>|z|	[95% Conf. Interval]	
mpg	-52.04796	66.83407	-0.78	0.436	-183.0403	78.94441
rep78	267.4183	329.0109	0.81	0.416	-377.4313	912.2679
displacement	25.98009	4.794648	5.42	0.000	16.58276	35.37743
foreign	3184.327	822.056	3.87	0.000	1573.126	4795.527
_cons	230.1631	2306.553	0.10	0.921	-4290.597	4750.923

至此，一个可用于回归回归估计的Stata命令my_ols被创造出来。值得注意的是，

当将Mata函数放在ado程序中时，这些Mata函数只是对该ado程序可见。ado程序运行结束后，程序内的Mata函数即被释放，无法再被调用。这一点与do程序中的Mata函数是不一样的。例如，当执行完my_ols.ado后，如果想继续调用其中的Mata函数m_ols()和v_cov()，则会出现报错信息。

```
. mata:m_ols("price mpg rep78 displacement foreign ","foreign")
    <istmt>:   3499  m_ols() not found
r(3499);
```

15.3.3 tokens()函数

tokens()是一个Mata函数，其功能是将一个字符串按照指定的分隔符（默认分隔符是空格，即" "）分拆成若干个子串组成的行向量。语法格式为：

string rowvector tokens(string scalar s)

string rowvector tokens(string scalar s, string scalar parsechars)

例如，

: tokens("price mpg rep78 displacement foreign")

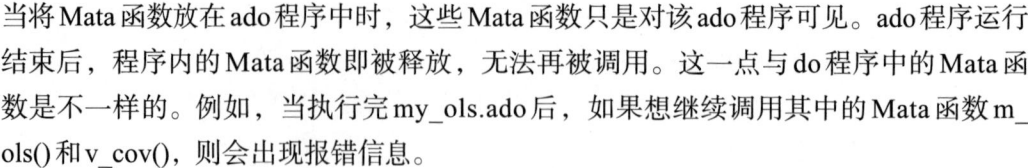

上述命令将字符串"price mpg rep78 displacement foreign"以空格作为分隔符，分拆为以下五个字符串"price" "mpg" "rep78" "displacement" "foreign"。

在Mata程序中，tokens()函数在获得和处理Mata函数的参数时具有重要作用。注意，在Stata中的tokenize()函数具有与tokens()函数相似的功能，但是使用的方法具有很大差异。具体见第12章第7节。

15.4 定义并添加Mata函数到Mata库中并引用

在Stata中，用户可以建立自己的库。Stata能够自动搜索并调用库中的函数。用户可以将Mata函数以扩展名.mata的形式单独保存起来，然后通过lmbuild命令将Mata函数添加到用户指定的Stata的库（library）中。当有do程序或ado程序调用该函数时，Stata会自动在库中搜索该函数并完成调用。

15.4.1 定义Mata函数

首先，需要将包含Mata函数的代码以.mata为扩展名保存在文件中。例如，将已经编写的m_ols()和v_cov()函数，保存在文件ols.mata中：

```
*!=====V1.1====包含Mata函数的代码ols.mata==========
version 16
set matastrict on
mata:
void ols(string scalar varlist, string scalar touse)
{
    real matrix M, X, V,XX,Xy
    real colvector y, b,e
    real scalar n, k, s2
    M = X = y = .
    st_view(M, ., tokens(varlist), touse)
    st_subview(y, M, ., 1)
    st_subview(X, M, ., (2\.))
    n = rows(X)
    k = cols(X)
    XX = cross(X,1,X,1)
    if (rank(XX) < k+1) {
        errprintf("near singular matrix\n")
        exit(499)
    }
    Xy = cross(X,1,y,0)
    b = cholsolve(XX,Xy)
    e = y -(X, J(n,1,1))*b
    s2 = (e'e)/(n-k)
    V = v_cov(s2,XX)
    st_eclear()
    st_matrix("r(b)", b)
    st_matrix("r(V)", V)
    st_numscalar("r(N)", n)
}
real matrix v_cov(real scalar s2, real matrix X)
{
    real matrix v
    v = s2*cholinv(X)
    return(v)
}
end
```

从上面的程序可以看出，ols.mata 的内容与前面的 ols.do 程序的内容完全一样，所不同的是两个程序文件的扩展名不同。必须注意的是，需要加入 Stata 库中的函数必须包含在扩展名 .mata 保存的文件中。否则，无法将 Mata 函数加入到库中并调用。

15.4.2　将 Mata 函数添加到 Stata 库中

其次，通过 do 命令运行 ols.mata，并将其添加到 Stata 的库中，例如：

. do "ols.Mata"

. cd "C:\Program Files\Statalb\ado\personal\"

. lmbuild lmmataxhu.mlib,replace

(2 functions added)

new library C:\Users\chang\ado\personal\lmmataxhu.mlib created

这里需要注意以下几点：

第一，把当前已经调用到内存的函数添加到库中的 Stata 命令是 lmbuild。该命令生成新的库，或将新的函数添加到已有的库中。lmmataxhu.mlib 是新生成的库名。一个 Stata 库可以包含多个函数。如果需要继续向 lmmataxhu.mlib 中添加函数，只需多次执行 lmbuild 命令即可。如现在有另一个包含若干函数的文件 his_ols.mata，则可先运行 his_ols.mata 文件，然后执行 lmbuild 命令：

. do his_ols.mata

. lmbuild lmmataxhu.mlib,replace

通过上述命令，his_ols.mata 包含的函数被添加到库 lmmataxhu.mlib 中，其他 do 程序和 ado 程序可以调用该库中的函数。由此，lmmataxhu.mlib 包含的函数进一步扩大。

第二，库文件 lmmataxhu.mlib 必须保存在 Stata 能够自动搜索的某个目录中。因此，在运行该命令之前，必须确保当前工作目录是 Stata 能够自动搜索的某个目录。在上面的例子中，用 cd 命令设置了当前工作目录，"C:\Users\chang\ado\personal\"，因此，ols.mata 和 lmmataxhu.mlib 均保存在该工作目录中。

第三，库文件的名字必须以字母"l"开头。在建立库时，凡是使用以字母"l"之外的字符开头的库文件名，Stata 均会报错：

. lmbuild hmmataxhu.mlib,replace

invalid libname

libname must begin with the letter l. Specify libname with or without the .mlib extension.

r(198);

最后，执行 do 程序或 ado 程序就可以调用库中的函数。如下面的 ado 程序就调用了库 lmmataxhu.mlib 中的函数 m_ols()：

*!===version1.1======my_ols_main.ado===

program my_ols_main, eclass

```
version 16.0
syntax varlist(numeric) [if] [in]
gettoken depvar indepvar: varlist
marksample touse
mata: ols("`varlist'", "`touse'")
tempname b V
matrix `b' = r(b)'
matrix `V' = r(V)
local N = r(N)
matname `b' `indepvar' _cons, c(.)
matname `V' `indepvar' _cons
ereturn post `b' `V', depname(`depvar') obs(`N') esample(`touse')
ereturn local cmd = "ols"
ereturn display
end
```

这个程序中并没有包含mata函数。当执行ado程序my_ols_main.ado时，该程序在Mata库中自动搜索调用函数ols()，完成回归估计：

. my_ols_main price mpg foreign weight

price	Coef.	Std. Err.	z	P>|z|	[95% Conf. Interval]
mpg	21.8536	73.6966	0.30	0.767	-122.5891 166.2963
foreign	3673.06	679.1444	5.41	0.000	2341.962 5004.159
weight	3.464706	.6262913	5.53	0.000	2.237197 4.692214
_cons	-5853.696	3353.121	-1.75	0.081	-12425.69 718.3017

值得注意的是，当一个函数被加入到Mata库后，无法将这个函数从Mata库中删除。当需要修改特定Mata函数时，只能通过修改该库函数的程序代码，然后重新将其加入到Mata库中，运用新的库函数覆盖原来的库函数。

15.4.3 Mata库及其函数的显示

（1）显示Mata库的库名

用户可以显示当前内存中加载的Mata库库名：

```
: mata mlib query
mlib libraries to be searched are now
    lmatabase;lmataado;lmataerm;lmatafc;lmatagsem;lmatalasso;lmatamcmc;l
matameta;lmatamixlog;lmatanumlib;lmataopt;lmatapath;lmatapostest;lmataps
s;lmatasem;lmatasp;lmatasvy;lmatatab;lmmataxhu;lasreg;lfreduse;livreg2;l
```

moreMata;lmoreMata10;lmoreMata11;lmoreMata14

从上面的列表中，可以找到上述创建的Mata库lmmataxhu。当然，使用下述命令也可达到相同的目的：

: mata mlib index

（输出结果略）

（2）显示指定Mata库内包含的函数

可以使用mata describe命令查看某个库中所包含的内容。例如：

: mata describe using lmoremata14

(library contains 2 members)

# bytes	type	name and extent
1,200	auto real scalar	_mm_npieces14()
1,536	auto string rowvector	_mm_pieces14()

库lmoremata14中包含一个实数标量和一个字符串行向量。再查看前面创建的Mata库的内容：

: mata describe using lmmataxhu

（输出结果略）

15.4.4 Mata库的加载

当每次启动Mata时，Mata会自动搜索并加载默认目录中的Mata库，Mata库中的函数便会出现在当前内存中可供调用。但是，当创建了一个Mata库后，或者向Mata库中添加了新的函数，必须告知Mata有关该库的改动信息，否则Mata在下次启动时不能自动加载新建的或修改后的库。

因此，当新建了一个Mata库，或者将一个新的函数加入了一个Mata库后，通过让Mata重新建立一个库索引即可实现在下次Mata启动时自动启动新建或修改后的库。例如：

: mata mlib index

mlib libraries to be searched are now

lmatabase;lmataado;lmataerm;lmatafc;lmatagsem;lmatalasso;lmatamcmc;lmatameta;lmatamixlog;lmatanumlib;lmataopt;lmatapath;lmatapostest;lmatapss;lmatasem;lmatasp;lmatasvy;lmatatab;lmmataxhu;lasreg;lfreduse;livreg2;lmoreMata;lmoreMata10;lmoreMata11;lmoreMata14

可见，Mata mlib index的输出结果与Mata mlib query的输出结果完全一样，但两者的功能却又区别。前者对所有的mata库重新建立索引，后者仅是输出库名单而已。

15.5 线程代码与Mata函数[①]

15.5.1 什么是线程代码（threaded code）？

线程代码是一种编程技术。采用线程代码方法编写的程序在运行时能够大大降低对计算机内存的要求。因此，在计算机发展的早期，这是一种重要的编程方法。尽管目前计算机的内存已不是程序设计的主要约束，但是，由于这种程序设计方法自身具有的优点，线程代码方法目前仍是一种被广泛采用的编程方法。

采用线程代码编写的程序，完全通过对子程序或函数的调用实现程序预定功能[②]。一般情况下，一个程序为了完成预定任务，总是包含了多项功能或计算任务。例如，在计量经济学中，线性回归估计是一项基础工作。在回归估计中涉及很多计算任务，如计算回归系数估计值、回归系数的方差-协方差矩阵、回归标准误、残差、R^2、F统计量以及被解释变量的预测值等。例如，本章第三节中编写的用于回归估计的程序my_ols.ado，就包含了计算回归系数估计值、方差-协方差矩阵、回归标准误、残差的功能。而且，为了实现上述功能，还需计算X^TX、Xy、n、k等。在线程代码编程技术中，程序员将完成任务所需的各个具体的计算功能均用子程序或函数来实现。整个程序的功能是通过对这些子程序或函数的调用来实现的。

采用线程代码编程技术的优势主要体现在两个方面：

第一，简化程序结构，降低编程难度。

线程代码编程技术将程序需要实现的功能自上而下层层分解为若干组成部分，每个组成部分用一个子程序或函数实现。通过程序或函数调用将所有的程序或函数自下而上组织起来，最终实现程序的整体功能。程序整体功能可能是复杂的。但是，将整体功能一一分解为若干局部组成部分后，这些局部功能的程序实现难度就会大大降低。因此，线程代码编程技术能够大大降低编程难度。

第二，方便程序的维护和修改。

在维护基于线程代码技术编写的程序时，一般只需要修改相关的子程序或函数即可，无需改变整个程序的结构。因此，线程代码技术编写的程序易于维护。

下面的程序my_ols.ado是采用线程编程技术改写的回归系数估计程序。通过这个程序可以领略线程代码编程技术的风格。

15.5.2 程序功能的分解及其函数实现

在运用线程编码技术时，首先需要将待完成任务进行合理分解，形成若干子任务，

[①] 本节的例子来自Gould（2018）。
[②] 线程代码（threaded code）方法包括多种具体的方法，如直接线程代码（Direct Threaded Code）、间接线程代码（Indirect Threaded Code）、令牌线程代码（Token Threaded Code）以及子程序调用线程代码（Call Threaded Code）。本节的线程代码方法仅指Call Threaded Code。具体见Wikipedia的说明。

每个子任务用一个Mata函数实现。回归估计的任务是估计如下线性模型：

$$y = X\hat{\beta} + \hat{\varepsilon}$$

其中，X是系数矩阵，由解释变量组成（如果需要估计有截距的回归方程，则需在X最左侧增加一列由常数1构成的向量）；$\hat{\beta}$是待估计的回归系数；$\hat{\varepsilon}$是待估计的残差。y是被解释变量。

根据最小二乘法估计回归系数，则有：

$$\hat{\beta} = \left(X^T X\right)^{-1} X^T y$$

回归残差平方和$e^T e$为：

$$\hat{\varepsilon}^T \hat{\varepsilon} = y^T y - \hat{\beta}^T X^T X \hat{\beta}$$

回归系数估计值的方差-协方差矩阵为：

$$\mathrm{Var}(\hat{\beta}) = \sigma^2 \left(X^T X\right)^{-1}$$

其中，σ是回归标准误。

$$\sigma^2 = \frac{e^T e}{N - K - 1}$$

为了实现上述估计，首先需要将Stata数据集的内容转入到Mata中形成矩阵，这项任务通过函数setup()实现。

在回归估计过程中，回归系数估计值、残差平方和、回归系数的方差-协方差矩阵、回归标准误四个统计量的计算分别由函数lr_b()、lr_ee()、lr_V()、lr_s2()实现。

最后，需要将上述Mata函数的计算结果转入到Stata中，并且输出计算结果。这项任务通过函数result()实现。

下面逐一介绍上述各种函数的内容及其功能。

（1）Stata数据集转换为Mata矩阵函数：setup()

setup()函数的功能是将Stata数据集中变量转换为Mata中的矩阵，以作进一步计算。setup()的内容如下：

```
void setup(string scalar varlist,string scalar touse)
{
    real matrix M, X, V,XX,Xy
    real colvector y, b,e
    real scalar n, k, s2
    M = X = y = .
    st_view(M, ., tokens(varlist),touse)
    st_subview(y, M, ., 1)
    st_subview(X, M, ., (2\.))
```

}
```

setup()函数中，利用函数 st_view() 将整个数据集转入到 Mata 矩阵 $M$ 中，然后再用函数 st_subview() 将 $M$ 中因变量对应的列向量提取出来保存在向量 $y$ 中，将 $M$ 中系数矩阵提取出来保存在矩阵 $X$ 中。

（2）系数估计值计算函数：lr_b()

```
real colvector lr_b(real matrix X, real vector y)
{
   real colvector b
   b = lr_XXinv(X) * lr_Xy(X,y)
   return(b)
}
```

lr_b() 函数是通过调用两个函数，即 lr_XXinv() 和 lr_Xy() 实现系数估计值的计算。

其中，lr_XXinv() 函数的作用是计算 $\left(X^T X\right)^{-1}$：

```
real matrix lr_XXinv(real matrix X)
{
   real matrix XXinv
   XXinv = invsym(lr_XX(X))
    return(XXinv)
}
```

其中，lr_XXinv() 调用了函数 lr_XX(X) 计算 $X^T X$：

```
real matrix lr_XX(real matrix X)
{
   real matrix XX
   XX = cross(X, 1,  X, 1)
     return(XX)
}
```

而 lr_Xy() 的作用是计算 $X^T y$：

```
real colvector lr_Xy(real matrix X, real vector y)
{
   real matrix Xy
   Xy = cross(X, 1,  y, 0)
     return(Xy)
}
```

（3）系数估计值的方差-协方差矩阵计算函数：lr_V()

```
real matrix lr_V(real matrix X, real vector y)
```
```

```
{
    real matrix V
    V = lr_s2(X,y) * lr_XXinv(X)
    return(V)
}
```

函数 lr_V() 通过调用两个函数计算系数估计值的方差-协方差矩阵。其中，lr_s2() 计算回归标准误的平方，即 σ^2，而 lr_XXinv() 函数的作用是计算 $\left(X^TX\right)^{-1}$。

（4）计算回归标准误的平方：lr_s2()

```
real scalar lr_s2(real matrix X,real vector y)
{
    real scalar s2
    s2 = lr_ee(X,y) / ( lr_N(X) -lr_K_adj(X) )
    return(s2)
}
```

函数 lr_s2() 又调用了三个函数。其中，lr_N(X) 计算观测值的个数：

```
real scalar lr_N(real matrix X)    return(rows(X))
```

lr_K_adj(X) 计算在剔出存在多重共线性的变量后的解释变量个数：

```
real scalar lr_K_adj(real matrix X)
{
    real scalar K_adj
    K_adj = colsum(diagonal(lr_XXinv(X)) :!= 0)
    return(K_adj)
}
```

lr_ee(X,y) 计算回归残差平方和：

```
real scalar lr_ee(real matrix X,real vector y)
{
    real scalar ee
    ee = lr_yy(y) -lr_b(X,y)'lr_XX(X)*lr_b(X,y)
    return(ee)
}
```

函数 lr_ee() 调用了 3 个函数，即 lr_yy(y)、lr_b(X,y) 和 lr_XX(X)。其中，lr_yy(y) 计算 y^Ty，函数内容如下：

```
real scalar lr_yy(real vector y)
```

```
    {
       real matrix yy
       yy = cross(y, y)
       return(yy)
    }
```
(5)计算结果转入到Stata：result()
```
    void result(real matrix X,real vector y)
    {
       st_eclear()
       st_matrix("r(b)", lr_b(X, y))
       st_matrix("r(V)", lr_V(X, y))
       st_numscalar("r(N)", lr_N(X))
    }
```
除此以外，还设计了计算解释变量个数的函数lr_k()和lr_K()。lr_k()计算不包括常数项的解释变量个数：

```
real scalar lr_k(real matrix X)      return(cols(X))
```

而lr_K()计算包含了常数项的解释变量个数：

```
real scalar lr_K(real matrix X)      return(cols(X) + 1)
```

因此，回归估计任务被分解成了11个计算子任务。这11个计算子任务分别用11个Mata函数实现。

根据本章第二、三、节的阐述，这11个Mata函数可通过三种方式组织起来：

第一，将上述11个函数形成扩展名为.do的文件。

第二，将上述11个函数形成扩展名为.ado的文件。

第三，将上述11个函数形成扩展名.mata文件，运行后加入到Stata库中以供其他程序调用。

15.5.3 Mata函数调用

为了实现回归模型的参数估计，将上述11个函数形成扩展名为.ado的文件lr1_gld.ado，以完成估计任务[①]。

在程序lr1_gld.ado中，主程序是my_ols。my_ols通过调用lr_main()函数将Stata数据集转入到Mata的矩阵；lr_main()函数进一步调用 lr_b()、lr_V()、lr_s2()以及lr_N()获得所需要的回归估计结果，并将这些回归结果转入到Stata中；最后，将所得结果通过ereturn命令展示出来。关于eretrun命令的具体细节，将在本节稍后阐述。

通过运行lr1_gld.ado程序，实现回归估计：

```
lr1_gld price mpg rep78 displacement foreign
```

---

① 该程序改写自Gould（2018）。

price	Coef.	Std. Err.	z	P>|z|	[95% Conf. Interval]
mpg	-52.04796	67.35419	-0.77	0.440	-184.0597 79.96383
rep78	267.4183	331.5714	0.81	0.420	-382.4496 917.2862
displacement	25.98009	4.831961	5.38	0.000	16.50962 35.45056
foreign	3184.327	828.4535	3.84	0.000	1560.588 4808.066
_cons	230.1631	2324.503	0.10	0.921	-4325.779 4786.105

```stata
*!============lr1_gld.ado=================
program lr1_gld, eclass
    version 16.0
    syntax varlist(numeric) [if] [in]
    gettoken depvar indepvar: varlist
    marksample touse
    mata: lr_main("`varlist'", "`touse'")
    tempname b V
    matrix `b' = r(b)'
    matrix `V' = r(V)
    local N = r(N)
    local s = r(s)
    matname `b' `indepvar' _cons, c(.)
    matname `V' `indepvar' _cons
    ereturn post `b' `V', depname(`depvar') obs(`N') esample(`touse')
    ereturn local cmd = "ols"
    ereturn display
end

version 16.0
set matastrict on
mata:
void lr_main(string scalar varlist,string scalar touse)
{
    real matrix M, X
    real colvector y
    M = X = y = .
    st_view(M, ., tokens(varlist),touse)
    st_subview(y, M, ., 1)
    st_subview(X, M, ., (2\.))
```

```
    st_eclear()
    st_matrix("r(b)", lr_b(X, y))
    st_matrix("r(V)", lr_V(X, y))
    st_numscalar("r(s)", lr_s(X, y))
    st_numscalar("r(N)", lr_N(X))
}

real scalar lr_N(real matrix X)      return(rows(X))
real scalar lr_k(real matrix X)      return(cols(X))
real scalar lr_K(real matrix X)      return(cols(X) + 1)


real scalar lr_K_adj(real matrix X)
{
    real scalar K_adj
    K_adj = colsum(diagonal(lr_XXinv(X)) :!= 0)
    return(K_adj)
}


real colvector lr_b(real matrix X,real vector y)
{
   real colvector b
   b = lr_XXinv(X) * lr_Xy(X,y)
   return(b)
}

real matrix lr_V(real matrix X,real vector y)
{
   real matrix V
   V = lr_s(X,y) * lr_XXinv(X)
   return(V)
}

real scalar lr_s(real matrix X,real vector y)
```

```
{
   real scalar s
   s = lr_ee(X,y) / ( lr_N(X) -lr_K_adj(X) )
   return(s)
}

real scalar lr_ee(real matrix X,real vector y)
{
   real scalar ee
   ee = lr_yy(y) -lr_b(X,y)'lr_XX(X)*lr_b(X,y)
   return(ee)
}

real colvector lr_yhat(real matrix X,real vector y)
{
        return( (X)*lr_b_X(X,y) :+ lr_b_c(X) )
}

real colvector lr_b_X(real matrix X,real vector y)
{
   if (lr_k(X)) return( lr_b(X,y)[| 1 \ lr_k(X) |])
   else         return( J(0, 1, .))
}

real scalar lr_b_c(real matrix X,real vector y)
{
        return( lr_b(X,y)[lr_K(X)] )
}

real matrix lr_XX(real matrix X)
{
   real matrix XX
   XX = cross(X, 1,  X, 1)
   return(XX)
}

real colvector lr_Xy(real matrix X,real vector y)
```

```
{
    real matrix Xy
    Xy = cross(X, 1,  y, 0)
    return(Xy)
}

real scalar lr_yy(real vector y)
{
    real matrix yy
    yy = cross(y, y)
    return(yy)
}

real matrix lr_XXinv(real matrix X)
{
    real matrix XXinv
    XXinv = invsym(lr_XX(X))
    return(XXinv)
}
end
```

15.5.4　ereturn命令

在程序lr1_gld.ado中使用了ereturn命令。ereturn是一个Stata命令。当完成了诸如最小二乘法估计、极大似然估计等某种估计任务，即执行eclass类ado程序后，可以得到以标量、矩阵等形式存在的结果。命令ereturn可以保存并格式化输出估计结果。这些结果可用通过ereturn list命令查看，也可以被其他程序引用以作进一步处理。

（1）保存标量、宏和矩阵

```
ereturn local N = r(N)
ereturn scalar s = r(s)
ereturn matrix A = B
```

上述三个命令分别将当前内存中的矩阵$r(N)$、$r(s)$以及B保存在Stata的宏$e(N)$、标量$e(s)$和矩阵$e(A)$中。注意，这三个命令只用于保存回归系数估计值、方差-协方差矩阵等以外的数据。对于回归系数估计值、方差-协方差矩阵、观测值个数等，需用ereturn post命令保存。

（2）保存回归估计系数与方差-协方差矩阵

利用ereturn post命令可以保存估计系数与方差-协方差矩阵。ereturn post的语法格式如下：

ereturn post [b [V [Cns]]] [weight] [, depname(string) obs(#) dof(#) esample(varname) properties(string) buildfvinfo findomitted]

例如：

. ereturn post `b' `V', depname(`depvar') obs(`N') esample(`touse')

上述ereturn post命令以类似e()的名字保存了系数估计向量（e(b)）、方差-协方差矩阵（e(V)），被解释变量名（e(depvar)）、观测值个数（e(N)）以及用于指定样本的函数（e(sample)）。

（3）估计结果的格式化输出

ereturn display命令可以将估计结果格式化输出。该命令必须在ereturn post之后使用。例如：

. ereturn display

（输出结果略）

（4）显示并清除各种保存在e()中的结果。

. ereturn list

（输出结果略）

. ereturn clear

值得注意的是，在Mata中也可以清除Stata中各种估计结果。例如：st_rclear()清除Stata中的r()类结果，st_eclear()清除Stata中的e()类估计结果，st_sclear()清除Stata中的s()类结果。

15.6 结构（struct）及其在程序设计中的应用[①]

15.6.1 结构及其定义

在第13章里曾讨论过Mata变量的数据类型。一个变量的数据类型从两个方面定义：数据元素类型和数据元素组织类型。Mata的数据元素类型有8种，分别是实数、复数、字符串、指针、结构、类、数字以及可变类型。而数据元素的组织类型有矩阵、向量、行向量、列向量和标量5种。因此，在Mata中，变量的数据类型有8*5=40种，再加上void这种数据类型，共有41种。

结构是一种在程序设计中常用的由多个不同类型变量封装而成的数据元素类型。在程序设计中，可以定义多个不同数据类型的变量，如实数标量、实数矩阵、字符串向量等等。这些变量可能存在某种共性，或用于达成某种共同目的。因此，这些具有某种共性的变量可以组合或封装成一个整体，形成一种复合型数据元素类型——结构（struct）。

---

① 本节例子来自Gould（2018）。

例如，在回归估计中往往需要计算回归系数的估计值、回归系数估计值的方差-协方差矩阵、回归估计的标准误等等。可以将保存这些回归估计结果的变量定义为一个结构（struct）。

定义结构使用关键词struct。例如，定义名为lrinfo的结构：

```
struct lrinfo
{
        pointer(real colvector) scalar   y
        pointer(real matrix) scalar      X

real scalar        cons
        real matrix       XX        // X'X;  K x K
        real colvector    Xy        // X'y;  K x 1
        real matrix       XXinv     // (X'X)^(-1);   K x K
        real colvector    b         // coefficients;  K x 1
        real matrix       V         // 方差-协方差矩阵 (VCE); K x K
        real scalar       s2          // 回归残差的方差
        real scalar       yy          // y'y
        real scalar       ee        // 回归残差的平方和
        real scalar       K_adj
}
```

此处定义了一个名为lrinfo的结构。在这个结构中，定义了2个指针变量，5个实数标量、两个实数列向量变量和2个实数矩阵变量。可见结构lrinfo中包含了不同数据类型的变量，而这些变量都是在回归估计中需要使用到的变量。其中，有些变量用于保存回归估计中需要用到的数据矩阵（X, y），有些变量保存回归估计中的中间计算结果（XX、Xy、$XXinv$、yy），有些变量用于保存估计的最终结果（b、$s2$、V、ee、K_adj）。

在定义了具体的结构lrinfo后，再结合某种数据元素的组织方式，就可以定义一个数据元素类型为结构的新变量。例如：

```
struct lrinfo scalar r
```

此处定义了一个变量r，其数据元素类型为结构（struct lrinfo），数据元素的组织类型为标量（scalar）。当r被定义了之后，则可以像使用普通变量一样使用该变量的成员。如给变量r的成员赋值，或让变量r的成员加入各种运算，或让变量r的成员的值作为函数的返回值等等。例如：

```
r.cons = 1
r.XX = X'X
return(r.XX)
```

当然，可以一次定义多个数据元素类型为结构lrinfo的变量，数据元素的组织类型为标量（scalar）的变量。例如：

struct lrinfo scalar r,p,s,t

值得注意的是，在上述语句中，在定义数据元素类型为结构的变量时，定义变量的数据组织类型的关键词scalar不能省略，否则在使用变量时可能出现错误。

此外，如果定义变量的数据元素类型为结构，数据元素的组织类型为向量或矩阵，则引用结构内成员的方法发生了改变。具体见Gould（2018，p224）。

15.6.2 程序设计中使用结构的优势

在程序设计中使用数据元素类型为结构的变量具有很多优势。主要体现在以下几个方面：

第一，使用数据元素类型为结构的变量，可以大大简化函数参数的设置。

假如现在需要编写一个对各种回归结果进行进一步处理的函数。这个函数需要使用回归估计的各种结果，如回归估计系数向量、方差-协方差矩阵、R^2、F统计量、观测值个数N，解释变量个数k等，则这个函数的参数需如下设置：

```
void regproc(real colvector b, real matrix V
        real scalar R2, real scalar F
        real scalar N, real scalar K)
{
……
}
```

显然，函数regproc()的参数较多，导致书写冗长。如果在设计函数之前定义一个结构，如：

```
struct regpara
{
  real colvector b
  real matrix V
  real scalar R2
  real scalar F
  real scalar N
  real scalar K
}
```

则在定义函数regproc()时，只需如下设置函数的参数即可：

```
void regproc(struct regpara scalar r)
{
……
}
```

在这个函数中，函数参数只有一个变量 r，其数据类型被设定为 struct regpara scalar。在调用函数 regproc() 时，只需向函数输入数据类型为 struct regpara scalar 的参数，则可正常执行该函数。

第二，使用数据元素类型为结构的变量，有利于程序的维护。

例如，当 regproc() 需要增加一个参数 real scalar t 时，在不使用结构的情况下，则必须修改 regproc() 的参数设置，导致该函数的参数设置内容更长，且修改后必须重新编译该函数；而使用结构后，只需在定义的结构 regpara 中增加该行语句即可，无需修改函数 regproc() 的参数设置。

运用结构这种数据类型，可以改写程序 lr1_gld.ado。改写后的程序见 Gould（2018）。

关于运用结构这种数据类型编程的更多内容，请参见 Gould（2018）。

15.7 类（class）及其在程序设计中的应用[①]

面向对象编程是一种依赖于类和对象的编程方法。类是 Mata 实现面向对象编程的重要工具。从本质上来讲，类是具有相同特性（数据元素）和行为（功能）的对象的抽象。具体来看，类将数据和处理数据的方法封装在成一个整体。类的实例（实现）就是对象。

15.7.1 类的定义及其实例

在 Mata 中，类是由紧密相关的变量和相关函数（方法）组成的集合[②]。例如，在 Mata 交互式状态下执行如下语句，即可定义一个名为 coord 的类：

```
class coord {
    real scalar x, y
    real scalar length(), angle()
}
```

类 coord 的成员既有变量又有函数。其中，类 coord 包含了两个成员变量：x 和 y；类 coord 也包含两个成员函数 length() 和 angle()。函数 length() 计算坐标 (x, y) 和原点连线的长度；而 angle() 计算坐标 (x, y) 和原点连线的角度。

定义类的成员函数与定义一般的 Mata 函数的方法类似。在 Mata 交互式状态下执行如下语句，即可定义类 coord 的成员函数：

```
real scalar coord::length()
{
    return(sqrt(x^2 + y^2))
```

[①] 本节例子来自 Gould（2018）。

[②] A class is a set of variables or related functions (methods) (or both) tied together under one name.

```
}
real scalar coord::angle()
{
    return(atan2(y, x)*360/(2*pi()))
}
```

在上面的片段中，只定义了一个抽象的类coord，Mata并没有为coord创建或分配存储空间。只有当完成类的实例化时，Mata才会创建一个具体实例(instance)，并为之分配存储空间。一个实例就是一个对象（Object）。

当一个类被创建时，其实就是创建了一个函数。因此，可以像调用函数一样调用类并创建其实例。

创建类的实例可以在交互式状态下完成。如：

```
: a = coord()
: b = coord()
```

此处，变量 a，b 是类coord的一个实例。当创建类实例时，如果类名后面的括号中没有参数，则创建的实例是标量。此处的变量 a，b 就是标量。也可以创建数据元素组织形式为向量或矩阵的类实例。例如：

```
: c = coord(3)
```

此处创建了类coord的一个实例 c。c 为行向量，c 的每个元素都是类coord的实一个例。

```
: A = coord(2,3)
```

此处创建了类coord的一个实例 A。A 为矩阵，A 的每个元素都是类coord的一个实例。

一旦创建了 a 或 b 等实例或对象，可以通过a.x、a.y、a.length()、a.angle()使用类的成员变量或成员函数。

```
: a.x = a.y = 1
: a.angle()
  45
```

此处，a.x = a.y = 1为实例 a 的两个成员变量分别赋值1，a.angle()调用类成员函数angle()计算坐标（1，1）与原点连线的角度。

注意，在Mata程序环境下创建类的实例，需要采用与变量申明相同的方法。例如：

```
class coord scalar a, b
class coord rowvector c, d
class coord matrix A, B
```

a 和 b 都是标量，c 和 d 是向量，向量元素都是类coord，而 A 和 B 是矩阵，矩阵的每个元素都是类coord。

类的成员可以是函数,这是类(class)与结构(struct)最重要的区别。除此以外,类还具有结构没有的特性,如类可继承等。

15.7.2 设置类实例成员变量的初值

当定义了一个类以后,Mata会自动给类成员变量设置初值。例如:
```
class coord2 {
    real scalar x, y
    real scalar length(), angle()
}
```
当通过 b = coord2() 创建类的实例 b 时,Mata会自动为 b 的成员变量 $b.x$ 和 $b.y$ 设置初始值。初始值为缺失值。

如果需要为类实例的成员变量设置与缺失值不同的初始值,则需要在定义类时添加成员函数 new()。例如:
```
class coord2 {
    real scalar x, y
    real scalar length(), angle()
    void new()
}
```
在定义函数 new() 时,可以根据需要设置成员变量的初始值。例如:
```
void coord2::new(){
    x = y = 0
}
```
注意,成员函数 new() 必须定义为 void 类型。

当通过 b = coord2() 创建类的实例 b 时,b 的成员变量 $b.x$ 和 $b.y$ 会自动被设置初始值为0,即在程序中无需调用 new() 即可实现对 b 的成员变量 $b.x$ 和 $b.y$ 设置初值0。

15.7.3 类的扩展(继承)

一个类(子类)可以从其他的类(父类)继承变量或函数。例如,可以定义类 rotated_coord:
```
class rotated_coord extends coord {
    real scalar theta
    real scalar angle()
    void new()
}
```
rotated_coord是一个子类,它是从父类coord扩展而来的一个新的类。rotated_coord有自己的成员变量theta以及成员函数angle()和new(),并且从父类coord继承了成员变量 x 和 y,以及成员函数angle()和length()。注意,子类rotated_coord的成员函数angle()

名称与父类coord的成员函数angle()同名，但是不同的函数。

子类的成员函数也必须通过定义形成：

```
real scalar rotated_coord::angle()
{
    return(super.angle() -theta)
}
void rotated_coord::new()
{
    theta = 0
}
```

在定义rotated_coord::angle()中，使用了关键词super，指代当前子类的父类。因此，super.angle()调用父类的成员函数angle()计算一个点与原点连线的角度。rotated_coord::angle()的功能是在父类的成员函数angle()已经计算出来的结果基础上减去theta。

在定义了子类rotated_coord后便可创建对应的实例（对象）。如：

```
: b = rotated_coord()
: b.x = b.y = 1
: b.angle()
 45
```

值得注意的是，子类rotated_coord并没有定义成员变量x和y。但是，由于父类定义了成员变量x和y，因此，子类rotated_coord的实例b可以使用成员变量x和y。

b.angle()调用的是子类rotated_coord的成员函数。但是，由于rotated_coord::new()中设置theta的值为0，因此，计算所得结果仍然为45。可以改变成员变量theta的取值为30：

```
: b.theta = 30
: b.angle()
 15
```

由于rotated_coord是coord的子类，可以继承coord的变量和成员函数。因此，尽管rotated_coord中没有定义函数length()，但对象b可以使用父类coord的成员函数length()。例如：

```
: b.length()
 1.414213562
```

由此例可见，通过子类的继承，可以从父类继承成员函数并继续使用，这样大大减少了重复定义编写函数或程序的工作，提高了编程的效率。

15.7.4 类的公共成员、保护性成员与私有成员

在没有特别申明情况下，类的成员变量和成员函数都是公共成员（public members）。

在定义类时，可以通过关键词private将成员定义为私有成员。例如：
```
class coord2 {
    public:
        real scalar u, v
        real scalar length1(), angle1()
    protected:
        real scalar x, y
        real scalar length2(), angle2()
    private:
        real scalar z, w
        real scalar length3(), angle3()
}
```
在类coord2中，成员变量 u、v，以及length1()、angle1()都是公共成员。公共成员不仅可以在当前类（coord2）包含的成员函数如length2(), angle2()中使用，在类coord2的外部，凡是被定义为coord2的对象都可以使用这些公共成员变量或函数。例如：
```
viod myfunc(real vector y, real matrix X)
{
    class coord2 scalar r
    r.u = r.v = 1
r.length1()
}
```
在上例中，函数myfunc()中定义 r 是类coord2的对象。由于 u 和 v 是coord2的公共成员变量，因此，在类coord2之外的函数myfunc()中也可以使用这两个变量。

在类coord2中，成员变量 z、w，以及length3()、angle3()都是私有成员。私有成员只能在其被定义的类的内部使用，在类的外部使用私有成员将会报错。例如：
```
viod myfunc2(real vector y, real matrix X)
{
    class coord2 r
    r.z = r.w = 1
r.length3()
}
z not found in class coord2
r(3000)
```
在类coord2中，成员变量 x、y，以及length2()、angle2()都是保护性成员。保护性成员只能在类的内部或被其子类使用，在类的外部使用保护性成员将会报错。

15.7.5 类的保存与调用

（1）类及其成员函数保存为.mata文件

上述定义类及其成员函数均在Mata的交互式状态下完成。Stata建议用户的定义类及其成员函数的程序单独保存在扩展名为.mata的文件中。例如：

────────────begin coord.mata────────────
```
*! version 1.0.0 class coord
version 16.0
mata:
class coord {
  real scalar x, y
  real scalar length(), angle()
}
  real scalar coord::length()
{
  return(sqrt(x^2 + y^2))
}
  real scalar coord::angle()
{
  return(atan2(y, x)*360/(2*pi()))
}
end
```
────────────end coord.mata────────────

将coord.mata保存在Stata能够自动搜索到目录下，如"C:\ado\personal\"。运用do命令可以执行coord.mata：

```
do "coord.mata"
```

上述do命令编译并执行coord.mata，当前内存中就存在类coord及其成员函数length()和angle()。利用命令mata describe可以显示当前内存中的矩阵及函数。例如：

```
: mata d

       # bytes    type                   name and extent

           360    classdef scalar        coord()
           176    real scalar            ::angle()
           136    real scalar            ::length()
```

随后就可以调用类coord的成员函数length()和angle()。例如：

```
: a = coord()
```

: a.x = a.y = 1
: a.angle()
45

然而，当下一次运行Stata需要调用类coord的成员函数length()和angle()时，必须运行do命令，重新编译并执行coord.mata。否则，就会出现类不存在的提示：

: mata clear
: a = coord()
              <istmt>: 3499 coord() not found
r(3499);

在这种情况下，必须运行do命令，重新编译并执行coord.mata。

（2）类及其成员函数保存为.mo文件

在运行do命令，编译并执行coord.mata后，可以运用mosave命令，保存当前已经编译过的类coord。例如：

: mata mosave coord()

则在当前目录中生成了名为coord.mo的文件。当下一次运行Stata需要调用类coord的成员函数length()和angle()时，无须运行do命令即可直接调用。例如：

. do "coord.mata"
: mata mosave coord(),replace

类coord及其成员函数被保存在文件coord.mo中。此时，类coord及其成员函数已经成为Mata的组成部分。当重新运行Mata时，类coord及其成员函数可以被自动搜索到并被调用。例如：

: mata clear
: a = coord()
: a.x = a.y = 1
: a.angle()
45

值得注意的是，文件coord.mo应该被保存在Mata可以自动搜索的目录中。否则，无法调用类coord及其成员函数。

（3）添加类及其成员函数到mata库中

在运行do命令，编译并执行coord.mata后，可以运用mata mlib命令，保存当前已经编译过的类coord。例如：

. do "coord.mata"
. lmbuild lmyclass,replace
(1 function added)
new library C:\Users\chang\ado\personal\lmyclass.mlib created

上述命令lmbuild lmyclass,replace创建了一个名为lmyclass的库，并将类coord保存

在该库中。该库以lmyclass.mlib保存在当前目录中。当重新运行Stata时，类coord可以被自动搜索到并被调用。

基于类的编程，即面向对象编程，是程序设计中非常重要且应用广泛的编程方法。通过将相关的成员变量或成员函数封装在类中，面向对象编程使得程序能够实现模块化设计，大大增强了程序设计的灵活性；同时，通过类之间的继承关系，面向对象编程提高了代码的重复使用，提高了程序设计的效率。关于基于类编程的程序示例，可参见Gould（2018）。

参考文献

[1] Baum, C. F.. An Introduction to Stata Programming[M]. 2nd ed. College Station, 2016, TX: Stata Press.

[2] Cleves M., Gould W., Marchenko J.. An Introduction to Survival Analysis Using Stata[M]. College Station, 2016, TX: Stata Press.

[3] Cox, N. J.. Suggestions on Stata Programming Style[J]. The Stata Journal, 2005, 5(4), 560-566. https://doi.org/10.1177/1536867X0500500406.

[4] Cox, N. J..Stata tip 68: Week assumptions, Stata Journal, StataCorp LP, vol[J].2010, 10(4), pages 682-685, December.

[5] Cox, N. J..Speaking Stata: Loops, again and again[J]. Stata Journal, 2020, 20: 999-1015.

[6] Cox, N. J..Speaking Stata: Loops in parallel[J]. Stata Journal, 2021, 21: 1047-1064.

[7] Cox, N. J., Schechter, C. B.. Speaking Stata: How best to generate indicator or dummy variables[J]. The Stata Journal, 2019, 19(1), 246-259.

[8] Everitt, B. S..Cluster Analysis. 3rd ed[M]. London: Arnold, 1993.

[9] Gordon, A. D.. Classification. 2nd ed[M]. Boca Raton, 1999, FL: Chapman & Hall/CRC.

[10] Gould, W.. Mata Matters: Using Views onto the Data. The Stata Journal, 2005, 5(4), 567-573. https://doi.org/10.1177/1536867X0500500407

[11] Gould, W..Mata Matters: Subscripting[J]. The Stata Journal, 2007, 7(1), 106-116. https://doi.org/10.1177/1536867X0700700107

[12] Gould, W.. Mata Matters: Macros[J]. The Stata Journal, 2008, 8(3), 401-412. https://doi.org/10.1177/1536867X0800800306.

[13] Gould W., Pitblado J., Poi B.. Maximum Likelihood Estimation with Stata (4th edition) [M]. College Station, 2010, TX: Stata Press.

[14] Gould, W. W.. How to read the %21x format, part 2[M]. The Stata Blog: Not Elsewhere Classified, 2011a.http://blog.stata.com/2011/02/10/how-to-read-the-percent-21x-format-part-2/.

[15] Gould, W. W..Precision (yet again), Part I[M]. The Stata Blog: Not Elsewhere Classified,2011b. http://blog.stata.com/2011/06/17/precision-yet-again-part-i/.

[16] Gould, W. W..Precision (yet again), Part II[M]. The Stata Blog: Not Elsewhere Classified, 2011c.http://blog.stata.com/2011/06/23/precision-yet-again-part-ii/.

[17] Gould, W., Cox, N. J..Stata Tip 100: Mata and the Case of the Missing Macros[J]. The Stata Journal, 2011, 11(2), 323-324. https://doi.org/10.1177/1536867X1101100214.

[18] Gould W..The Mata Book: A Book for Serious Programmers and Those Who Want to Be[M]. College Station, 2018, TX: Stata Press.

[19] Harvey C. R., Liu Y..False（and Missed）Discoveries in Financial Economics, Journal of Finance, 2020, Vol.75, No. 5.

[20] Herrin, J..Stata Tip 77: (Re)Using Macros in Multiple do-Files[J]. The Stata Journal, 2009, 9(3), 497-498. https://doi.org/10.1177/1536867X0900900310

[21] Higbee, K..Stata Tip 14: Using Value Labels in Expressions[J]. The Stata Journal, 2004, 4(4), 486-487. https://doi.org/10.1177/1536867X0400400412

[22] Kaufman, L., P. J. Rousseeuw.. Finding Groups in Data: An Introduction to Cluster Analysis[J]. New York: Wiley, 1990.

[23] Kolev, G. I..Stata Tip 31: Scalar or Variable? The Problem of Ambiguous Names[J]. The Stata Journal, 2006, 6(2), 279-80. https://doi.org/10.1177/1536867X0600600209.

[24] Long S., Freese J..Regression Models for Categorical Dependent Variables Using Stata (3rd edition)[J]. College Station, 2014, TX: Stata Press.

[25] Mitchell, M. N..A Visual Guide to Stata Graphics[J]. 4nd ed. College Station, 2022, TX: Stata Press.

[26] Tarlov A.R, Ware JE Jr, Greenfield S, Nelson EC, Perrin E, Zubkoff M..The Medical Outcomes Study[J]. An application of methods for monitoring the results of medical care. JAMA, 1989, 262（7）: 925-30. doi: 10.1001/jama.262.7.925. PMID: 2754793.

[27] Vilhuber, Lars..Report by the AEA Data Editor[J]. AEA Papers and Proceedings, 2022, 112: 813-23.

[28] Everitt, B. S., Landau, S., Leese, M., Stahl, D..2011. Cluster analysis, 5th edition.

[29] Johnson R.A.Wichern Dean W.实用多元统计分析[M]. 6版. 陆璇, 叶俊, 译. 北京: 清华大学出版社, 2008.

[30] 伍德里奇（Jeffrey M. Woold）.计量经济学导论：现代方法[M]. 6版. 北京：清华大学出版社, 2008.

[31] 李子奈, 齐良书. 关于计量经济学模型方法的思考[J]. 中国社会科学, 2010（02）: 69-83+221-222.

[32] 李子奈. 计量经济学应用研究的总体回归模型设定[J]. 经济研究, 2008(08)：136-144.

[33] 斯考特·隆恩. 基于Stata的数据分析流程[M] 北京：中国人民大学出版社, 2019.

[34] 盛骤, 谢式千, 潘承毅. 概率论与数理统计[M]. 5版. 北京：高等教育出版社, 2019.

[35] 王学民.应用多元统计分析[M]. 6版.上海：上海财经大学出版社, 2021.